KB182418

韓國領土史論

최남선 한국학 총서 20

한국영토사론

최남선 지음
이상태 옮김

景仁文化社

• 목 차 •

제1부
해양

제2부
영토 분쟁

울릉도와 독도
– 한일 교섭사의 한 측면

제3부
지리

조선의 산수

부록

일러두기

본 총서는 각 단행본의 특징에 맞추어 구성되었으나, 총서 전체의 일관성을 위해 다음 사항은 통일하였다.

1. 한문 원문은 모두 번역하여 실었다. 이 경우 번역문만 싣고 그 출전을 제시하였다. 단, 의미 전달상 필요한 경우는 원문을 남겨 두었다.
2. 저자의 원주와 옮긴이의 주를 구분하였다. 저자 원주는 본문 중에 ( )와 ※로 표시하였고, 옮긴이 주석은 각주로 두었다.
3. ( )는 저자 원주, 한자 병기, 서력 병기에 한정했다. [ ]는 한자와 한글음이 일치하지 않는 경우와 한자 조어를 풀면서 원래의 한자를 두어야 할 경우에 사용했다.
4. 맞춤법과 띄어쓰기는 『표준국어대사전』의 「한글맞춤법」에 따랐다. 다만 시문(詩文)의 경우는 운율과 시각적 효과를 고려하여 예외를 두었다.
5. 외래어 표기는 『표준국어대사전』의 「외래어표기법」에 따랐다. 「외래어표기법」의 기본 원칙은 현지음을 따른다는 것으로, 이에 의거하였다.
   1) 지명: 역사 지명은 우리 한자음으로, 현재 지명은 현지음에 따르는 것을 원칙으로 하였다.
   2) 인명: 중국은 신해혁명을 기준으로 이전의 인명은 우리 한자음으로, 이후의 것은 현지음으로 표기하였고, 일본은 시대에 관계없이 모두 현지음으로 바꾸는 것을 원칙으로 하였다.
6. 원래의 글은 간지 · 왕력 · 연호가 병기되고 여기에 일본 · 중국의 왕력 · 연호가 부기되었으나, 현재 우리에게 익숙한 시간 정보 규준에 따라 서력을 병기하되 우리나라 왕력과 연호 중심으로 표기하였다. 다만, 문맥상 필요한 경우에는 해당 국가의 왕력과 연호를 그대로 두었다.
7. 이 책에 수록된 사진은 모두 새로 작업하여 실은 것들로, 장득진 선생이 사진 작업 일체를 담당하였다.

제1부

해양

해상대한사*

미리 통기

이 글은 소년들에게 바다 사랑의 사상을 고취 발전시키기 위하여 저술한 바인즉 한 편의 사기(史記) 혹 사론(史論)으로써 평하면 진실로 완전치 못한 것이요, 또 이와 같은 저술은 원래 우리나라에 유례가 없는 바인즉 사실이 소략하거나 빠지거나 잘못된 부분이 많을 것을 저자도 예기하는 바이라. 그러나 참조할 책과 참고할 자료가 없으므로 저자가 어떻게 할 수 없는 바이니 독자는 널리 양해하기 바란다.

* 이 글은『소년』에 1908년 11월호부터 1910년 6월호까지 연재된 것이다.

1. 수편총론(首編總論; 도틀어 이야기)

1) 왜 우리는 바다에 대한 모험심을 감추어 두었나

내가 이 책에 집필할 때 우리 국민에게 향하여 분명하게 하기를 원하는 한 가지 일이 있으니, 그것은 곧 우리들이 우리나라가 삼면이 바다로 둘러싸인 반도국인 것을 오랫동안 망각한 일이다.

이에 관하여는 여러 가지 원인이 있으니, 우리나라의 교통이 비록 일본 · 유구 · 베트남 · 태국 등 바닷길로 왕래도 있었으나, 빈번하게 또 친밀하게 오고 가기는 원동(遠東)[1] 대륙의 여러 나라와 더불어 육로로 통행한 것도 한 원인이 될 것이다.

또 육로로 교통하는 나라에는 문물을 취할 것도 있고, 특산물을 구할 것도 있었으되, 바다에 두루 내왕한 곳에는 아무 것도 취하거나 구할 것이 없을 뿐 아니라, 도리어 항상 갖가지 물품을 주거나 선물할 폐단이 있고, 또 더욱 왜와 같이 무엇을 하려고 하기만 하면 트집을 잡으려고 하는 나라가 있어 국민의 감정이 자연 해외에 대하여 좋지 못한 것도 한 원인이 될 것이다.

또 육지로 중국과 무역하면 기이하고 진귀한 재물을 얻을 것도 많거니와 상업적 이익도 풍부하거늘, 바다로 왜와 교역함에는 중간에 강폭한 왜구가 있고, 곳곳에 교활한 상인 무리들이 있어 이익을 얻는 것은 고사하고 밑천마저 잃기가 십상이었으므로 바다 무역에 재미를 느끼지 못한 것도 또한 한 원인이 될 것이요, 떠돌아다니는 왜구로 인하여 바닷가가 항상 해를 받았으며, 임진왜란 같은 쌓인 원한이 있어 남방과의 교통을 두려워하고 겁낸 것도 또한

---

1 유럽에서 멀리 떨어진 아시아 대륙의 동부와 주변 섬들을 이르는 말로 한국, 중국, 일본, 대만 등이 여기에 속한다.

한 원인이 될 것이다.

우리의 종족이 중앙아시아 – 바꾸어 말하면 대륙 중 진대륙(眞大陸)에 장장 수만 리를 육로로만 왕래한 고로 조상의 육상적 유전성이 바다 진출의 모험심을 나게 할 틈이 없도록 한 종성(種性; 적게 말하면 국민성)도 또한 큰 원인이 될 것이다.

『산해경(山海經)』 같은 허황하고 기이한 전설 – "대황(大荒)[2] 중에는 식인국(食人國)이 있다, 여인국(女人國)이 있다, 반인반수국(半人半獸國)이 있다." 하여 어리석은 백성들의 마음을 놀라게 한 것도 또한 한 원인이 될지니, 이것 등을 세어 보면 손가락을 꼽을 수 없을 뿐만이 아니라, 또한 소년에게 향하여는 요긴할 것도 없다.

그러므로 간략히 바다의 좋은 점과 바다 무역에 처한 우리 반도의 지위를 말하고, 주석을 빼고 바로 본문에 들어가, 우리 한반도 소년은 어떻게 바다의 큰 파도를 헤치고 거친 파도를 이기면서 남쪽 바다에서 북쪽 바다까지 활동하였는지를 서술하여서 소년 여러분의 바다 활동에 대한 지식욕을 크게 충족시키고 바다 활동에 대한 모험심을 크게 일으키고자 한다.

2) 바다의 아름다운 풍경은 어떠한가

문자로만 풀어도 바다는 넓음을 의미하고, 말로만 들어도 큰 것이 생각되니, 그와 같이 바다는 광활한 것, 웅대한 것, 깊고 깊은 것이라, 그러므로 하늘로써 짝하여 우리 소년의 가슴에 품은 것을 말로 나타나게 하고, 바위로써 인연하여 우리 소년의 뜻하는 바를 나타나게 하는구려.

---

2 중국에서 멀리 떨어진 곳을 이른다.

삼산(三山)[3]이 어디메냐? 9서(九嶼)도 모르겠다. 미려(尾閭)[4]에 대붕(大鵬)[5]이 쌓인 구름 같은 날개를 펴고 힘차게 움직여 날아오르며, 푸른 섬에 큰 바다거북이가 평야 같은 등을 들고 신산(神山)을 지고 있는데 하늘을 삼키려고 큰 파도가 솟아오르는 저기, 저기서 바다의 수면과 하늘이 서로 맞닿아 맞장구를 친다.

그밖에는 무엇이 있노? 그 바깥은 어떠한 곳인고. 다만 밤이 새면 붉은 저고리에 빨간 치마를 입고 불 채찍을 든 신남(神男)이 불덩어리 같은 태양을 두드려 내고, 날이 지면 흰옷 입고 얇게 화장하고 옥가락지를 찬 아름다운 여인이 수레 같은 맑고 밝은 달을 받드는 것을 보매 이른바 부상(扶桑)[6]이 거기 있는 줄 알 뿐이니 이는 바다를 아득하게 멀리 바라봄이오.

작은 물결은 초올 출촐, 큰 물결은 타앙 탕탕, 돌을 차고는 거품치고, 흙을 치고는 넌출이 지는데, 밀물에는 모질고 악한 짓을 하고, 썰물에는 움츠리고 물러나기를 하여, 오고가는 길의 과정마다 모래거든 굴려가고, 흙이면 풀어가서, 너희 육지야 얼마나 단단하냐? 온갖 더러운 물건- 간사한 사람, 잔인한 사람, 모진 사람, 거짓인 사람, 악독한 나라, 흉칙하고 모진 나라들이 남모르게 숨기숨기 드러내 놓고, 번듯번듯 행하는 바 온갖 못된 일을 싣고 있으면서도, 나만 높다고 산이 되고, 나만 굳다고 돌이 되고, 나만 크다고 들이 된 이 육지야, 네가 얼마나 견디나 보자. 뭍 된 네 몸은 내 헐어 주고 더러운 네 몸은 내 씻어 주마고 하는 듯이, 밤낮을 가리지 않고 추르릉 출 출 쑤 쏴 하는 것은 가까이서 보는 바다의 경치인데, 아침에 바라보면,

3 중국 전설에 나오는 봉래산 · 방장산 · 영주산의 세 산.
4 바다의 깊은 곳에 있어 물이 끊임없이 새어 든다는 곳.
5 날개의 길이가 삼천 리이며 하루에 9만 리를 날아간다는, 매우 큰 상상의 새.
6 중국 전설에서 동쪽 바다 속에 있다는 상상의 나라.

하늘 멀리 지는 달은 동쪽에 있고,
푸른 파도 멀리 갑자기 붉은 해가 번득이네.
꿈틀꿈틀대는 백 마리 괴수들이 모두 불을 머금고,
금륜을 받들어 지구의 궤도 가운데 있네.

이라. 우글 우글우글 구름은 타고, 부걱 부걱부걱 물은 끓는데, 푸른 바다에 밤새도록 드리웠던 검은 장막이 쓰윽 걷히며, 그 속에서 지랄 재랄을 하던 온갖 유령과 요괴가 다 어디로 숨어 버리고, 다만 하얀 돛을 달고 푸른 솔가리를 실은 배를 14~15세 소년 한 둘이 어디로 가느냐? 물어도 대답도 없이, 이리 당겨 이리 딛고 저리 당겨 저리 저어 감을 볼 뿐이오.

저녁에 바라보면 저기 저 수평선 밖에 크나큰 볼록렌즈를 보아라. 더운 기운은 덜할까 모르되 눈은 더 부시고, 비치는 광채는 약할까 모르되 둘레는 더 크지 아니하냐? 한옆으로는 크나큰 은쟁반이 둥그런 얼굴을 들고 어여쁜 내 얼굴 보게 하면서 떠오르니, 이쪽에는 금빛으로 빛나는 물결이 아름답게 활짝 피고 저쪽에는 은빛으로 빛나는 물결이 찬란하여 우주의 아름답고 훌륭한 풍경이 여기 다 모인 듯하다.

겹겹이 일어나는 물결은 혹 넓으며, 혹 좁으며, 혹 크며, 혹 작으며, 혹 굵으며, 혹 가늘며, 혹 빠르며, 혹 더디게 차츰차츰 차례로 육지를 향하여 오는구나.

동편 쪽 저 절벽을 몹시 냅다 붙이는 것은 큰 물결의 큰 파도가 아닌가? 서편 쪽 저 섬을 그치지 않고 엄습하는 것은 답타(涾沲)한 긴 파도로다.

파도의 봉우리는 높고 높으며, 파도의 골짜기는 빠지고 빠졌는데, 이름 모르는 날개 긴 저 흰 새는 오르며 내리며 날아다니고, 처음 보는 꼬리 큰 저 검은 고기는 잠겼다 솟았다 헤엄하는 중, 시커면 장막은 검은 고래 새끼 같은 괴이한 동물이 끄는 바 되어, 저기 저기서부터 조금조금 밀어 들어와 위와 아래가 다 검게 되어 대지가 다 닫힌 듯하다.

다만 머리 위를 쳐다보면 황금가루를 뿌린 듯, 뭇 별이 반짝반짝하는 것이 마치 바다 위 깜깜한 가운데서 여러 요괴(妖怪)가 놀이하는 것을 가리켜 저것저것 하면서 속살속살 하는 듯함을 볼 뿐이다.

이는 우리가 여기저기 아침저녁으로 바다의 아름다움을 관찰한 바이거니와, 그러나 우리가 크나 작으나 배를 타고 몸이 직접 저 위에 떠서 밖으로 다닐진댄 어떠할는지? 물결이 저리 천둥과 번개 치는 듯한데 무섭기도 하려니 하나, 그러나 이는 약한 소리라. 결단코 우리 삼면이 바다로 둘러싸인 나라의 소년의 이를 바가 아니라, "작은 물결을 어찌 두렵게 알리오."하고, 한번 장난삼아 경력삼아, 밥과 옷으로 더불어 씨름하는 대신에 물결이란 놈으로 더불어 다투어 봄도 맛있을지니, 이에 이르러 우리는 바다로 둘러싸인 나라의 소년으로 하늘이 내린 여러분의 책무를 논하지 않을 수 없겠소.

2. 삼면이 바다로 둘러싸인 우리 대한의 세계적 지위[7]

우리가 여지도(輿地圖)를 펴 놓고 볼 때마다 항상 감사하는 뜻을 금치 못함은 사실이니, 대개 우리나라의 처지같이 좋은 곳이 다시는 찾아보려 하여도 없거늘, 오직 한 군데 우리나라만 천혜(天惠)를 두텁게 받아 이렇게 묘한 위치를 얻음을 감사하지 않을 수 없음이라. 우리는 본문에 들어가기 전에 이를 한번 말하는 것이 정당한 순서로 아오.

1) 우리나라는 반도국 - 삼면이 바다로 둘러싸인 나라이라

세계에는 반도도 적지 아니하니, 그 중 아시아 대륙에 있는 큰 것으로 이를지라도, 우리의 18배 되는 아라비아와 15.5배나 되는 인도와 3배 더 되는 소아시아와 2배 조금 부족한 캄차카, 조금 더 큰 말라카 등 여럿이 있다. 크기 순서로 말하면 말라카 다음에 우리 반도가 되니, 온 세계상으로는 제10위요, 아시아 대륙으로 제6위 가는 반도이나, 그 형세로 말하면 짝이 없이 좋고 한이 없이 묘하다.

이제 그 처한 위치를 보자면, 아시아 대륙 중 동방에서 좌로는 일본해[8]를 끼고 우로는 황해를 끼고, 머리에는 철과 석탄이 무진장으로 매장되어 있지만 아직 주인을 만나지 못한 랴오둥 대륙을 이고, 발 아래에는 세계 문화의 중심으로 바야흐로 활극을 연출하는 남대양을 구부려 보면서 크고 작게 서로 섞여 있는 총도(叢島)·열도(列島)를 거느리고 장엄하게 정중하게 꾸부정 뾰족 길쭉하게, 나는 나감네 하고 내어민 반도이다.

다른 반도들도 거의 다 그러하거니와 우리도 또한 서북으로서 동남으로 향하였고, 그 면적은 대략 82,000평방 마일이요, 길이는 거의 4,000리인데, 그 형체는 마치 사나운 호랑이가 뒷발은 모으고 앞발로 허위적거리면서 수염을 거스르고 어흥 소리를 지르면서 유라시아 대륙(아시아와 유럽 두 대륙을 합칭하는 이름)을 향하여 기운을 떨쳐 나가려는 기세를 보이고 있다(전권에 게재한 「봉길이 지리 공부」 참조).

7 이 장은 『소년』에 연재되면서 같은 제목으로 (1)~(4)로 나누어 개재되었으나, 여기서는 전체 내용에 따라 소목차 중심으로 목차를 구성하였다. 『소년』의 연재물로 보면, (1)에는 「우리나라는 반도국 - 삼면이 바다로 둘러싸인 나라이라」가 실렸으며, (2) (3) (4)에는 「사방의 이웃들과의 관계」가 실려 있다.

8 동해를 가리킨다.

그 처한 위치가 요충지로 심상치 아니하니, 동으로는 동대한해(일명 일본해)를 사이하여 일본 섬나라를 대하니, 우리 반도의 동남단에서 일본 본토의 서남단은 한번만 부르면 즉시 대답할 듯하고, 남으로는 좌측은 대한수도(大韓水道)를 사이하여 일본의 규슈(九州)를 대하고, 우측은 만 리의 먼 바다를 사이로 하여 아메리카 합중국의 동양 경영의 병참 기지인 남양 필리핀 군도를 바로 가리키고, 서쪽으로는 황해를 사이하여 청국 중심부의 동부를 대하니, 동양 무역의 큰 중심으로 홍콩 · 요코하마와 어깨를 나란히 하는 상하이도 여기 있고, 독일의 동양 경영의 병참 기지인 자오저우 만이 있는 산둥 반도도 여기 있으며, 청나라 북쪽 무역의 중심지인 빠이허(白河) · 텐진(天津)도 여기 있다.

일본의 랴오둥 반도 경영의 근거지인 뤼순(旅順)이 있는 랴오둥 반도도 여기 있고, 북으로는 서쪽과 중앙으로 압록강 · 백두산맥 · 간도의 일부를 사이하여 청국 만주와 접경하였으며, 동쪽 끝으로 간도의 토문강을 사이하여 러시아의 동남 침공의 근거지인 연해주와 국경을 같이 하여, 작기는 작을망정 그 전략적 중요함이 이다지 대단한 까닭에, 국제 법학가들은 '동양의 발칸'이란 별칭으로써 일컫고, 비교지리학자들은 '동양의 이탈리아'란 별명으로써 부르니 이는 다 지리와 형세가 마치 이 두 반도와 흡사한 까닭이오.

이제는 다시 한걸음을 나아가 사방의 이웃들과의 관계 및 세계적 지위를 말하고, 해안과 해산물에 관한 일에까지 언급하오리다.

천리길 깊은 바다 물결은 검으니라
그러나 눈빛 같은 흰새가 사모하야
떠나지 못하는 걸 보건댄 내심까지
검지 아니함을 미루어 알리로다.
나 혼자 깨끗하고 나 혼자 흰 것처럼

아래위 내외 없이 흰옷만 입고매난
동방의 어느 국민 너희도 그와 같이
거죽은 검더라도 속일랑 희어보렴.

2) 사방의 이웃들과의 관계

우리 제국(帝國)의 처지가 어떻게 중요하고 형세가 어떻게 미묘한지는 윗글에서 대략 제시한 바와 같소. 그러나 보기 좋은 과실은 쪼는 새가 많은 셈으로, 타고 나기를 잘한 죄인지 우리는 이 지형적 이로움으로 말미암아 항상 남에게 괴로움을 받았으니, 이는 우리가 지나간 역사책을 거울삼아 현재와 미래에 잘못이 없도록 경계하는 위에 항상 사방의 이웃들과의 관계를 주의해야만 하는 까닭이오.

더욱 오늘은 전일과 크게 다르니 전으로 말하면 서쪽 이웃인 중국은 가끔가끔 혁명의 난이 나기도 하여, 처지가 매우 가깝고 세력이 왕청되게 틀리는 분수(分數)로는 별로 압박을 아니 받았을 뿐 아니라, 을지문덕 · 연개소문 · 양만춘 · 강감찬 같은 위대한 인물들이 있어 비록 수나라 · 당나라 같은 큰 세력이 오더라도 반드시 한번 북을 울려서 물리친 까닭에 큰 환란이 없었다.

북쪽 이웃인 러시아로 말하면 최근까지도 동쪽으로 침입하는 군사적 행보가 우리 국경까지 미치지 못하여 그다지 큰 영향을 입지 아니하였다.

동남쪽 이웃인 일본으로 말하면 옛날부터 우리 문화를 전해 받고 우리의 위엄과 씩씩함을 잘 알고 있었으므로, 와서 우리를 건드려 보기는 고사하고 행여나 잠든 우리의 코를 찌를까 하여 이것을 염려하고 이것을 겁내던 터일 뿐 아니라, 옛날에는 안으로 왕가(王家)와 막부(幕府)의 겨룸과 지방 제후들 사이의 겨룸이 있고, 근래에

낙성대(서울 관악)
강감찬이 태어난 곳으로 태어날 때 별이 떨어졌다 해서 낙성대(落星垈)라 한다. 반도라는 지리적 위치로 주변 국가의 침략이 많았으나 그때마다 강감찬 같은 인물이 물리쳤다.

는 밖으로 대외 관계의 꺾임이 있어, 그의 성쇠강약이 별로 우리의 기쁨과 걱정을 부를 만한 일이 없었으므로 이웃 나라의 형편을 살펴보지 아니하여도 견디었으며, 또 최근까지라도 청 · 일 · 러의 여러 나라가 비슷한 세력을 유지하였기 때문에 그렇게 어두우면서도 그렇게 위태한 판에 드러누워서 코를 골더라도 오히려 탈이 없었다.

그러나 오늘날의 정세는 이전과 크게 달라, 저 사람들의 털 한 가닥이 바람에 움직이고, 저 나라들의 풀 한줄기가 서리에 말라 죽는 것만 정신 차려 보지 아니하여도 그 별이 금시에 내리고 그 영향을 금시에 받나니, 이는 우리가 여러 번 지내 본 일이 있어 밝히 아는 바라, 별로 그 증거를 들어 말할 필요가 없으려니와, 이는 우리가 오늘에 이르러 더욱더욱 이웃 나라의 형세를 정신 써서 살피지 아니치 못할 까닭이요, 그러면 앞에 닥친 지금 사방 이웃의 형세는 어떠하오?

(1) 동쪽 이웃의 형세 - 일본과 아메리카[9]

먼저 동쪽 이웃으로 말하건대 우리의 방파제 같은 저 일본은 5개의 큰 섬과 4,000여 개의 작은 섬으로 구성되었으니, 북쪽에서 남쪽까지의 길이가 만여 리요, 그 국토의 면적은 우리 면적의 두 배 가량이라.

이 나라는 옛날부터 우리나라로 더불어 자못 가까운 관계가 있으니, 최초에 이 나라를 건설한 사람도 우리 민족의 한 가닥인 듯하고, 이미 국가를 형성한 뒤에도 의복 · 문자와 온갖 기술을 다 우리나라에서 수입해 가 비로소 문물이란 것을 얻었고, 그 뒤로 수천 년 동안에 국교는 혹 끊이고 혹 이어졌으나 사사로운 교제는 항상 끊이지 아니하였고, 더욱 근래에 이르러서는 중대하고 긴밀한 관계가 있어 역사적 · 지리적으로 불가피하게 떠나지 못할 것이 있소. 인구는 대략 5천만이라 하는데 그 증가해 가는 비율이 해마다 더하여 땅은 좁은데 사람은 많은 고로, 정부의 정책과 지식인들이 힘주어 해외 이주를 장려하니,

가거라 가거라 나아가거라.
하늘 끝과 땅의 귀퉁이까지 남기는 데 없이
북쪽의 얼음 대륙과 남쪽의 뜨거운 바다까지 빠지는 데 없이
가거라, 그리하여 이르는 곳마다 신일본을 건설하여라.
너희들은 애향심을 버려라.
어버이를 그리워하거나 아내를 생각하는 정을 끊어라.
팽창적 신일본의 인민은 딱 잘라 말하건대 이리하여서는 못쓰느니라.

---

9 사방 이웃의 형세에 대해 최남선은 동쪽의 이웃으로 일본과 아메리카, 서쪽의 이웃으로 중국, 북쪽의 이웃으로 만주로 나누어 서술하였다. 독자들의 이해를 돕기 위해 글의 내용이 바뀌는 곳에 소표제를 설정하였다.

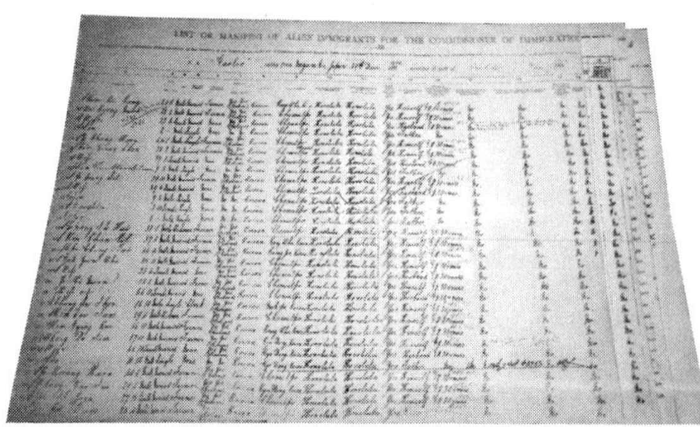

하와이 이민자 명부(이민사 박물관, 인천)
한말 하와이로 이민 간 사람들의 명단이다.

하는 소리는 전국 이르는 곳마다 찌르르 울어 움직이는 고로, 10세에서 백세까지 제 고향땅을 붙들고 앉았어도 한 톨의 쌀 구경도 할 수 없고, 두 대푼 돈 생길 길이 없는 사람들이 싫거니 좋거니 조상 대대로 살아 온 자기 나라 땅을 하직하고 만리 먼 바다를 건너 혹은 오스트레일리아에 양을 치러 가고, 혹은 하와이로 사탕수수를 재배하러 가며, 혹은 캘리포니아 일대의 땅으로 포도와 밀을 경작하러 가는 사람, 수 년 전까지도 날로달로 증가하였소.

그러나 아메리카의 노동자들은 오장육부가 없고 정신없는 바사기가 아니라, 값싸고 일 잘하는 일본 노동자가 물밀듯 들어오는 것이 자기네에게 필요하지 않은 줄을 아는 고로, 이에 유명한 배일법(排日法)을 만들어 관민(官民) 모두가 격렬하게 배척 운동을 한 뒤에, 일본인이 미국에 입국하는 것을 제한시킨다는 유제한도미법(有制限渡米法)이라는 굴욕적 조약을 체결하여 여러 해 전부터는 이놈 저놈 함부로 건너가는 수가 없이 되었소.

그러나 이런 조약이 생겼다고 장가들 남자가 장가를 아니 들고, 해산하는 부인이 해산을 아니 하지 아니한즉, 늘어가는 인구는 더할 편은 있을지라도 덜할 리는 없는지라. 그런즉 어찌하여 이 일을 좋게 조처하리오. 잃어버린 꿩을 대신할 닭은 어디 있는고.

이에 그들은 10년 동안 꿈꾸어 오던 한만(韓滿) 경영이란 것에 전력하여, 이리저리로 헷갈리던 정신을 한군데로 집중하게 되니, 이것은 우리가 수년 이래로 몸이 친히 당해 보는 일이라.

보시오, 아메리카로 가려면,

(1) 풍속이 다른 먼 나라에서 한없는 노동을 하면서 한없는 천대를 받는 고생.
(2) 교통비와 기타 막대한 돈을 지불해야 하는 고생.
(3) 만리 먼 바다까지 배 타는 고생.
(4) 미국 입국 비자를 구하는 고생.
(5) 미국과 일본을 마음대로 왕래하지 못하는 고생.
(6) 말과 글이 통하지 아니 하는 고생.

등 여러 가지 참지 못하고 견디지 못할 일이 있거늘, 우리나라로 오는 데는 조금도 저런 걱정과 고생이 없을 뿐 아니라, 오히려 온갖 편의가 많으니,

(1) 도처에 특별히 마련한 거류지가 있어, 저희 본국과 조금도 다름이 없고, 하루하루 쓰는 생활용품을 구하여 얻지 못하는 것이 없는 편리한 이익.
(2) 어두운 구석과 어리석은 백성이 많아서 '가다방' 장사, 알 굴리는 노름을 하여도 넉넉히 상당한 장사를 할 만한 자본을 즉시 얻을 수 있는 편리한 이익.
(3) 문자는 말할 것 없고, 언어로만 말할지라도 "있소, 없소, 안되겠소, 이리 오, 저리 가, 얼마요, 비싸, 이놈아, 여보." 등 몇 가지 말만 배워도 넉넉히 서로의 마음을 주고받을 수 있을 뿐 아니라, 길거리에서 장난하는 어린아이까지도 대강 말을 통할 수 있는 편리한 이익.
(4) 집터가 값이 싸고 물가가 저렴하여, 저희가 일본에서 두 세 식구를 부양하던 돈으로 능히 다섯이나 여섯 식구를 거느릴 수 있는 편리한 이익.

(5) 조선 사람들의 천대는 고사하고 관청의 세력을 방패로 하여 도리어 어수룩한 조선 사람들에게 모질게 행동할 수 있는 편리한 이익.

(6) 일본에서는 늙어서 이미 쓸모없는 사람이라 아무데도 소용이 없는 사람도, 대한 해협이란 작은 개천만 건너서면 촉탁(囑託)이나 주사(主事) 같은 것 한 자리는 용이하게 얻을 수 있고, 또 아직 범죄를 저지른 자를 다루는 법률이 소략하여 난봉꾼 · 협잡배들도 쉽게 지루하지 아니할 만한 진귀한 물건을 얻을 수 있는 편리한 이익.

등 여러 가지가 있으니, 이는 참 막대한 하늘이 내려 준 이익이라. 이에 남대한해(南大韓海)와 한일 양국 철도의 연락이 시일이 급하게 되어, 수천 톤 큰 배 두 척이나 끊임없이 이주민을 나르고, 얼마 아니 되어 두 척으로도 부족하여 또 두 척을 늘려 두 나라 수도 4천 리 동안을 겨우 50여 시간에 통하게 되었다.

재산 있는 사람은 재산을 늘리려고 오고, 재산이 없는 사람은 재산을 벌러 오느라고 600~700인씩을 용납하는 큰 배 4척이 매양 좁지 않은 때가 없고, 시모노세키 항구의 배 타는 출입구에는 항상 임신부들이 연달아 천막을 치고 땀을 뿌리는 것이 비를 부르는 것 같으니, 근래 수년래로 우리나라 산과 들 방방곡곡에 대나무 갓을 쓰고 무명옷을 입은 사람의 그림자는 없는 곳이 있어도, 넓은 허리띠를 띠고 높은 나막신을 신은 일본인의 발자취가 박히지 아니한 곳이 없이 되는 것을 보게 될 뿐이라.

경성(京城) 한 곳으로만 말하여도 남쪽 10리 되는 용산으로부터 동쪽 10리 되는 수구문 밑에까지 쭉 연달아 늘어 선 상가와 살림집을 보면, 비록 그들이 식민지적 천재(天才)가 없음을 볼지라도 쉽게 가벼이 보지 못할 일대 세력인 것은 누구라도 인정하는 바 아닙니까?

이 말은 너무 번거롭고 길었으니 그만두고, 그곳에서 생산되는 물품으로 말하면 우리가 필요로 하는 것으로만 보아도, 원사(原絲) · 포목(布木) · 주단(綢緞) · 성냥 · 담배 · 종이. 도자기 그릇 · 기계 등 공예품과 과실 · 널빤지 · 석탄 등 자연물이 적지 않게 생산되니, 우리나라 외국 무역의 10분의 7은 일본이 차지하였소.

그런데 이 나라는 원래 동양에서 가장 미개한 나라이었는데, 비로소 지금 메이지 천왕 때부터 닫았던 문을 열어 새 문물을 맞아들이고, 막혔던 길을 뚫어 새 규모(規模)를 얻어 가져다가 40~50년을 두고 상하 일심(一心)으로 죽기를 한하고 새 사업을 경영하여 드디어 오늘날 지위를 얻은 신흥국이라.

우리가 장차 나아가려 하는 길을 이 나라에서는 그 일부분을 먼저 지나간 경험을 가졌고, 또 우리나라 새 문화는 이 나라로부터 가져올 것도 많을 뿐더러, 다나 쓰나 지금에는 극히 큰 관계를 맺고 있은즉, 그가 좋은 데로 잘 지도하여 주는 것은 우리가 또한 감사하는 뜻으로 좇을 필요가 있소.

또 다른 날 우리 소년 여러분의 마음으로 우리가 항상 건설하기를 힘쓰는 신대한(新大韓)을 이루는 때에는 가장 가까이 지내던 정을 가진 친구도 이 나라요, 또 가장 거치적거리는 경쟁자도 이 나라인즉, 우리는 잠시라도 이 나라 일을 가벼이 여길 수 없소.

가까운 동쪽 이웃인 일본의 말은 이만큼 하거니와, 우리는 여러 가지 필요로 먼 동쪽 이웃인 미국의 사정을 알아둘 일이 있으니, 조각배로 건너 갈 수 있는 저 일본만 없으면 미국이 곧 동쪽의 이웃이 될 뿐 아니라, 다른 날에 남대양에서 패권을 다투게 되는 때에 그가 가장 무서운 경쟁자가 될 터인 이유이오.

미국은 1492년에 콜럼버스 등 용감한 소년 여러 사람의 모험 탐색한 결과로 비로소 널리 세상에 알린 나라인데(그 전에도 표착한 사람과 우연히 정박한 사람은 있었다 하오.) 처음에는 영국이 붙인 한 식민지더니, 자유를 생명보다 중히 알고 독립을 금전보다 귀히 여기는 이주민들이 포학무도한 영국 정부의 하는 짓을 분하게 여겨, 구차하게 삶을 꾀하는 것보다 명예를 지켜 생명을 버리는 것을 낫게 알아 어린 강아지가 범을 물어뜯는 것처럼 기초와 힘이 미치지 못할 일에 어리석게 손을 댄다는 조소를 기꺼이 받아들이면서 드디어 의로운 사람들을 모아 혈전고투하며 여러 번 실패하였지만 비로소 자유를 극복했소. 그러므로 이 국민은 다른 나라 인민보다 자유 평등의 신념이 두텁고 독립 진취의 기상이 넉넉하오.

국토의 크기는 우리나라의 35배나 되나니, 유럽 한 대륙과 비슷하고, 인구는 약 8천만이니 국토는 넓고 인구수는 적기 때문에 각국 이주민이 날로달로 증가하여 가는데, 우리나라 노동자들도 많이 건너가서 나라 밖에 건전하고 완전한 신대한(新大韓)을 건설하기에 노력하더니, 근년에 이르러 배황 운동(排黃運動; 황색 인종을 배척하는 일)이 심하여 기세가 꺾임을 당하였소.

이 나라의 산물로 온 세계에 제일가는 것은 구리 · 철 · 아연 · 석탄 · 석유 · 소금 · 목화 · 밀 · 담배 · 소 · 돼지 등이요, 공업 · 상업이 다 세계에 두드러지게 으뜸인데, 그중 제철 · 조선 · 방적 등 사업이 가장 크고, 무역액은 세계에 셋째니, 주요한 수출품은 목화 · 밀가루 · 구리 · 철 · 석유 · 목재 · 담배 · 고기 · 포목 등인데, 우리나라에는 밀가루 · 석유 · 목화 등을 수출하니, 시골 노인들의 추위를 막아주는 목화 옷과, 연말이나 정초에 입맛을 다시게 하는 만두는 다 이 나라가 우리에게 공헌하는 자료를 밑천 삼아 만드는 것이오.

근래에 교통 기관이 매우 발달하여 철로의 연장이 80만 리나 되고, 선박의 톤수는 세계에 둘째가 되어, 동으로 대서양과 서로는 태평양을 서로 이어주게 되었소. 더욱이 나라가 바야흐로 경영하는 것에 가장 중대한 일은 파나마 운하니, 남북 아메리카의 나누어진 경계의 한가운데 잘록한 허리를 끊어서 태평양과 대서양을 가깝게 연결하여 공연히 남아메리카를 순회하는 수고를 덜려고 함이니, 만일 이 운하가 성공되는 날에는 아메리카 동방 여러 항구에서 동양 각처에 왕래하는 동안이 유럽 각국에 비하면 크게 단축되어서 영국 · 독일 두 나라의 태평양 무역이 크게 타격을 받게 되리다.

또 1898년에 미국이 스페인으로부터 싸워서 얻은 필리핀 제도는 극동에 있는 이 나라의 군사상 · 경제상의 큰 근거지가 되고, 또 독일 · 영국의 협상으로 인하여 얻은 태평양상에 놓인 사모아 섬은 오스트레일리아로 가는 요로(要路)에 처하고, 하와이 섬의 호놀룰루 항은 극동에 이르는 중추지이니, 이와 같이 미국이 태평양상에서 세력을 발전하여 가는 형태는 우리 국민이 한시라도 방심치 못할 것이요, 또 일본의 새 문화가 많이 그 나라에서 얻어온 것과 같이 우리나라도 이 나라로부터 얻을 것이 많은즉, 더욱더욱 우리와의 관계가 친밀하여 갈 것이 명백하오.

(다음 장에는 중국 대륙 · 시베리아와 우리 대한의 자연적 관계를 논하고 나아가 우리 대한이 반도로 장차 세계 문화에 보조할 포부와 이미 동양 문화에 공헌한 공적을 논하겠소.)

(2) 서쪽 이웃의 형세 - 중국

우리는 앞에서 이미 원동 이웃과 남쪽 이웃에 대하여 약간 진술한 바가 있으니, 당연한 순서로 이번에는 서쪽과 북쪽의 이웃에 대하여 글 쓰는 차례를 옮기오.

서쪽 이웃으로 말하자면, 전에는 깊은 잠을 자더니 방금에는 각성하여 오는 사자라 하는 중국 제국이니, 아시아 대륙의 중부 · 동부를 거의 다 점거한 세계상 제4대국이라. 그 토지로 말하면 우리나라의 50배가 되고, 그 인구로 말하면 우리나라 인구를 1천 5백만 잡고 28배가 되며, 그 물산으로 말하면 온갖 것이 다 풍부한 중 더욱 탄광은 세계에 비교할 바가 없는 바요, 또 공업으로 말하여도 또한 매우 발달하여 쑤저우 · 항저우의 비단과 난징의 도자기는 옛날부터 유명한 바이오.

요즈음의 시설로는 카이핑(開平)의 탄광과 한양(漢陽)의 제철소와 마웨이(馬尾)의 선정국(船政局)과 상하이(上海)의 직포국(織布局) 등 관영 사업이 있고, 상업으로 말하면 이 나라 사람은 상업을 경영하는 천재적 기질이 있어 주인과 종업원 사이의 전습(傳習)의 교육밖에 없으나 세계 각처 상업 터에서 열세에 몰리거나 실패를 받지 아니할 뿐 아니라, 조금만 신문명을 선도하는 때면 상업계의 패권은 이에게로 돌아가리라 하여 젊은이들을 경계합니다.

우리나라 외국 무역의 10분의 2는 이 나라가 차지하였으며, 이뿐 아니라, 우리나라에는 내륙 상업권으로 말하여도 나루터 시장에 외국 문물의 수입은 이 나라 사람의 손을 경유하는 것이 많은 기현상이 있으니, 마치 한가지로 외국 물자와 재화를 갖다가 쓰되 우리나라 사람에게보다 이 거간적 외국인을 더 신용하는 우리 인민, 그러하도록 만들어 준 우리 예전 상인, 그러하고도 하루 바삐 빼앗겼던 권리를 회복하기를 힘쓰지 아니하는 우리 신상인(新商人)의 일을 생각하면 우습기도 하고 불쌍하기도 하고 분하기도 하고 아프기도 하오.

중국인에게는 큰 결점이 하나 있으니 곧 자기 자신을 높고 크게 여기는 것과 옛것은 옳고 지금 것은 잘못이라고 생각하는 것이라, 과연 말이지 고대의 문화와 제도로 말하면 4~5천 년 오래된 나라의 값으로 멀리 서양 여러 나라를 능가하였을 뿐 아니라 오히려 높이 초과하였으나, 그러나 오늘의 형편은 피차가 입장이 바뀐 것을 어찌한단 말이오.

사람과 나라란 것은 지나간 꿈을 가지고 살고 다스려 가는 것이 아니요, 홀로 당장에도 있고 장래에도 있을 진보란 것을 가지고 살고 다스려 가는 것이니, 만일 사람에 귀천의 구별이 있다 하면 마땅히 진보를 알고 모름으로써 나눌 것이요, 나라에 문명국과 오랑캐의 구별이 있다 하면 또한 진보의 있고 없음으로써 나눌 수 있소.

이 이치로써 말하면 예전의 중국 문명국이라 할지라도 오늘날의 중국은 오랑캐국이요, 옛날의 서양인은 오랑캐라 할지라도 오늘날의 서양인은 문명국이오. 만일 이 분별 저 분별 아니하고, 요 · 순의 태평성대 치적과 주 · 한의 문명이 있다고 해도 당장은 개똥만도 못하고, 전에 다뉴브 강변 들판에서 목장이나 하고 스웨덴 협곡에 동굴을 파고 살았다고 해도 번연히 야광주보다도 밝고 금강석보다도 찬란한 눈이 부신 문명 진보를 보면서 그를 오랑캐의 족속이라 하고 그를 야수가 다시 태어난 것이라고 하니, 이 따위가 화를 받고 이 따위가 해를 보지 아니하면 누가 당하리오.

이에 그들이 4천 년 넘어 써 오던 모자랑 붓을 들고 "관중이 쇠미해지면 내가 머리를 풀고 왼섶을 하리라."를 덧붙여 자세히 설명하는 동안에 저 서양인들은 바로 그 붓대 아래 그의 책상머리에서, 새로 시퍼렇게 갈아서 광택을 내는 예리한 칼을 들고 중국 전체를 여러 등분하기를 몇 번이나 하다가 다행히 세계의 공의(公議) 때문에 면하였으니, 이른바 제국(帝國)으로 치욕이 여기서 더 심한 데가 어디 있겠소.

그러나 천운(天運)이 순환하면 가는 것도 없고 회복되는 것도 없는지라, 이에 그의 고집으로 뭉쳐진 두뇌에도 신학문(新學問)이 전파될 여지가 생기고, 한가롭게 놀다가 굳어진 손과 발에도 새로운 일을 시작할 용기가 생겨나서, 외국인에게 양여하였던 이권을 회수하는 열망은 극도까지 오르고, 관리들에게 받았던 압제를 반항하는 운동도 또한 막바지까지 이르러, 자유를 찾아야 하고 자강(自强)을 하여야 한다 하는 소리가 곤륜산(崑崙山)에 음파(音波)가 갈수록 넓어집니다.

교양의 길을 혁신한다, 상공의 업을 확장한다, 이것을 한다, 저것을 한다 하여 깊은 잠을 비로소 깨어가고, 또 여러 가지로 중국의 신 시설에 방해를 더하던 서 태후(西太后)도 이미 죽었은즉, 차차로 여러 방면에 활기가 생길 나라는 이 나라라 하여 세계 시선의 초점이 되었나니, 우리 신대한 소년도 이 나라가 발전하여 감에 대하여 또한 다대한 관계가 있음을 항상 아주 잊지 말아 주의를 부지런히 할 것이오.

그러나 이 나라 인민에게 우리가 급히 배워 올 것은 스스로 진실을 지키는 것과 건설재(建設才)와 발전력(즉 팽창력)이니, 자수(自守)·건설(建設) 두 가지 일에 대하여는 우리가 다른 데 진술할 기회가 있거니와, 그 발전력으로만 말하면 남양 제도며 태국·버마이며, 오스트레일리아며 남아프리카 각처며 캐나다 등지에 중국인의 발길이 미치지 아니한 데가 없고, 또 어디든지 가면 그 땅을 파고 저의 힘을 팔아서 그곳의 재화를 조금이라도 가져오는 수는 있어도, 털끝만큼이라도 저의 것을 갖다가 떨어뜨리지는 아니하여, 다른 나라들은 금력(金力)과 무력으로 세계를 정복하려 하는 중에 이 나라 사람들은 별나게 노동력으로 정복하려 하는 듯하니, 세계상 어떠한 궁극한 곳에라도 중국의 쿨리[苦力][10]와 일본의 창녀가 없는 데가 없게 되었습니다.

우리 기백, 관성을 일으키는 힘으로 세계에 패권을 부르짖는 우리 국민은 크게 이를 보고 감동하여 분발하여야 하오. 이 나라로서 우리나라에는 비단류·목화·약재·귀중품 등을 수입하여 들여오고, 인예(人藝)·종이류·숯(이것은 전부 만주 방면으로) 등을 수출해야 하오.

10 중노동에 종사했던 중국이나 인도의 하층 노동자.

(3) 북쪽 이웃의 형세 - 만주

북쪽 이웃으로 말하자면 한편은 고구려와 대발해국의 옛 영토요, 만주에서 일어난 청나라의 시조 애신각라(愛新覺羅)의 발상지요, 중국과 일본 · 러시아와 일본 사이의 전투였던 청일 전쟁과 러일 전쟁의 옛 전쟁터인 만주이니, 그 땅의 면적은 우리나라의 거의 4배 반이나 크고 그 인구는 우리 인구보다 7분의 1이 적으오.

이 땅은 1900년부터 러시아가 점거하였더니, 이 사건으로 하여 일본으로 더불어 전쟁을 하여 대패하고 철수한 뒤에 명목상으로는 청국에 반환되었으나 실제적으로는 일본인의 발전지(發展地)가 되어서, 바야흐로 온갖 방면으로 경영의 진도가 진보하여 가니, 터키 일부에서 영국과 러시아가 바야흐로 서로 으르렁거리는 셈으로, 얼마 가지 아니하여 몽고란 고깃덩이를 놓고 모국(某國)과 러시아가 또한 몹시 빠르게 다툴 것이 명약관화하고, 또 일본 본토와 만주와의 교통이 매양 우리나라 남북으로 관통하는 철도인 경부선과 경의선을 경유하여 즉시 안봉철도(安奉鐵道)[11]와 연락하니, 이로 말미암아 우리나라도 다소의 영향을 입을 것이오.

우리는 국외 발전지로는 오직 북측 영토 한 부분뿐이어서, 옛날부터 이주민이 끊임없이 들어가서 여러 곳에 소한국(小韓國)을 별도로 세운 곳이 허다하고, 장래에는 더욱 늘어갈 터인즉, 우리가 이 땅의 형세를 항상 주의하여야 할 것이요.

또 우리나라의 장래 운명을 생각하자면, 우리의 세력이 여기서 크게 뻗어 나가야만 팽창적 신대한이 비로소 뜻있게 될 터인즉, 바야흐로 그 경륜을 하고, 장차 그 일이 되어가는 형편을 감당할 우

11 중국 랴오닝 성 봉천(현재 선양)에서 안동(현재 단둥)에 이르는 철도로, 길이는 277km이다. 1904년 러일 전쟁 당시 일본군이 부설한 군용 경편 철도를 일본의 남만주철도주식회사가 개수하여 한국과 만주를 연결하는 간선 철도로 운용하였다.

리 소년은 더욱 얼마 안 되는 짧은 시간이라도 이 지방의 연구를 게을리하지 못할 것이오. 그로 인하여 한마디 붙여 말할 것은 간도(間島) 이야기니, 기회를 따라서 이 다음에 별도로 기록하오리다.

또 한편 모퉁이로는 러시아와 더불어 국경을 맞대니, 그 경계선은 극히 짧으나 우리 북쪽 백성들의 제2고향이 된 연해주(러시아에 속한 땅)를 통하는 어귀가 이곳이요, 그 너머 국경에는 조선 왕조의 발상지가 있은즉, 지리상으로는 없어서는 안 될 중요한 곳이고, 역사상으로는 감개가 특별히 깊은 곳일 뿐더러, 우리 민족도 또한 발전력(즉 팽창력)이 넉넉함을 보이게 됨이 이 어귀가 있는 까닭인즉, 그 가치는 가히 매우 크다고 이르겠소.

우리 역사상에 가장 팽창적 원기(元氣)를 넉넉히 보인 것은 두말할 것 없이 대발해국이라. 그 영토가 지금 만주의 지린 · 성경(盛京) 두 성(省)과 러시아에 속한 연해주의 일부분을 차지하여 엄연히 북방에 하나의 대국을 이루고, 북으로는 흑수말갈(黑水靺鞨)[12]을 제압하고, 서로는 거란에 대항하며, 남으로는 당나라를 흘겨보며 여러 이민족이 난립한 중에서 능히 독립적 체면을 유지하고 문명적 정치를 행하였더니, 후에 고려의 건국과 거란의 왕성함으로 인하여 그 기세가 크게 줄었다가 마침내 쇠망함에 이르렀습니다.

대체로 보아서 만주 지역은 우리 선조가 피견집친(被堅執親)하고 객지에 방랑하면서 온갖 고생을 다하면서 그 황무지를 개척하며, 그 야만족을 감화 복속시켜 건국적 천재를 크게 발양하던 곳이니, 그네들은 얼마나 이 때문에 속을 썩이고 애를 들였는지 생각만 하여도 가히 짐작하겠습니다.

12 말갈 7부족의 하나. 말갈의 6부족은 발해 건국 전후로 발해와 합류했지만 흑수말갈만은 오랫동안 소속되지 않고 상당히 강한 힘을 가지고 있었다. 이후 흑수말갈은 당과 연합하여 발해에 적대적이었는데, 726년 발해 무왕이 완전히 굴복시켰다.

슬프다! 가계와 조상을 이어갈 마땅한 자손이 나지를 못하여 팽창진취는 고사하고 한갓 겁먹고 오그라드는 데만 힘써, 오늘에 이르러는 하늘이 정한 경계가 분명하고 비명(碑銘) 문자가 또렷또렷하며 우리나라에 속해 있는 분명 당당한 땅까지도 네 것 내 것을 다툴 지경까지 이르게 되었으니, 우리가 이러한 일에 눈물을 흘리며 통곡하지 아니하면 어떠한 일에 울겠소.

그러나 우리 조상들은 자기네들이 죽을 힘을 들이고 경영하던 곳이 공짜로 남의 수중에 있음을 원통히 여겨서 가만히 은밀하게 시키셨든지, 근래에 이르러서는 어린아이와 노인의 손을 잡고 국경을 넘어 이리로 들어가 나라 밖의 신대한(新大韓)을 곳곳에 건설할 뿐 아니라, 본국의 동포는 아직도 원기들이 사그라지고 약해져서 비교적 사업상 활동이 별로 없는데, 이 이주민들은 새로 된 값을 하느라고 새 기력의 충실한 표시를 연방 보이니, 우리는 이를 보고 얼마만큼 너그럽게 위안하고 다시 기뻐하는 바이라, 어찌하였든지 이 방면에 우리 신소년의 발전은 어찌 볼 만한 일이 아니라 하오리까?

여기서 멀지 아니한 곳에 블라디보스토크(한자로는 海蔘威)란 항구가 있으니, 이곳은 러시아에 속해 있는 연해주(沿海州)의 중요한 땅이라, 러시아의 동방 경영은 이곳으로써 근거지를 삼으므로 각종 설비가 다 정비되고, 시베리아 철도의 지선(支線)이 여기까지 연장하여 있으므로 유라시아(아시아 · 유럽 양 대륙을 합칭하는 이름) 교통상에 가장 중심지가 됩니다.

우리 동포가 이곳에 이주한 사람들이 수십만 인에 상당하게 지위와 재산을 얻은 사람도 있고, 일 · 청 두 나라 사람도 또한 많이 와서 있으나 그 세력이 멀리 우리의 주민을 따르지 못할 뿐 아니라 항상 견제를 받고 있으며, 또 한 가지 기뻐할 것은 이주민들이 대개 교육 없는 사람이 많은 고로 다만 돈의 좋은 것만 알아서 조금도 조국 사상과 문명 사업이란 것을 모르더니, 근래에 이르러서는 크게 문명의 세례를 받아 때와 형세의 어떠한 것들을 깨닫고, 학교를 세운다. 보도문을 낸다 하여 크게 광명계로 들어가기를 힘쓰는 것이라, 우리가 또한 다대한 희망을 이곳에 붙이지 아니할 수 없소.

위에서 대한의 사방 형세에 대하여 간략하고 소략하나마 대강대강은 다 말하였은즉, 장래 우리나라의 문화로 더불어 적지 아니한 인연이 있을 동청철도(東淸鐵道)[13]와 시베리아 철도에 대하여 말하지 아니치 못할지나, 이때까지 말하여 온 것이 너무 장황하였은즉 잠시 그만두고 다른 말부터 하오리다.

3. 반도와 인문

나는 우리 반도의 기왕의 공적과 장래의 포부를 말씀하기 전에, 우선 반도와 문화의 관계를 약간 살펴보기로 하오리다.

1) 반도의 장점

지세상으로 보아 반도가 다른 육지보다 우세한 점은, 도틀어 말하자면 해륙(海陸) 접경에 자리 잡고 있어, 육지의 이로운 점과 바다의 이로운 점을 겸하여 받는 것이라.

무릇 반도는 삼면으로는 바다에 안기고 한 면으로는 육지에 매달려, 그 해양에 안긴 편으로는 길게 걸쳐 있는 해안선에 볼록 튀어 나온 곳은 곶(串)도 되고 각(角)도 되고 또 소반도(小半島)도 되며,

13 현재는 하얼빈 철도로 불린다. 중국의 만저우리에서 하얼빈을 거쳐 뤼순에 이르는 철도이다.

움푹 들어간 곳은 진(津)도 되고 포(浦)도 되고 또 해만(海灣)도 되어, 고대의 그리스 반도 모양으로 사방의 바다를 어떠한 방향으로도 선박 출입이 빈번하므로, 상인들이 내왕하는 사이에 문물과 지식의 교환이 자연히 많아져, 그러는 동안에 남의 뛰어난 시나 문장을 채취할 기회가 많아집니다.

그 육지에 매달린 편으로는 아라비아 반도의 사막과 이탈리아 반도의 산악 모양으로 그 육지와 잇닿은 곳에 큰 장해가 없기만 하면, 고대의 우리 대한 반도 모양으로 내륙의 문물이 혁명(革命; 箕子가 이것임)·전쟁(4군 2부와 麗隋전쟁이 있음)·은둔(열국으로부터 진나라에 이르는 동안의 유민과 명나라 말기 遺臣의 피란이 이것임) 등 여러 가지 매개로 잇달아 수입되어 나의 모자람을 보충하는 일이 많습니다.

더욱 반도는 이렇게 바다와 육지 양편의 문물을 이리저리로 한데 받아서 흡수하고 시험하여, 오직 그 장점만 가려 선택하는 자유가 있습니다. 역사상에 알기 쉬운 사실 곧 군사 한 부문으로만 말할지라도, 한편엔 육군이 강성하고 한편으로는 해군이 잘 정비되었으므로 반도국(혹시 순수한 반도국은 아니라도 대략 반도국인 경우)이 아니면 될 수 없는 일입니다.

기타 무역으로 말할지라도 사람으로 말하면 바다와 육지 양계에 좋은 점대로 종사하는 하늘이 준 혜택이 있고, 물품으로 말하면 해외로 수출함이 이로울 것은 바다를 이용하여 운반하고 내륙으로 수입함이 이로운 것은 육로로써 하는 자유가 있으며, 또 우리나라의 팽창과 인민의 발전으로 말할지라도 육지로 진입코자 하면 육지로 향하고 바다로 뛰어나가고자 하면 바다로 향하여, 이렇게 하든 저렇게 하든 마음대로 할 수가 있을 뿐 아니라, 육지에서 뜻한 바를 얻지 못하면 바다로 하고, 바다에서 뜻한 바대로 안 되면 육지로 함이 모두 자유자재로 됩니다.

또 다른 방면으로 눈을 돌려, 생산물로 말하여도 산에서 나는 진기한 물건도 있고 바다에서 나는 보배도 있어 저 내륙국이 바다에서 생산되는 물건을 구경하지도 못하고(중국 내지에 염전을 구경하지 못하는 곳이 있고, 또 내륙이라도 바위 속에서 소금을 채굴하는 곳도 있느니라), 외딴섬의 골짜기에서 생산되는 물건을 맡아 보지도 못하는 데와 틀림이 있을 뿐 아니라, 설혹 해안선이 있어도 육지에 기운 데와 육지에 가까워도 섬으로 생긴 데에 비교하여도 여러 가지 우세한 것이 많습니다.

우선 호랑이로 말하더라도 우리 반도에는 있으되 러시아 같은 내륙국과 일본 같은 섬나라에는 나지 않으니, 이는 인생에 효능 있는 산물은 아니나 또한 반도국(더욱 우리나라를 두고)과 다른 나라 사이의 산물의 관계를 짐작할 만한 꺼리가 되며, 더욱 82,000평방 리 되는 작은 영토 안에서 크기로 짝이 없는 고래 같은 해산물과, 사납기로 이름 있는 호랑이와 표범 같은 육지의 짐승이 아울러 납니다.

을지문덕(우리는 살수의 을지문덕을 워털루의 웰링턴에 비하고자 하노라)의 살수 싸움 같은 명예 있는 육지 전투와, 이순신(우리는 한산해의 이순신을 트라팔가의 넬슨에 비교하고자 하노라)의 한산도 전투와 같은 영광스러운 해전을, 작은 나라 많지 아니한 역사서에 아울러 실음은, 우리나라 같은 반도국이 아니면 할 수 없는 일입니다.

또 이와 같은 유례를 하나 들어 말하자면, 인도 반도에 육지 짐승계의 대왕인 코끼리와 바다 짐승계의 거물인 악어가 아울러 산출함도 좋은 예가 되는 증거입니다.

또 기상(氣象)으로 말하여도 어제는 공기가 많이 건조하여 만져보면 바삭바삭할 듯한 맑고 깨끗한 하늘을 바라보고 생기가 저절로 몸에 돌다가도, 오늘에는 한 자만 더 내리 덮으면 거의 우리 머리에 닿을 듯하게 하늘이 낮아지고 기후가 답답하고 축축하여 일어나던 사람도 앉게 하여, 며칠은 노동하기에 적당하고, 하루는 안식하기에 편하도록 됨도 해양적 기후와 대륙적 기후의 영향을 아

충렬사(경남 통영)
이순신 장군을 모신 사당이다. 필자는 이순신의 한산대첩을 영국 넬슨의 트라팔가 해전에 비유했다.

울러 받는 반도국(대개는 온대를 두고 말함이라)이 아니면 보지 못할 일이니, 이는 반도의 장점에 대하여 대체는 인사 지리적 식견으로 관찰한 바를 말함이오.

[부설]

겨우 돛이 없는 작은 배로도 건널 수 있는 작은 개천을 사이에 두고 있는 우리나라와 일본 사이, 더욱 처음부터 서로 연결되어 있던 두 지역의 생물의 분포가 크게 다름은 생물학자들이 마음에 두고 연구할 일입니다.

가령 우리나라에는 호랑이가 살지만 일본에는 살지 아니하며, 일본에는 원숭이가 있지만 우리나라에는 살지 아니하며, 우리나라에는 까치가 많으나 일본에는 적음과 같습니다. 이것은 한두 가지의 증거이지만, 이는 생물학(더욱 진화설에 관련한)적으로 매우 흥미 있는 문제가 되리라 생각하여 소년 여러분에게는 필요치 아니할 듯하나 덧붙여 기록하여 학자들이 유의하기를 청함이라.

2) 반도와 문화

그러나 이상에 열거한 바는 대체로 자연적으로 관찰한 것이나, 한 번 고개를 돌려 살펴보면 더 중요하고 더 거대한 하늘의 뜻과 땅으로부터 얻는 이익이 인문적으로 있음을 깨달을 것이니 곧,

해륙 문화(海陸文化)의 융화와 집대성자가 됨과,

해륙 문화의 전파와 소개자가 됨과,

해륙 문화의 성장처가 됨의,

세 가지 일이라, 이 다음에 대강 언급하겠소.

4. 반도의 문화

1) 해륙 문화 전파자인 반도

반도는 그 지형이 대륙으로 향하여는 먹을 것을 구하는 듯이 해양을 등지고 입을 딱 벌리고 있고, 대양(大洋)으로 향하여는 손님을 영접하듯이 육지를 의지하여 발을 쑥 내어 밀고 섰습니다.

하늘은 우연하게 이렇게 만드셨는지 모르되, 사람의 일은 이로 인하여 매우 중요한 의미가 있게 되니 무엇이뇨. 그 하나를 들어 말하면, 곧 해륙 문화의 심부름꾼 노릇을 하게 됨입니다.

우리나라의 한 귀퉁이로 말하면, 황해 쪽으로 돌출한 황해 반도 - 그 중에서도 소반도와 곶 · 각 · 진 · 만이 많은 대동강 연안 지방이 고대로부터 중국 대륙 - 더욱 산둥 반도로서 왕성히 대륙의 문화를 수입하여 비로소 우리나라에 문명의 서광이 빛나게 했습니다.

또 이것이 차차 남으로 흘러 내려가 우리나라 중 반도와 나루터와 포구가 가장 많은 전라도 – 당시의 백제국으로 좇아 수백 가지 문화가 무지몽매하였던 일본국으로 들어가 비로소 그 나라로 하여금 문명의 혜택을 입게 함도, 사이에 놓은 교량과 같이 생김으로 우리나라 고유한 문화와 대륙의 문화를 간단없이 일본으로 수출하여 그를 깨우쳐 주고 그를 인도하였습니다.

동양의 옛 문화가 소아시아 반도로 좇아 그리스 반도로 수출되고, 고대 아프리카 북동에 발생한 문화가 그리스 · 이탈리아 두 반도로 좇아 수입되어 얼마만큼 더하기도 하고 덜하기도 하여 가지고 유럽 대륙에 소개됩니다.

후세 유럽 대륙의 문화가 이베리아 반도(스페인 · 포르투갈 등)로 좇아 신세계에 수출되고, 또 16세기 초 이래 서양의 문화가 동양으로 유입한 것이 거의 다 이베리아 반도에서 전파됨이 현저한 증거입니다.

이상에 기록한 사실을 그 받은 편으로 말하면 반도가 문화의 발상처이지만, 그 준 편으로 말하면 불과 한 전파자입니다.

문화가 처음 시작할 때에는 교통 기관이 발달되지 못하여, 바다와 육지 사이에 왕래가 빈번치 못하므로 자연히 바다를 사이에 두고 있는 갑 · 을 두 군데가 좋든 나쁘든, 정밀하든 조잡하든, 각각 특수한 문화가 생기고 자라다가, 이들이 피차 접촉하여 새 형식을 만들어 내려 할 때, 불가피하게 두 곳을 떼어 놓았던 바다 중 가장 근접한 육로를 찾게 되는데, 이 조건을 하늘이 내려 준 반도가 자연히 이 책임을 담당하게 됩니다.

또 그뿐 아니라 세계의 선박 항로가 처음 열려 비로소 동 · 서가 상대하고, 남 · 북이 서로 관계가 없던 곳에서 넓고 멀어서 아득한 해상에 배를 띄우고 방향 없이 가다가 육지를 다다라 먼저 배를 댈 곳이, 그릇으로 치면 꼭지같이 뾰족하게 내어민 반도– 바로 나갔던 자식을 초조하게 기다리는 어머니처럼, 반가운 손님을 밖으로 나가서 맞이하는 모양으로 대륙에 의지하여 해상에 나간 반도가 됨은 또한 자연한 이치입니다.

또 반도는 깊이 해중(海中)으로 내민 곳이므로, 고대에는 표류민이 자주 표박하여 자기도 모르는 사이에 해외의 물정을 알게 될지니, 이 여러 가지 자연적 관계가 있어 고대는 문화의 소개와 전파가 거의 반도의 천직(天職)인 것처럼 되었소.

[부기]

우리나라는 전체가 반도국일 뿐 아니라, 서 · 남 두 해안에는 소반도와 곶 · 각 등이 많은데 그중에도 황해도와 전라도는 더욱 많은 곳이라, 그중에도 큰 것을 들어 말하자면 아래 표와 같으니라.

황해도	전라도
- 대동강 유역에 있어 선박의 계류처 되는 적지 않은 소반도(안악의 沙河半島, 풍천의 許沙半島 등). - 금모래가 20리가 있기로 유명한 장연의 장산 반도. - 옹진의 초청 반도(招靑半島; 서남 해상에 있는 대청 · 소청 두 섬을 손으로 부르는 듯하므로 명명함). - 좌측에는 해주만을 끼고 남에는 등산곶이 내민 강령(康翎)의 강령 반도.	- 무안 섬을 가운데 두고 좌로 내민 목포 반도. 우로 내민 다경포 반도. - 같은 해남 한줄기에서 남으로 내민 해남 남반도. 서쪽으로 내민 해남 서반도. - 순천만을 사이에 끼고 좌로 내밀어 발끝을 동으로 둔 순천 반도. 우로 내밀어 발끝을 서로 둔 흥양 반도. 이 둘이 고대에 전자는 외국 문화 수입 창구가 되었고, 후자는 우리나라 문화의 수출 창구가 되었느니라.

2) 해륙 문화의 성장처인 반도

그러나 반도의 천직은 문화의 전파와 소개뿐이 아니라, 두 바다와 대륙이 산출한 문화를 완전히 보유하고, 또 건실하게 성장시킴도 한 천직인 듯하니, 이 사실은 유럽 대륙의 고대 문화사에서 가장 명백하게 볼 수가 있는 바이라.

세상의 지리학자가 항상 유럽 대륙을 아시아 대륙의 한 반도라 하나니(유럽은 지도에서 보는 바와 같이 반도적 대륙이니, 아시아 대륙에서 그 중심부의 대고원과 대평야와 동부의 소반도를 제하고 이탈리아 이외의 반도와 섬을 합하여 성립한 것이 유럽 대륙이니라), 만일 이대로 말하면 일반 인류계의 문화가 아시아 대륙에서 유년기를 지내고 그 단련기, 곧 생장기를 유럽 반도에서 지냄도 또한 적당한 실증입니다.

이것을 또 조금 줄여 말하면, 아리아 인종(유럽 인종의 이름)의 법교 사상(法敎思想)이 인도 반도에 들어가 크게 생장하여 커다란 과실을 맺음도 한 실증입니다(인도인은 그 시조는 오늘날의 유럽인과 같이 서부 아시아에 살던 아리아 인종인데, 브라만교라든지 불교라든지 다 인도 반도에 옮겨 온 뒤에 발생하였습니다).

태고 시대에 서방 아시아의 문화(세계 최고의 문화)가 그리스 반도에 들어가 크게 유럽 문화의 근원에 도움이 되었던 것도 한 실증이요, 이집트(아프리카 대륙의 북부이니, 고대 문화가 먼저 일어난 곳 중 한 곳)에 일어난 고문화가 필경 그리스 반도로 들어가 꽃이 피고, 다시 로마 반도(곧 오늘날의 이탈리아)로 들어가 열매가 맺음도 한 실증입니다.

또 이집트에서 난 모세가 아라비아 반도 서방에 있는 시나이 반도에 들어와 바빌론의 제도를 참작하여 유태교를 세우니, 이도 또한 대륙이 일어나 반도에 자란 한 실증입니다.

오늘날 세계에서 가장 위대한 세력을 정신계에 발휘하는 예수교는 그 씨앗을 유태교에서 받았거늘 유태교는 대륙에서 생긴 사상과 제도를 얻어다가 여러 가지로 개선하여 금일에 이르렀으니 이도 또한 한 실증입니다.

예수교가 처음 일어나매 무한한 박해를 받아 그리 성대하게 발전함을 얻지 못하다가 마침내 로마 반도에 들어가 얼마만큼 성장한 뒤에 드디어 세계적 종교가 된 것도 또한 한 실증입니다.

진나라 · 위나라 시대에 왕성하게 일어난 불교가 우리 반도에 들어와 본토보다도 크게 성장함도 한 실증이요, 삼대의 문물과 풍습이 중국에서는 그 영향력이 많이 없어졌으나 우리 반도에서는 기자 이래로 혹 현저하게 혹 은밀하게 성장하기를 쉬지 아니하여 거의 예의를 지켜 사양하는 이상국을 이룸도 한 실증입니다.

이러한 예는 더욱 고대 문화 변화를 역사책을 보면 산같이 쌓임을 발견하리다(지면 관계로 자세한 사실을 들어 설명하지 못함은 恨이오).

3) 해륙 문화의 보유처인 반도

그는 그러하려니와, 완전히 보유한 사실은 무엇이뇨. 고대에는 대륙에 문화가 일어나매 마치 등불이 켜졌다가 꺼지듯이 얼마 후엔 반드시 그 본거지에서는 쇠약해지고 또 반드시 반도로 옮겨가서 그 명맥을 이어가다가 다시 옛 기운을 찾았습니다.

이집트에 일어난 건축술이 중간에 극도까지 쇠퇴하였으나 남부 로마 반도와 그리스 반도로 들어가 그 생명이 존속합니다. 바빌론에 일어난 미술과 공예(鑄鐵術 같은)가 그리스 반도로 들어와 그 형체가 이어져 내려옵니다. 기타 고대 문화도 그리스 · 로마 양 반도로 들어가 잔명을 겨우 보전한 여러 가지 사례가 있습니다.

중국의 초나라에서 일어난 남방 사상, 곧 노장(老莊)의 도교가 좀 쇠하매 산둥 반도로 들어가 연 · 제의 시대에 그 도교가 주술로 변하여 유지됩니다.

인도 북방 카필라에서 일어난 불교가 쇠퇴할 기미가 보이자 그 순전한 반도성을 가진 남방으로 점점 세력의 중심이 이동하여 명맥을 이어갑니다(이는 북으로 대산맥의 장애가 있음도 북쪽으로 나아가지 못한 한 원인일지나, 또한 반도와 문화의 관계를 살펴보는 데 참고하지 않을 수 없는 사실이라 하노라).

중국 본토에 있어서는 명나라 유학의 양지론(良知論)과 청나라 유학의 고증학이 일어난 뒤로 송나라 유학(더욱 정주학파)의 성리설(性理說)이 얼마만큼 쇠퇴하고 미약해졌지만, 우리 반도에는 틀림없이 그 처음의 형식대로만 이때까지 보유 발전합니다.

서력 기원 700년간에 이베리아 반도(그 중 대국인 스페인)가 그 본토에서는 쇠퇴하여 거의 없어지게 되었던 로마법을 완전하게 보유하여 유럽 근세법의 연원이 되게 합니다.

또 그리스 · 로마 이후에 유럽 학자들이 고루하고 어리석은 승려의 괴뢰가 되어서, 연구한다 탐색한다 하는 것이 되지도 못한 교리에만 전력하여 괴이하고 허무한 일만 연구하는 데 나날이 겨를이 없어, 격치학(格致學)과 궁리학(窮理學)이 거의 없어졌거늘, 오직 스페인의 코르도바 대학에서 아라비아 반도인이 다시 이것을 연구하되, 더욱 별연구학(星學) · 수학 · 식물학 · 의학(더욱 외과술) 등을 깊게 연구하여, 중세기 유럽 여러 나라를 암흑 속에서 구출하여 근세의 신문명을 일으키는 데 도움을 준 것은 다 현저한 실증이 될 만한 일이오.

4) 해륙 문화의 융화와 및 집대성처인 반도

아아! 이상에서 서술한 바와 같이 반도는 실로 해륙 문화에 대하여 여러 가지 중요한 책임과 권리를 가졌거늘, 오히려 부족하여 이것을 마지막으로 한데 융해하고 조화하고 집대성까지 하는 듯하도다.

여러분이 시험하여 세계 문화 발달사를 펴놓고 자세히 생각해 보시오. 반드시 옛날 인류의 문화가 처음 된 꽃이 말끔 다 내륙에 되어 가지고 집대성 될 기운이 되기만 하면 누가 있어 시키는 듯이 반도 속으로 몰려 들어가 여기서 융해가 되고 조화가 되어, 한층 더 완전한 형식으로 후세에 떨어짐을 볼지니, 이것이 우연한 일인가 당연한 일인가.

어찌하였든지 세계 문화사를 읽는 사람 - 더욱 고대 동방 여러 나라와 그리스 · 로마 두 반도사를 읽는 사람과 우리나라의 고대사를 연구하는 사람과 장래 우리나라의 세계적 형세와 시대적 책임을 생각하는 사람은 누구라도 수긍하지 않을 수 없을 것이다.

이에 이르러 우리는 하늘이 왜 반도 국민을 특별히 사랑하시어 남에게 주지 아니하는 여러 가지 복리를 주시며, 특별히 알아 주시어 남에게 맡기지 아니하는 좋은 직무를 맡기시는지, 감격이 깊어서 의혹까지 나는도다.

그러나 불행하다. 금년 안에 본사(本史)의 총론을 마칠 예정인데 지면도 근소하고 저술하는 것도 바빠서 상세한 예증을 들어 설명치 못하는구려.

5) 문화의 기원처인 반도

지금까지는 다른 데 문화와 반도와의 관계를 말하였거니와, 이 다음부터는 직접으로 문화와 반도와의 관계를 약간 살펴보겠습니다.

문화의 기원처로 반도를 보매, 문학으로 말하면 4천 년간 동양 사상계를 홀로 이끌어 온 중국 문학이 산둥 반도에서, 엄숙하고 아름다운 산스크리트 문학이 인도 반도에서, 서양 문학의 원천이 그리스 반도에서 생겼습니다.

공예로 말하면 대강만 말하여도 건축의 최고 아름다움이 그리스 반도에, 조각의 대단한 기술이 로마 반도에 있습니다. 미술로 말하면, 회화는 이탈리아 반도와 이베리아 반도에서의 지위는 다시 말할 것 없고, 조각은 이탈리아 반도가 왕을 일컬음은 옛날이 이제와 같습니다.

정치로 말하면 지금부터 수천 년 전에 이미 정치 체제의 최종 이상이란 공화제를 만들어 내고 또 오래 시행한 사람은 그리스 · 로마의 두 반도요, 또 법률로 말하면 근세 문명 각국의 법제의 연원이 된 것이 로마 반도입니다.

종교로 말하면 진보적 형식을 가진 종교가 반도에서 일어나지 않은 것이 없으니, 아라비아 반도에 유대교 · 그리스도교 · 이슬람교, 인도 반도에 바라문교 · 불교, 한 종파로도 가톨릭 종교의 이탈리아 반도와 그리스 종교의 그리스 반도 등입니다.

학술로 말하면 모든 학문의 근원이 거의 다 반도에 있으니, 고대의 그리스 반도 · 아라비아 반도 · 로마 반도 · 인도 반도 · 산둥 반도 등 역사를 보면 밝히 알 것이오.

교육과 학문으로 말하면 온갖 윤리설이 반도에서 생겨나지 아니한 것이 드물고, 상업으로 말하면 서양에는 준 반도적 페니키아인이 반도로써 경유지를 삼은 것이 시초요, 우리나라에는 우리 황해 반도가 중국의 산둥 반도로 더불어 소금과 곡식을 무역함이 시초요, 또 근세 무역의 창시자도 이탈리아 · 이베리아 두 반도인이요, 심지어 음악 · 희극 등까지도 그 전부 혹 일부가 반도에 기원하지 아니한 것이 드무니, 문화 창조자로도 반도의 가치와 공적이 절대함을 알 것이외다.

6) 문화의 개척자인 반도

이상하다, 기왕의 사실은 또 나로 하여금 문화의 개척자로의 반도를 한번 말하게 하는구려.

고고학과 역사가 가르치는 바를 듣건대, 옛날에 아시아 대륙 중부의 고원과 큰 산이 서로 뒤섞인 곳에서, 인류의 선조가 바야흐로 전 세계에 번식하라는 하늘의 이치를 이루고자 하여 사방으로 흩어질 때에, 동방으로 향한 한 파 외에는, 혹은 인도로 혹은 소아시아로 혹은 아라비아로 향하여, 다 약속이나 있는 듯하게 같이 반도로 들어갔다 합니다.

이는 얼마만큼 그 땅의 형세가 시킴일지로되, 한번 들어간 뒤에 다시 다른 곳으로 옮기려 하지 아니한 것을 본즉, 그들이 씨족을 번식하고 문화를 개척하는 데(무의식적으로라도) 반도가 이로움을 인식한 까닭입니다.

이를 표현하여 말하자면 고대의 인류는 처음 문화를 개척할 양으로 반도에 들어갔다 하거나, 그렇지 아니하면 반도로 들어가 문화를 개척하기 시작하였다 할 것이요, 또 그 후로 말하면 세계 문화에 대변동이 있을 때마다 가시밭길을 헤쳐 나오고 황무지를 개간한 사람은 반도인이었습니다.

가까운 예를 들어 말하면, 근세의 신문명은 활판 인쇄술이 발명

되어 문예를 부흥시킨 효력도 힘입었으되, 더욱 큰 동력이 된 것은 항해 탐험- 곧 신토지를 찾아내야 할 터인데, 이 탐사의 기운이 행하여진 것은 가깝게는 나침반이 중국에서 유럽에 전함과, 멀게는 천문학이 발전된 까닭입니다.

대저 이 나침반은 전한 사람도 아라비아의 반도인이요, 전한 곳도 이탈리아의 반도요, 이것을 항해에 이용하여 큰 공적을 세운 사람도 이베리아의 반도인입니다. 천문학은 이를 조직한 사람도 그리스의 반도인이요, 이를 보유한 사람도 아라비아의 반도인이요, 이를 하는 일에 응용하여 큰 사업을 이룬 사람도 또한 이베리아의 반도인입니다.

처음으로 지원설(地圓說)을 주장한 사람은 누구뇨? 그리스 반도 사람인 피타고라스요, 처음으로 지동설(地動說)을 주장한 사람은 누구뇨? 이탈리아 반도 사람인 갈릴레이입니다.

이 이치를 참으로 깨닫고 굳게 믿어 똑바르게 안 것은, 남의 말로 고치지 않고 마음 부끄럽지 않게 작정한 일은 변하지 않는 생김으로 죽기를 무릅쓰고 만 리에 위험을 무릅써 마침내 신세계를 발견하여 신문화가 일어날 단서를 만든 사람은, 이탈리아 반도에서 나고 아라비아 반도의 학문을 공부하고 이베리아 반도에서 자금을 준비하여 그 사상을 얻고 공업을 이룬 사람은 콜럼버스입니다.

이 깜짝 놀랄 대발견으로 하여 유럽 일국의 사상계에 대혁명이 일어나, 예전의 완고하고 어리석었음을 깨치고 근대와 문화를 일으킨 사람도 반도인입니다.

이렇게 탐사 열망이 일어난 뒤에, 혹은 서양으로 혹은 동양으로 혹은 남양으로 항행하면서, 새로운 토지를 탐사하는 길에 동양과 서양 문화를 교환하고, 문명과 야만의 세력을 경쟁하여 옛날의 지방적 문화를 가지고 금일의 세계적 문화가 되게 한 사람도 이베리아 반도인임이 가장 알기 쉽겠소.

또 이것을 우리나라로 보더라도 동양 대륙의 문화가 움직이기 시작하매, 가장 먼저 옮겨 성장한 곳은 우리 반도인데, 서쪽에 족장적 정치를 행하는 오랑캐가 우리 반도의 문화를 개척하려 할 때, 황해도의 반도가 실로 이 사명을 다하게 한 땅이 되었습니다.

태평양상에 흩어져 있는 작은 섬의 문화를 개척하려 할 때, 나제 반도(羅濟半島)가 실로 이 사명을 다함도 한 가지 예가 될 것입니다. 또 북방 빙해(氷海)의 모든 야만 부락의 문화를 개척하는 사람이 스칸디나비아 반도인과 네덜란드 반도인임이 또 한 가지 예가 되겠소.

7) 세계를 통일한 반도

또 한 가지 하늘이 주신 이상한 사명은 이때까지 세계를 통일하시매 반드시 반도로써 하게 하심이라, 세계 통일의 사상, 곧 제국주의는 실로 반도국인에게서 일어난 사상이요, 완전하게는 아니나 반도국인이 행하기 시작한 사업입니다.

지금까지 무력적으로 일어나 세계를 통일한 사람이 3인밖에 없습니다. 그런데 3인이 진부 다 반도에시 나고, 지금까지 일어난 무력적 대제국이 세 나라밖에 없는데, 세 나라가 다 반도로써 기점(基點)을 삼은 것은 우연이라 하면 우연이라고도 할 사람도 있을는지 모르나, 우리는 이 사실을 미루어 보건대 세계 통일의 사명을 반도에게 주신 것으로 보는 것입니다.

알렉산더 대왕은 누구뇨? 그리스 반도에 난 사람이요, 시저 대제는 누구뇨? 이탈리아 반도에 난 사람이요, 나폴레옹 대제는 누구뇨? 또한 이탈리아 반도에 난 사람이니, 이들이 건설한 헬라스 세계와 로마 대제국과 나폴레옹 천하는 자연히 반도로써 기준점으로 하여 작은 것을 쌓아서 큰 것을 이루지 아니한 것이 없으니, 이가 어찌 우연함이라 하겠습니까?

또 무력상으로는 그만두고 다른 데로 말할지라도, 예수 그리스도가 아라비아 반도에 나서 이 반도로 기준점을 삼아 하늘의 명령을 선포하므로 세계를 통일하고, 콜럼버스가 이탈리아 반도에 나서 이 반도를 기준점을 삼아 지리상의 발견으로 세계를 통일하였으니 이 어찌 우연함이라 하겠소.

8) 이상의 개관

이에 우리는 반도와 문화의 관계에 대하여 대강을 말하였거니와, 이를 개관하자면, 문화의 대부분은 반도에 일어났고, 또 문화의 전도와 조화와 집대성과 개척은 모두 반도의 천직(天職)이어서, 옛날부터 인류 사회에 등대임을 알지니, 이는 엄정한 역사적 사실이 가장 엄숙하게 우리에게 알려주는 바이라, 여러 번 말하는 것이지만 하늘이 온갖 무거운, 또 영화스러운 책임은 어찌하여 반도를 시키셨는지 생각하건대, 그 은총이 대단하심을 감격하지 아니할 수 없소.

(이 사이에 우리 대한 반도가 동양 문화에 보조한 기왕의 공적과 역사적 지리적으로 歸納하여 우리 대한 반도가 세계 문화에 공헌할 흐름 · 포부를 말하였으나, 이번에는 지면이 부족하기로 내년부터 게재하겠소.)

5. 동양에 있는 우리 반도의 이전 공적

1) 우리 반도의 이전

하늘은 우리 반도에 대하여 처음부터 큰 것을 바라시며 완전한 것을 구하셨습니다.

신의 전능하심이 우리의 지리적 처지로써 큰 준비를 하시고 완전한 일을 하기에 가장 적당하도록 하실 때에, 이 뜻으로 긴 뱀 같은 열도가 오밀조밀하게 바다를 향한 편을 휩싸고, 철벽같은 큰 산이 성긴 듯하고도 빽빽하게 육지에 이어진 편을 가려서, 19세기의 문명을 만들어 내기까지는 황해 · 벽해(碧海) 두 중간의 깊은 곳에 사나운 비와 모진 바람을 쐬지 않고 편안하게 실력을 기르는 곳을 만드셨소.

과연 하늘은 우리 반도로써 금일의 세계, 곧 참말의 대무대를 만드는 준비 사업의 희생을 만드시기를 차마 하지 못하였소. 장래의 가장 크고 빛난 일을 맡기시려 하시매, 이미 좀스럽고 천박스럽고 누추한 일에는 아무쪼록 이 처녀의 얼굴을 드러내 놓지 아니하려 하셨소. 그러므로 그는 이전에는 세계 역사상에 그리 중요한 지위를 차지하지 못하였소.

그러나 되는 나무는 떡잎부터도 보이는 것이 있나니, 장래가 한없이 좋으리라고 예전인들 아주야 적막할 리가 있겠소. 아닌 게 아니라, 우리 반도는 그런 중에서도 동양의 역사에 또한 할 만큼 광채를 빛냈소. 역사의 길기가 4천 년을 넘으니, 이는 세계에 향하여 오래된 나라로 자랑할 만한 일이어니와, 이 사이에 일어난 역사적 사실이 어찌 다만 내 나라 안에서만 오비작거릴 뿐이리까?

2) 역사상 공적

우리 반도의 역사는 우리 민족의 건국적 천재와 국민적 특장을 발휘함으로부터 시작합니다. 단군 조선의 건설 당시로 말하면 이 세계가 거의 다 야만 미개인의 소유요, 겨우 한팔 한발이나마 문명에 들여 놓은 곳은 이집트 · 중국 · 인도의 두세 곳뿐이었습니다.

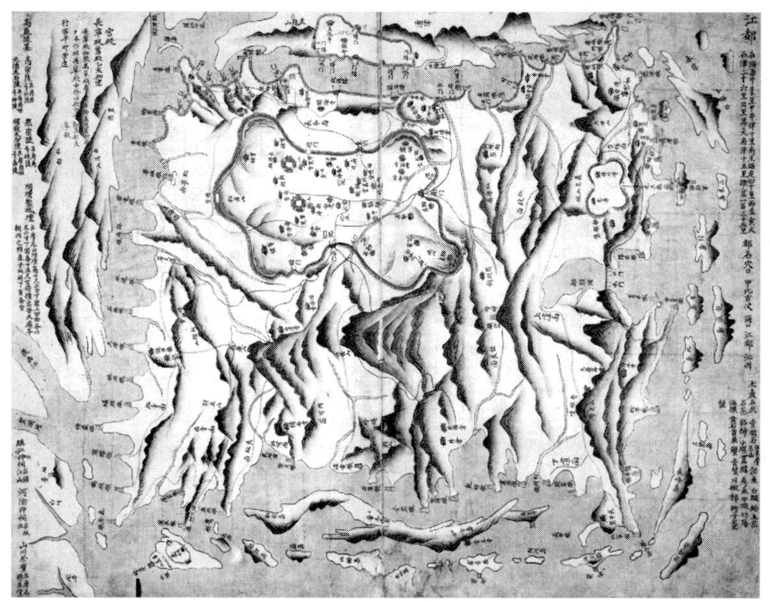

강화도(해동지도, 서울대학교 규장각 한국학연구원)

18세기 조선의 각 도별 군현 지도에 조선 전도와 서북피아양계전도(西北彼我兩界全圖)를 덧붙인 회화식 지도책이다. 이른 시기부터 강화도에 산성을 쌓아 외적의 침입을 대비한 것은, 우리 조상들의 역사상 공적이었다.

그런데 우리 반도에는 그때부터 혹 그 이전부터 이미 문명의 정도가 국가=제도=군장을 필요할 만큼 진보하였습니다. 이뿐 아니라, 이집트인은 왕의 무덤을 위하여 쓸데없이 땀을 아끼지 아니할 때에, 그는 이러한 헛된 일에 힘을 낭비하지 아니할 뿐만 아니라, 크게 인생에 편리하고 또 국가 정치의 기본인 산천을 제사하고 도로를 건설하는 것 같은 민생을 편안하게 하는 사업에 땀을 흘렸습니다.

아시아 중심부로부터 인도로 내려온 아리아 인종은 아직도 펀자브 지방에서 원주민들과 통치권을 다툴 때에, 그는 이미 쫓아낼 것은 쫓아내고 굴복할 것은 굴복하여, 자기 한집안은 평안하기를 바람 없는 봄 바다 같이 만들어 놓고, 아무리 하여도 걱정이 되는 서쪽 바닷가, 곧 반도 중부의 배꼽같이 생긴 강화에 외구(外寇)의 침입을 방어하기에 큰 세력이 되는 산성을 쌓아, 마음을 다하여서 외부의 침입을 방어하는 데 쓸 만큼 내부의 질서가 정돈되었습니다. 이 몇 가지만 보아도 그때 문화가 어디만큼 발달된 것을 미루어 짐작할 수 있을 것입니다.

전해지기를, 단군은 신처럼 태백산 박달나무 아래에 출현하였거늘 나라 사람들이 받들어 임금을 삼았다 하니, 그 이전에도 각자 흩어져서 종작없이 산 것이 아니라, 이미 능히 믿고 능히 화합하여 한 단체를 이루었다가 갑자기 이러한 영특한 인물을 만나매 얼른 군장(君長)으로 추천할 만큼 그 사회의 기초가 확실한 것이 분명하고, 또 한번 세운 뒤에는 그때 형편으로 천여 년의 오랜 세월 동안을 상하가 서로 돕고 지내었으니, 국민으로 필요한 성격이 구비하였음도 분명합니다.

또 그 뒤에 이르러 바다를 건너서 지금의 일본국을 건설하여 다스릴 때에, 그들의 건국적 천재와 국민적 특장이 더욱 밝히 드러나고, 여러 번 쇠약해지거나 강해지고 여러 번 이동하여 지내고서 고구려를 건설하고, 잇대어 대발해국을 건설함에 미쳐 더욱더욱 크게 드러나고, 더욱 고구려로 말하면 바다가 외진 땅에서 앞뒤로 강적을 당하매, 특히 강렬한 조상을 드러내는 우리 민족의 마음과 민족적 자긍심 등 국민적 장점이 한번 보기 좋게 드러나게 되었소.

그러나 이 위에 말한 바는 우리 민족이 처음부터 어떻게 국민적 장점이 넉넉하였음을 말함이거니와, 일반 문명의 발달에 대하여 공적이라고 할 것이 아닐는지도 모르겠소. 여기서야 우리는 본론으로 들어가 말할 터이나, 여러 가지 사정으로 그 대강을 말하고 말 터이니 그리 아시오.

이를 종교상으로 보건대, 우리 민족은 실로 세계 인류 중 가장 먼저 일신교의 진리를 깨달은 민족입니다.

지금까지로 말하면 동양의 기록이란 것을 널리 섭렵하지 아니하고, 여러 가지 일의 자초지종을 자기네 기록에서만 뒤지는 서양 학자와 서양의 책이라면 옳고 그르거나 맞고 틀리고를 불문하고 맹신 · 맹종하는 동양의 학자들은 다 생각하기를, 처음으로 일신교를 일으킨 민족은 헤브라이 민족이라 하며, 수리(數理)에 대한 이집트와 상업에 대한 페니키아와 함께 영성(靈性)에 대하여는 헤브라이인을 바로 선각자로 허락하여 주저치 아니하였습니다.

그러나 어찌 알았겠습니까? 헤브라이인을 앞서기 천여 년 전에 우리 금수 반도 신성 민족의 놀랄 만한 직감 · 직각이 벌써 유일신의 대주재(大主宰)가 있어, 이 천지간 모든 것이 다 그 섭리 밑에 있음을 알고, 그 어른이 인민을 다스릴 때엔 반드시 하늘의 뜻을 찾고 하늘의 뜻을 깨달은 뒤에 하였습니다.

그뿐 아니라 헤브라이인의 신을 섬기는 도로 말하면, 신이 가장 싫어하시는 바인 살생을 짐짓 행하여 희생으로써 신에게 드리니 마음보다 물건이 앞서서 선물로써 아첨을 드리는 것 같거늘, 우리 조상은 처음부터 오직 순결한 정성을 제물로 하여 이로써 제사하고 이로써 기도하였습니다.

대개 말하건대 다른 민족들이 다 자연을 높이고 우상을 절할 때에, 맨 먼저 오직 하나이신 하느님의 품에 안김이 참 놀랄 만하며, 또 헤브라이인에 비하여 말하더라도 그보다 먼저 길 잃은 양을 면하였을 뿐 아니라, 가장 신의 뜻을 잘 알고 또 잘 행하였음을 보건대 과연 경탄할 밖에 없습니다.

이를 정치상으로 보건대, 단군 왕검 때부터도 이미 정치의 근본 뜻을 가장 바르게 알고 또 행하여, 세계에 유례가 없는 잘 다스려진 편안한 사회를 만들었으니, 전해지는 기록이 많이 없으므로 그 자세한 사실은 알 길이 없거니와, 그 모든 일이 어떻게 사치를 제거하고 실제에 힘써 왔으며, 백성을 주인으로 하고 관리를 일꾼으로 하였으며, 진실을 숭배하고 거짓을 내쫓았음은 전에 베푼 몇 가지 일과 다른 작은 일을 가지고 추리해 보아 논리적 필연으로 밝히 알 수가 있습니다. "선을 하기는 쉽고 악을 하기는 어려운 세상"은 그때에 한번 있어 보았습니다.

또 우리 민족은 세계상에서 공화제를 처음으로 시작하였으니, 저 백제 건국의 역사를 살펴 보아라. 뒤에 와서는 비록 민권이 왕가로 돌아간 것이 프랑스 처음의 민주권이 나폴레옹에게로 돌아간 것같이 되었으나, 그 처음으로 말하면 최근 세계상에 그 영광이 혁혁한 북아메리카 합중국의 나라된 것같이 되었습니다.

다른 고대의 나라 세운 것 모양으로 똑똑하고 특이한 한두 사람이 있어 그의 주위를 굴복시켰거나 또 그의 주위로 모여서 한 나라를 이룬 것이 아니라, 다 같은 사람으로 의론을 합하여 천천히 상의하여 확정한 결과로 나라가 생기게 되었습니다.

비록 군주제를 쓰는 것이 합당하게 생각하여 임금을 세웠으나 국정은 반드시 나라를 세웠던 사람들이 합의하여 처리하였은즉, 이는 공화제로 시작하여 입헌제로 바뀌었음이니, 10인이 꾀를 같이하여 어려운 처지를 탈출하고 복지(福地)를 구하여 천리 길 먼길을 하남(河南)으로 내려옴이, 이미 만리의 세찬 파도를 무릅쓰고 위험을 감수하면서 서방과 자유로운 땅으로 나아감과 같습니다.

또 이곳저곳에 풀 따위가 더부룩한 것을 흐트러뜨리고 황폐한 토지를 대하여 몇몇 총명인이 천연의 위력과 분투하면서 동포를 위하여 생활의 즐거움을 공급하려 함도, 그 해의 청교도가 만년 닫혀 있던 별천지에서 삼림과 싸우고 맹수와 싸우고 풍토와 싸우면서 그 밀림과 황폐한 벌판을 오늘에 있게 함과 같습니다.

또 군장은 여러 사람의 공복인 줄을 알고, 관리는 인민이 고용한 일꾼인 줄을 알아 하느님 앞에서 인민의 행복을 위하여 노력을 다함도 아메리카 건국 이전의 각 지방 대표자와 같으며, 오직 다른 것은, 그는 남에게 자유를 빼앗겼다가 피로써 찾았는데, 이는 그것이 없으며, 그는 처음부터 끝까지 민주제를 보전하였으나 이는 그렇지 못할 뿐입니다.

대개 말하건대, 백제는 세계상에서 공화란 제도와 입헌이란 제도를 가장 먼저 실지에 썼음은 사실이니, 그 의식적인지 아닌지는 구태여 물을 것이 없으며, 또 유명한 루소의 민약설(民約說)은 다른 학자들이 아무리 다른 실례를 가지고 부인한다 하여도, 그 예가 아무리 다른 곳에 분명히 있지 아니할지라도, 꼭 하나 백제 건국에서 맞춘 것 같은 예가 있습니다.

이를 외교상으로 보건대 4천 년 전부터 이웃과 외교를 맺고, 국제 조약을 체결하여 번듯한 국제 관계를 이룸으로부터, 혹은 제(齊) · 노(魯)에 문물을 구하고 유구 · 일본에 풍토를 살펴, 풍년이나 흉년이나 무역을 도모하고, 육지로 바다로 교역을 행하여 산을 넘고 물을 건너 먼 곳까지 빈번함이 19세기 유럽의 피차 관계에 비교가 됩니다.

이를 상업상으로 보건대, 황해 · 발해의 바닷가에 소금과 곡식을 무역함은 페니키아인(서양인이 세계 해상 상업의 시조라고 말함)이 지중해안에 무역을 개시하기 전이요, 남방으로 해상 무역을 연 것도 진한(辰韓)으로부터니 실로 2천 년 전의 일입니다.

겹겹이 일어나는 파도를 우습게 알고, 넓은 바다를 지나서 바닷가 국민으로 매우 흥미있는 해상 모험담을 끼치면서 쑤저우 · 항저우에서 비단과 도자기를 무역하며, 일본으로 미곡과 생활 기구를 내다 팔기는 근세 해상 무역이 시초되기 전부터입니다(신라 때에는 항해와 무역이 크게 발달하며 경주의 창고에는 인도 · 페르시아 · 사라센-지금의 아라비아 등 먼 나라의 物貨까지 쌓여 있었습니다).

이를 공예상으로 보건대, 혹 건축의 기술로, 혹 장식물의 기술로, 혹 바느질의 기술로, 혹 길쌈의 방법으로, 야만스럽던 왜인을 문화로 이끌었으며, 혹 장육금불(丈六金佛)의 조각상으로, 혹 만불산(萬佛

山)의 조각으로, 혹 태평송(太平頌)의 채색 무늬 공단으로, 혹 5가지 색이 나는 털로 짠 융단의 수공(手工)으로, 혹 황룡사의 9층탑으로(이상은 모두 신라), 선진인 중국인으로 혀를 5만 장(丈)이나 빼어 물게 하였습니다.

고구려의 갑주와 백제의 건축은 동양 공예사상에 특수한 높은 지위를 차지하는 것이며, 고려의 도자기는 그가 얼마나 화학을 응용하기에 밝은지, 미술을 독창하기에 능숙한지, 예술적 양심이 예민한지를 증명합니다.

신라의 선박은 그가 얼마나 수리(水理)를 꿰뚫어 알고 실용적 방면을 중요하게 여기는지를 잘 말해 주며, 활자의 발명은 멀리 신라에 있다 하는 바요, 또 구리 활자로 말하여도 세계 최초의 창조자니, 항해술과 인쇄술이 근세 문명의 기본을 이룬다 하면 그 빛나는 공과 명예는 우리에게 있습니다.

철갑선과 잠수정도 또한 우리 조상의 손에 세계상 아무보다도 먼저 만들었으니, 20세기의 대경쟁 무대의 동력과 후원이 해상 세력의 주재자인 철갑선에 있다 하면 그것을 처음 만들었던 영예는 우리가 가졌습니다.

4천 년 전에 단군께서 이미 강화도에 성을 쌓으셨으니, 이것은 혹시 세계상 축성의 시조가 될는지 모를 뿐더러, 또 나일 강변에 이집트인이 피라밋을 건설할 때와 앞뒤를 다투며, 2천 년 전에 고구려 동명성왕께서 북부여로부터 반도로 들어오시매 압록강에 다리를 놓으셨으니, 그 규모가 설혹 크고 작고의 틀림이 있을 법하나 오늘날의 사람들이 철교를 놓는 자리에는 오랜 옛적에 한 번 다리가 건너질렀던 터요, 또 그 다리가 혹 세계상 장강교(長江橋)의 가장 먼저일 것입니다.

고구려의 유민이 아직 구려인(句驪人)으로 랴오허(遼河)[14] · 훈허(渾河)[15]의 연안에 거주할 때, 석탄을 채굴하던 갱도와 도자기를 굽던 가마가 최근에 계속해서 발견되니, 그때부터 공예상 능력이 얼마만큼 발전하였음은 무슨 일을 보든지 경탄하는 한가지밖에 다시 찬미할 마음이 없습니다.

다시 이를 문학상으로 보건대, 여기 대하여서는 짧은 시간, 좁은 지면에 누누이 말하는 것이 오히려 어리석습니다. 이를 전략적으로 보건대 『삼국사기』의 열전(列傳)이 10의 9가 혁혁한 무공(武功)을 세운 사람의 기록인 것과, 우리 역대의 창업주가 다 지혜와 용기가 전례가 없는 무장(武將)인 것, 두 가지만 가져도 충분히 알 것을 구태여 부족한 문장으로 기록하여 무엇하겠습니까?

이를 기술적으로 보건대, 천문학 한 가지로 말하여도 경주 성중에 아직도 우뚝 솟아 있는 첨성대의 건설 연대가 오래된 것, 일본으로 향하여 천문박사를 보내었던 공적의 큰 것을 가지고 그 힘을 쓴 것과 진보의 대강을 볼지니, 이것 한 가지를 대표적 사실로 삼아 다른 것을 자세히 살펴보지 아니하오리다.

(나는 이제로부터 말씀을 채찍질하여 얼른 동양 문화상에 끼친 공적을 관찰하오리다.)

14 랴오닝 성 지역의 남부 평야를 흐르는 강으로 랴오허 강이라고 한다.
15 랴오닝 성 지역에 있는 강으로 훠하라고도 한다.

1100년 전의 동방 해상왕 신라 청해진 대사 장보고*

조선 역사는 임자 만나지 못한 보고(寶庫)와 같이 파묻힌 보배가 심히 많으며, 또 참으로 경탄하고 추앙할 만한 큰 인물 · 대사업은 도리어 아직 일반 사람에게 잘 알려지지 않았다.

이제 장보고라 하면 얼른 무엇하던 누구임을 아는 이가 많지 못하고, 또 약간 그 사적을 짐작하여도 그가 일대의 해상왕으로 권위가 천하에 빛나던 것을 아는 이는 심히 적을 것이다. 그러나 해운업 쪽으로나 국제 무역상으로 전무후무한 대활동을 하여 발해 · 황해 · 한해(瀚海) 등에 둘린 반도 국민의 의기를 힘껏 뽐내 보인 그이는 실로 조선 역사상에 짝이 없는 사업가인 동시에 아무만도 못하지 아니한 위인임을 알아야 한다.

그이의 이름과 한 일은 조선의 옛 역사책에도 아주 없는 것은 아니다. 『삼국사기』 신라 본기에 흥덕왕 3년 여름 4월에 장씨 성을 가진 궁복(弓福; 일명 保皐)이란 사람이 당나라의 쉬저우(徐州)[1]에 가서 군대 내에서 소장(小將) 노릇을 하다가 뒤에 귀국하여 왕에게 군

* 『괴기』 1호(1929년 5월)와 2호(1929년 12월)에 실린 글이다.
1 중국 장쑤성 북서부에 있는 시이다.

신무왕릉(경북 경주)
신라 제45대 왕으로 홍덕왕이 죽어 희강왕이 왕위를 탐내자 아버지를 왕으로 추대하여 싸웠으나 패배하였다. 이듬해 장보고의 도움으로 민애왕을 죽이고 왕위에 올랐다.

인 만 명을 얻어 가지고 청해(淸海)[2]에 군사적으로 중요한 행정 구역을 설치하였다.

흥덕왕이 죽으매 그 사촌 동생인 김균정(金均貞)과 사촌 동생의 아들인 김제륭(金悌隆)이 서로 임금이 되려 하여 조정이 양파로 나뉘어 다투다가 김균정을 죽이고 김제륭이 왕이 되니 김균정의 아들인 김우징(金祐徵)이 도망하여 청해진(淸海鎭)에 투항하였다. 3년 만에 김명(金明)이 새로 등극한 희강왕을 죽이고 대신 왕위에 오르니(그가 민애왕이다), 김우징이 궁복을 권하여 의병을 일으켜 김양(金陽)·정년(鄭年)·염장(閻長) 등과 함께 경주로 쳐들어가 왕을 자살하게 하고 김우징을 왕이 되게 하였다(그가 신무왕이다).

신무왕은 궁복으로 감의군사(感義軍使)를 삼고 식읍으로 2,000호를 주었다. 신무왕이 즉위한 지 얼마 안 되어 그 해에 죽고 그 아들

2 지금의 완도로, 당나라와 일본을 연결하는 삼국의 해로상의 요충지였다.

문성왕이 서니, 궁복의 공덕을 잊을 수 없다 하여 진해장군(鎭海將軍)을 삼고 관복을 하사하였으며, 문성왕 7년에 왕이 청해진 대사 궁복의 딸에 장가들어 왕비를 삼으려 하였다. 신하들이 반대하되 "해도인(海島人)의 딸을 어찌 왕비로 맞아들일 수 있겠느냐."고 하니 왕도 이 의견에 동조하였다.

문성왕 8년에 궁복이 왕의 사위 되지 아니함을 분하게 여겨 청해진을 근거지로 하여 반란을 일으키니, 조정이 얼른 평정하지 못하고 걱정하여 어찌할 줄을 모르는 판에, 염장이 자기 혼자 청해진에 들어가서 평정하겠다고 장담하였다. 그는 거짓으로 국가에 반역한 것처럼 꾸미고 청해진으로 가서 궁복의 의심을 풀어 주고 궁복과 더불어 술을 먹다가 칼을 빼서 궁복을 죽이고 그 무리들을 불러 달래서 난을 평정하였다.

문성왕 12년에 청해진을 파하고 그 백성을 벽골군(碧骨郡)[3]으로 옮겨 버렸다. 이것이 장보고와 청해진에 관한 사실의 전부이다. 『삼국유사』(권2)에도 궁복을 협사(俠士)라고 하여 이 비슷한 사실을 간략히 적어 놓았다.

『신당서』(권 220 동이열전 제145) 신라전의 끝 부분에 이런 기사가 있다. 장보고와 정년은 다 전투를 잘 하고 더욱 창을 잘 쓰며, 또 정년은 충분히 해저(海底)로 들어가서 50리를 가되 숨이 막히지 아니하고 용감성도 장보고보다 더하였는데, 정년이 장보고를 형으로 부르나 장보고는 자기가 나이 많음을 앞세우고 정년은 무예가 뛰어남을 내세워 서로 지려 하지 아니하였다.

두 사람이 신라로부터 당나라에 와서 다 무령군(武寧軍)의 소장(小將)이 되었더니, 뒤에 장보고가 신라로 돌아가서 왕을 보고 말하되 "중국

3 지금의 전라북도 김제군이다.

을 가서 보니까 온 나라가 신라인을 훔쳐다가 노비로 쓰니, 나로 하여금 청해에 군진을 만들고 지켜서 적이 사람을 빼앗아 가지 못하게 하십시오."라고 건의하자, 왕이 장보고에게 군사 만 명을 주어서 이 해로(海路)의 길목을 지켜서 당나라 문종 이후(신라 흥덕왕 때)에는 해상에서 신라인을 흥정하는 일이 없어졌다.

장보고가 신라에서 이렇게 귀하게 되었을 때에, 정년은 당나라에서 직책을 잃고 추위와 굶주림을 못 이기다가 하루는 수비 장수 풍원규(馮元規)더러 이르되, "내가 신라로 돌아가서 장보고에게 걸식코자 하노라." 한대, "그대가 장보고와 더불어 사이가 어떠했었는데 가서 그 손에 죽으려 하느냐." 하거늘, 정년이 가로되, "굶어 죽는 것은 전쟁터에서 싸우다 죽는 것만 같지 못한데 더구나 고향에서 죽는 것이랴." 하고, 드디어 와서 장보고를 찾았다.

장보고가 잘 왔다고 잔치를 베풀어 채 끝나지 아니하여 대신(大臣)이 그 임금을 죽이고 조정이 혼란하여졌다는 기별이 오거늘, 장보고가 군사 5,000인을 내어 정년을 주고 껴안고 울며 가로되, "그대 아니고는 이 반란을 평정하지 못하리라." 하니, 정년이 경주에 이르러 반역자를 베고 새로 왕을 세워서 장보고의 뜻을 갚았다. 왕이 드디어 장보고를 불러서 나라의 재상을 삼고 정년으로 대신 청해진을 지키게 하였다.

장보고와 정년과의 공사(公事)를 위하여 사사로운 감정을 돌아보지 아니한 사실은 크게 당나라 사람들의 호감을 끌어서, 두목지(杜牧之) 같은 이는 이들을 위하여 그 인물전을 세우고 또 장문의 찬사를 붙였는데, 『신당서』의 편찬자는 이것을 인용하고 다시 부언하되 "누가 외국에 인물이 없다 하느냐."고 하였다.

가만히 『당서』의 적은 것을 보건대, 전해 들은 내용을 잃은 것이 없지 아니한 듯하되 돌이켜 『삼국사기』 등 기록의 중요한 부분은 대부분 『당서』, 『문원영화(文苑英華)』 등 중국의 기록에 따른 것이요, 장보고니 정년이니 하는 중국류의 성명부터가 또한 신라의 옛날 기록에는 없는 바인 것을 생각하면, 대개 신라에는 『삼국유사』에 전하는 것과 같이 하나의 협사(俠士)로 신무왕의 등극을 돕고 나중에 원망하고 배척을 당하여 비명에 죽었다는 전설이 있었을 뿐이요, 비교적 상세한 사적이 도리어 당나라에 전하였음을 알 것이다.

지금 을지문덕이니 연개소문이니 하면 조선 역사의 자랑 중 자랑으로 누구나 그 영웅스런 모습이나 위대함을 일컫지마는, 이 두 어른의 사적도 실상 중국의 문적 때문에 『삼국사기』에도 오르게 된 것이요, 고문적(古文籍)이라고는 신라 중세 후의 것이 약간 있음에 지나지 못하는 본국에는 그 이름조차 똑똑히 전하지 못하였거늘, 장보고(신라 인물전의 궁복)와 같은 이는 을지문덕 · 연개소문에 비하면 그래도 신라 말엽의 인물인 만큼 신라에 그 사적이 전해온다는 것이 이것뿐이다. 조선 옛 역사책의 소루함이 너무도 심함을 애달파하지 아니할 수 없다.

그러나 좀 자세하다는 당나라 편의 기록도 실상은 장보고의 전체적인 면목을 드러낸 것 아니요, 또 그 중요한 사업조차 거기 기입되지 아니한 것임은 다른 문적으로써 알 수 있다.

『속일본후기』란 일본 옛 역사책을 보면, 닌묘(仁明) 천황 7년(신라 문성왕 2년) 12월에 신라의 신하인 장보고가 개인적으로 사신을 보내어 특산물을 드리거늘, 다른 나라의 신하는 국경 밖으로 교제하는 법이 없다고 돌려보내게 하였다. 이때 일본에서는 지금 규슈 북쪽 하카다 근처인 다자이후마찌(太宰府町)란 곳에 태재부(太宰府)란 것을 두고 신라에 대한 국방과 마찬가지로 신라 · 당나라에 관한 외교 사무 일체를 맡아 보게 하였다.

외국의 선박은 다 이리로 와서 태재부를 거쳐서 일본의 조정에 모든 교섭을 하는 방식이었으니까, 장보고의 배도 물론 다자이후에 와서 교토의 조정에 예물을 드리겠다고 한 것이요, 그 조정에서도 또한 태재부를 향하여 외국인과 사사로이 물품을 주고받을 수 없으니 도로 내어주라 한 것이다.

그러나 조정의 이 명령은 분명히 실행되지 아니한 듯하여 이듬해 2월에 태정관(우리 의정부)에서 태재부로 신칙하기를, 신라인 장보고가 지난 해 12월에 말채찍 등 재물을 바쳤지마는, 개인에게 국교를 터줌이 부당하니 예의로써 하지 못하게 하여 얼른 되돌려 줌이 옳으며, 가지고 온 다른 재물은 민간에 팔게 하되, 백성들로 하여금 지나친 가격을 내고 재산을 기울여 흥정하는 폐단이 없도록 단속하며, 또 그 일행에게는 후한 대우와 필요품을 주라 하였다는 기사가 옛 역사책에 적혀 있다.

이것으로써 장보고가 당당히 일본 정부를 상대로 무역하려던 거상임과, 그 무역품이 심히 풍부하였음을 엿볼 것이요, 또 그가 민간 무역의 원활한 진행을 위하여 일본 정부의 환심을 사려 하였는데 일본 정부에서는 체면상 이것을 승낙하지 못하여 예물을 되돌려 주려고 하였지만, 실제의 책임자가 이대로 따르지 않고 도리어 그동안에 국가에서 누그러뜨려서 국교는 허락할 수 없으나 민간 무역에는 아무쪼록 편의를 꾀하여 주라고 발령하게 된 경로를 짐작할 것이다. 이 당시에 장보고 외에도 신라와 당나라의 상인들이 다이자후에 와서 무역 행위를 한 이가 없지 아니하였으나, 이렇게 당당한 기세를 보인 사람은 다시 볼 수 없었다.

또 그 이듬해인 닌묘제 9년에는 이러한 일이 있었다. 정월에 신라인 이소정(李少貞) 등 30인이 쓰쿠시(筑紫)[4]의 오쓰(大津)[5]에 오거늘 태재부에서 사람을 보내서 온 뜻을 물으니, 이소정의 말이, 장보고

4 쿠젠(筑前), 쓰쿠고(筑後)의 총칭, 후쿠오카의 옛 이름이다.
5 시가(滋賀)현 남서부의 시로 현청 소재지이다.

가 죽고 그 부장 이창진(李昌珍) 등이 반란코자 하는 것을 무진주 관리인 염문(閻文)이 군대를 일으켜 평정하여 이미 걱정 없이 되었으되, 혹시 탈출한 무리가 귀국으로 와서 소란스럽게 굴지 모르니, 문서나 증명서 없이 오는 사람은 다 잡아 버리고, 또 지난해에 회역사(迴易使)[6] 이충(李忠)·양원(楊圓) 등이 가지고 온 화물은 그 부하 관리와 장보고의 자제가 보낸 것이니 속히 보내 달라 하고, 인하여 염문이 쓰쿠젠국(筑前國)에 보내는 문서를 내어 놓았다.

여기 대하여 관리들이 상의하기를, 이소정이 본디 장보고의 신하였는데 이제 염문의 사신으로 왔으니 그 정이 미덥지 못하고 통하는 소식이 피차 서로 차이가 있으니, 혹시 상인이 교통을 얻기 위하여 온갖 좋은 말로 속이는 것일지 모르니 그 청을 들을 수 없으며, 이제 염문의 문서를 보건대 태재부로 보낸다는 표시가 없으니 이것을 탈 잡아서 쫓아 보내자고 하였다.

그뿐 아니라, 이제 이충 등을 이소정에게 맡겨 보냄은 어리석은 짐승을 굶주린 호랑이에게 던지는 것 같으니, 이충은 이소정과 동행하기를 싫어하면 그가 가거나 머물거나 완급을 임의로 하게 하며, 또 이충 등이 무역 사무를 마치고 귀국하였다가 편안하게 지낼 수가 없거든 도로 일본으로 와도 무방하다 하며, 또 치쿠젠 태수 관전마려(官田麻呂)가 장보고 생전에 당나라 물화를 무역하기 위하여 거액의 비단을 맡겼던 일이 있는데, 이제 장보고가 죽었으니 본밑을 찾아야겠다 하여 이충의 물화를 빼앗으매, 국가에서 아무리 외국 사람이라도 상인의 물화를 마구 빼앗음은 무역의 권리를 끊음이라 하여 그것을 일일이 돌려주게 하며, 또 장보고에게 붙어 살던 섬사람인데 장보고 사후에 본국에 편안히 살 수 없어 왔노라 하매, 그것을 거두어 살게 하였다. 이렇게 장보고의 사후까지도 그 대

6 통일 신라 시대에 장보고가 일본에 보낸 무역 사절단.

우와 보호는 대단히 지극하였다.

이것으로써 우리는 장보고의 무역이 얼마큼 국제적 성질을 띠었음과 그 신용과 세력과 영향이 크고 또 깊었음을 넉넉히 짐작할 수 있다. 장보고의 생사는 당시의 해상 무역권에 중대한 충동을 준 것이다. 그러나 장보고가 잡았던 해상권이 얼마나 굉장했는지는 또 다른 재료에 가서야 알게 된다.

주위 민족들의 중국에 대한 관계가 고대에는 언제든지 그러했다고 하려니와, 더욱 중국 국력의 최고봉을 지은 당나라가 한참 융성하였을 때에는 동방의 문물과 세력이 오로지 당나라로써 척도를 삼아서, 당나라와의 국교 정도가 그대로 그 국세(國勢) · 민도(民度) · 생활 수준의 비례가 되니, 동방으로 말하면 고구려 · 백제 · 신라가 거의 경쟁적으로 당나라와 외교를 맺으려고 노력한 것은 진실로 이러한 욕구에 인한 국가 발전상 필요 수단이었다.

저 반도의 쟁패전에 있어서 가장 후진이요 비교적 열세였던 신라가 강대한 고구려를 마침내 접어 누이고 최후의 승리를 얻어서 통일의 위업을 자랑하게 된 것은 당나라와의 친교로써 발휘되는 위력이 얼마나 굉장한지를 무엇보다 잘 증명한다 할 것이다.

해상의 후진국인 일본이 반도를 스승으로 하여 모든 것이 웬만치 발달이 되매, 스승의 스승을 바로 스승삼아 볼 안목이 열려서 바로 중국과의 외교를 열 생각을 하고, 돋우고 뛰는 힘으로써 엄두를 낸 것이 수나라 양제 4년(608)에 시작한 일본 역사상의 견수사(遣隋使)란 것이요, 얼마 가지 않아 수나라가 망하고 당나라가 대신하매 반도와 겨루는 힘을 당나라에게서 얻어 오려 하여 와짝 국교를 맺으려고 자주 사신을 보내게 된 것이 유명한 견당사(遣唐使)란 것이다.

저 신라가 처음에는 고구려 · 백제의 뒤꽁무니에 붙어서 다니다가 그 비밀을 다 안 뒤에는 직접적으로 외교를 맺으려고 노력하여 도리어 선생님의 볼을 쥐어지르게 된 것처럼, 이제 일본은 이 신라의 오래된 지혜를 배워서 당나라의 단국을 바로 빨아 보려고 덤빈 것이었다.

일본의 견당사는 당나라 태종 4년(630)에 처음 파견하였고, 이 뒤 26대 264년간에 걸쳐서 무릇 19회의 사신 파견이 있었으매, 횟수로는 그리 많은 것이 아니지마는 1회의 인원이 200명 내지 400~500명에 달하여 규모가 심히 크고, 또 그 중에서는 유학하는 선비와 평민이 섞여 가서 이네들은 학업이 성취되는 대로 귀국편을 이용하여 귀환하니, 그러므로 실제에 있은 일본인의 당나라 왕래는 이보다 매우 빈번하였던 것이었다.

그런데 이렇게 대규모요 또 빈번한 당나라와의 선박을 이용한 왕래는 어떠한 방법으로 행하였느냐 하면, 그 중에는 당나라 사람의 상선을 빌려 탄 적도 있고 또 선박을 스스로 준비한 적도 있지마는, 일부러 신라인의 상선을 잡아 탄 적이 많았으니, 대개 배편이 자주 있고 수로에 가장 익고 또 선박의 구조가 편안하고 튼튼하여 어느 점으로든지 안심하고 생명을 맡기기에 신라선이 가장 신뢰할 만하였던 까닭이다.

반도국이요 또 중국과의 해로 교통상 필요로 촉진되었을 듯한 일이거니와, 당시의 동방 해상에 있어서 배 만드는 최고의 기술자이자 항해에 용감한 사람은 아무러했든지 우리 반도의 국민이었다. 일본에서 대형의 배를 짓기는 그 오진제(應神帝) 5년에 이두국(伊豆國)으로 하여금 만들게 한 '가라누(カラヌ)'(枯野 혹 輕野의 글자를 보충함)라 하는 배의 종류인데(『일본서기』 권 제10), '가라(カラ)'가 반도를 일반적으로 칭하는 말로써 이것이 이미 한식(韓式)의 배일 것을 우리가 생각도 하거니와, 일본 조선(造船)의 큰 획을 그은 오진제 31년에 신라의 배 만드는 기술자의 손에 제조된 '이나부네(ヰナブネ; 猪名船)는 분명히 일본에서 목판을 봉합하여 선체를 조성한 시

초라 하는 것이다(『일본백과대사전』 제9책 258항).

이렇게 일본의 큰 선박 제조는 본디부터 반도에서 전해 간 것으로 이른바 '이나부네(井ナブネ)'란 배 만드는 부족이 이미 신라인의 자손이거니와(足立氏, 『일본문명총화』 140항 참조), 후년까지도 이 기술은 반도인의 손을 빌어서 견당사의 배 타는 것은 대개 안예국(安藝國)으로 하여금 만들게 한 '백제선(百濟船)'이라 하는 것이었다(木宮氏, 『일중교통사』 137항 참조).

그러나 항해는 사람과 그 솜씨에 기다림이 클 밖에 없는 것이매, 일본에서 큰 배를 만들게 된 뒤에도 일본인 스스로가 저희 배를 그다지 신뢰하지 아니하여 당나라에 배를 운항하는 것은 전과 다름없이 신라선의 신세를 지기 좋아하는 경향이 있었으며, 일본제의 선박 내지 당나라 사람의 상선에도 신라인의 기술자를 태움이 거의 상례였으니, 대개 당시의 동방 해상은 이미 재능상으로부터 신라 내지 반도인의 전유물과 같았던 것이다.

또 한 가지 신라의 사람과 선박이 누구에게든지 편리하게 생각된 것은 신라인의 해상 활동이 융성한 결과로, 당시 동방 각지의 사정을 두루 정통하기가 신라인만한 이가 없었다.

또 신라에서는 물론이요 바다를 건너 중국에서도 북은 보하이 연안 · 산둥 반도로부터 남으로 양쯔강구까지 이르는 동안의 모든 지방과, 다시 등주 또는 양주 · 초주로부터 변(汴)[7] · 낙양을 거쳐 장안에 이르는 동안의 요긴한 지방에는 신라방이라 하는, 곧 신라인의 거류지가 도처에 있었다.

이들은 통역 · 길잡이 · 공적이나 사적인 중개 등에 갖은 편의를 신라인이 가졌음이며, 일변 신라인의 항해 무역권은 당시에 있는 동방의 전 해안선을 포괄하여 범위도 넓거니와 배가 왕래하는 것

7 현재의 허난성 카이펑(開封) 일대를 가리킨다.

이 매우 빈번하여 내외의 연락과 배편의 이용이 가장 마음대로 되는 점도 물론 유력한 한 가지 이유이었다. 이러한 신라인의 바다를 이용하는 권한의 우월은 진실로 일조일석에 보통으로 장만해 가진 것이 아니었다.

당시의 수 · 당과 일본 간에 왕래하던 주요한 상선은 대개 그 사행의 관계가 같음에 인하여 일본의 역사책에 그 임자를 전해 있는데, 그 중에는 스이코제(推古帝) 31년(623)의 견수 유학생(遣隋留學生) 일본의 남자 직복인(直福因) 이하로 지토제(持統帝) 4년(690)의 견당 유학생 의덕(義德) · 지종(智宗)의 배를 타고 귀국한 것 등 분명히 신라선임을 표시한 것과, 닌묘제 10년(843)의 장공청(張公靖), 동 14년의 김진(金珍) 등처럼 명백히 선주(船主)가 신라인임을 표시한 것도 있다.

그러나 당선(唐船)이라고 적은 것 중에도 실상 신라선이 있었던 모양이니, 대개 신라인 스스로가 무슨 필요상으로 당인(唐人)인 체한 사람도 있고 혹 무슨 착오로 인하여 신라가 당나라로 기록된 사람도 있을 것이다. 이를테면 일본어의 '가라(カラ)'란 것이 한(韓)과 당(唐)을 아울러 의미하기 때문에, 뜬소문을 문적화(文籍化)하는 동안에 신라가 당이 될 수 있을 것과, 또 보통 당상(唐商)이라고 범칭한 것이 당나라 사람이라고 잘못 전해 질 수 있을 것 같음이다.

우리는 이에 해당하는 예로 『속일본후기』의 닌묘제 9년에 분명히 신라인으로 나오는 이소정(李少貞)이 『일본기략』 고닌(弘仁) 11년, 곧 닌묘제 9년으로부터 22년 앞서서는 당인으로 데와(出羽)에 표착하였다 한 것을 들 수 있다(『古事類苑』 외교부 884항 참조, 또 『入唐求法巡禮行記』권 제1의 16항에 여기 관계될 듯한 기사가 있다).

또 그 문덕제(신라 문성왕대) 때에 지증대사 원진(圓珍)을 태워다가 준 흠량휘(欽良暉)는 보통 당인으로 인정된 것이요, 『당방행리록(唐房行履錄)』에는 당나라 상인이라고 한 것인데, 원진이 귀국하여 왕에게 올린 보고서에는 "신라선을 따라서 당나라에 도착했다."라고 하였으며, 또 원진 귀국시에 같이 탔던 선주인 이연효(李延孝)도 보통 당인으로 적으나 원진이 뱃속에서 신라국신의 비호를 받으니 그를 모셔다가 일본 삼정사(三井寺)의 수호신을 삼았다 하였다. 생각하건대, 이는 실상은 신라선일 것을 미루어 짐작할 수 있으니(『대일본불교전서』『遊方傳叢書』제1의 305, 308항 참조), 이러한 예는 다른 곳에서도 얼마든지 있을 수 있는 일이다. 혹시 당나라에 왕래하는 사람, 당나라 방면에 장사하는 사람이라는 의미쯤으로 당인 혹 당상이란 말을 쓴 것이 당시의 일반적인 풍습이었을지도 모를 것이다.

익숙한 습관이 당해 낼 수 없다고 하거니와, 신라의 수 · 당과의 교류가 어떻게 빈번한 것을 아는 이는 신라의 조선술 · 항해술 등이 당시의 깜냥으로 이상하리만큼 발달했던 까닭을 수긍할 것이다.

한참 지금의 기호 지방[8]을 꼭지점으로 하여 고구려 · 백제 · 신라가 이를 악물고 반도의 패권을 다툴 때에, 꼭 뒤에서는 고구려, 복장으로는 백제, 덜미와 꽁무니로는 일본 등 사방으로 강적을 받아서 꼼짝할 수 없이 된 신라가 가만히 앉아서 자멸하지 못하고, 그렇다고 혼자 힘으로는 이 고구려와 백제를 당해 낼 수 없어 생각다 못하여 낸 꾀가 당나라를 업어서 그 병력 · 재력 · 문화적 위력 등을 이용하려 함인데, 이리 함에는 막을 이 없는 터진 바다를 교통로로 씀이 가장 편리하매, 이 요구의 자극 하에 싫고 좋고 할 것 없이 설비 및 기술이 부지중 발달된 것이 신라의 해운업이었다.

삼국의 쟁패전 중에 가장 치열하였던 지역은 한강 유역을 뺏겼다 빼앗았다 함이요, 또 고구려와 신라 간의 마지막 큰 전쟁은 당항성의 승강이인데, 이것들이 토지 그것보다 당으로 교통하는 요충인 점에서 신라에게는 사활을 건 지점으로 의미를 가졌기 때문

8 경기도와 충청도 지방을 가리킨다.

당항성(경기 화성)
신라가 황해를 통해 중국과 교통했던 곳이었다. 신라는 이 당항성을 확보함으로써 바닷길을 손에 넣을 수 있었고, 이를 통해 삼국 통일을 이룰 수 있었다.

이던 것이다.

『수서』를 보건대, 양제의 큰 업적은 신라에서 해마다 사신을 받은 것이며, 『당서』를 보면, 신라와 당은 거의 지역은 다르지만 한방에 사는 것과 같은 생각이 있어서, 신라의 두뇌는 말끔 당의 장안으로 와서 있고, 당의 기술자들은 얼마쯤 신라로 나와서 있다시피 되었으니, 이때쯤의 공사 왕래는 돛단배가 서로 바라볼 수 있을 만큼 빈번하였음은 군더더기 말이 필요 없는 바이다.

당 태종 13년까지 학사(學舍)를 증축하여 1,200구에 이어지고, 고구려 · 백제 · 신라 · 고창 · 토번 등으로부터 공부하러 오는 유학생이 막대한 수에 이르렀다 하는데(『신당서』 권 제44 선거지 상), 이 중에 신라인이 매우 많았던 것은 과거에 급제한 사람의 숫자가 동뜨게 우월함으로도 짐작할 것이요, 당 무종 5년(우리 신라 문성왕 2년)에는 홍려사(鴻臚寺)에서 학생의 만기된 자를 추려서 105인을 본국으로 돌려보냈다 하니(『신당서』 권 제220 동이열전 신라조), 이 학생의 전부를 다시 숙위(宿衛)하라는 핑계로 관청에 가서 있던 귀족 · 정객과, 구법이라는 명목으로 사방에 산재한 승려와 기타 상인 · 잡인까지를 합하면, 신라인의 당에 들어가 낀 수가 상상 이상으로 많음을 짐작할 것이며, 이 경향은 삼국 통일의 대업을 성취한 후일에도 더함이 있을지언정 덜하지 아니하였다. 그런데 이네들은 대개 해로로서 신라 · 당 간을 집안의 정원을 드나드는 것처럼 왕래하던 것이었다.

신라가 당을 꾀어서 백제와 고구려의 정벌군을 내게 할 때, 그 대군이 다 수로로 왔었으니, 이 전쟁이 비약적인 큰 자극을 신라의 해운업계에 주었을 것은 상상하기 어려운 일이 아니다. 신라가 당으로 더불어 해로로 말미암은 외교를 행한 지 3세기 반에 예사롭지 아니한 노력은 저절로 귀중한 경험과 능숙함으로써 갚았었다.

그런데 모든 신라인의 바다 활동을 집대성하여, 거기서 더 나아가 한층 더 빛을 나타낸 사람이 바다의 위인 우리 장보고이었다. 그러나 신라 해운의 영광을 표상하는 이 천고의 위인도 하마터면 다른 허다한 조선의 어둠에 묻힌 영웅들과 한가지로 소리와 빛을 내어보지 못할 뻔하였다.

그런데 하늘의 특별한 은총이 있어, 우연한 기회에 장보고의 권위를 가리려 해야 가리지 못할 문적이 하나 성립하였으니, 그것은 당시 일본의 입당승(入唐僧)이 일부러 장보고의 사실을 기록하여 간직하러 갔던 것처럼 그 실지 실황을 본 대로 적어 놓아 있음이다.

일본 견당사의 사실상 최종을 짓고 또 준비와 기도로 전국을 황송하게 한 후지와라 쓰네쓰구(藤原常嗣)의 일행 중에(『고사유원』 외교부 875항 이하 참조) 끼어 갔던 자각대사(慈覺大師) 엔닌(圓仁)은 여행 중의 견문을 기록하여 『입당구법순례행기』 4권을 전하는데, 신라인의 인도로 신라를 경유하여 산둥 반도로부터 초주(淮安) · 제거(濟渠) 등 신라인의 교민들이 거주하는 지역을 통과한 까닭에, 그 중에는 여러 가지 신라의 숨은 얘기를 모아 기록하는 동시에, 한참 하늘을 찌를 듯한 기세를 보인 장보고의 세력을 보여줌이 있다. 이하에 『입당구법순례행기』의 차례를 좇아서 이에 관한 숨은 보배를 주워 보기로 하자.[9]

9 후속 편에 해당하는 글은 이후 발표되지 않았다. 따라서 이 논설은 미완이다.

한국해양사 서문*

1. 바다를 잊어버린 국민

한 민족이나 한 국민의 생활도 한 개인의 생활에 견주어 말할 수 있다. 행복은 활동에서 나고, 활동은 건강에서 오며, 건강은 그 체질에 대한 정당한 인식과 자각 그리고 거기에 맞는 필요한 세심한 노력으로써 얻는 것이다. 개인 생활에 있는 이러한 법칙의 범위를 넓히면 민족 또 국민 생활의 법칙이 되는 것이다.

개인이나 민족 또는 국민의 이른바 생활이란 것은 환경에 대응하는 태도이고, 수단이며, 방편인 것이다. 그 겨레가 그 환경을 적절하게 이용하면 그 국가는 번영하여 행복을 누리는 것이오, 그렇지 못하면 불행한 액운에 울지 않을 수 없는 것이다.

환경은 역사로 말미암아 이미 생긴 사회 환경과 지리로 말미암아 생긴 자연환경의 두 가지가 있지마는, 역사라는 것도 실상 자연

* 1954년 육군본부에서 발간한 『한국해양사』에 「서(序)에 대(代)하야」라는 제목으로 실린 글이다.

적 요소를 근거로 하여 생성 발전하는 것이며 그 지리적 조건이야 말로 인류 또 국민의 생활을 제약하는 최대 원동력이라 할 밖에 없다. 독일 철학자 헤르더(Herder)와 같은 이도 "역사는 연속한 지리요, 지리는 정지한 역사니라."고 하는 격언을 만들기도 하였다.

적절하게 환경에 대응한다는 것은 무엇인가? 개인 생활로 말하면 개인의 천성 체질을 발휘함이요, 민족 또 국민 생활로 말하면 그 국토의 본연(本然)한 성질을 잘 발휘함이 그것이다.

이를테면 대륙국은 대륙국으로, 해양국은 해양국으로, 산악국은 산악국으로, 반도국은 반도국으로 다 각각 저의 특질과 장점을 잘 발휘하여 그 당연한 행복과 권리를 누리는 것이요, 그렇지 않고 하늘이 준 자격을 모르거나 혹 어그러뜨리면 그 약속된 행복과 권리를 받지 못할 뿐만이 아니라 새로 도리어 뜻밖의 해(害)와 화(禍)를 입지 말란 법도 없다. 세계의 총명한 민족 또 국민은 모두가 자기 국토의 본질을 바로 알고 그것을 잘 활용한 자들이다.

그런데 우리 민족, 우리의 국민 생활, 우리의 역사는 자연적 조건인 지리적 환경에 대응함에 있어서 어떠한 인식과 얼마만한 총명을 나타내었는지를 한번 살펴보자.

우리 국토는 지형적으로 삼면이 바다로 둘러 싸여 있고, 한 면만 대륙과 연결된 반도이다. 곧 조선은 반도국이요, 또 홀쭉한 몸이 수천 리 길이를 가진 가장 전형적인 반도국이다. 동 · 남 · 서 3면이 바다로 그 해안선이 8,693km(약 22,000리)이고 섬까지 합하면 17,269km(약 43,000리)의 해안선이 있어서 면적에 비례하여 해안선 길기로는 세계에 첫째가는 연해국(沿海國)이다.

세계 제일의 해운국이라 이르는 영국도 겨우 7평방 리에 대하여 1리이니 이에 비하여 조선은 매 3평방 리에 대하여 1리의 해안선이 있는 셈이다. 대륙에 연접하였다는 북쪽의 한 면에도 압록 · 두만 양강(兩江)이 거의 빙 둘러싸여서 조금만 지나쳤다면 강과 바다를 연결해서 한 섬이 될 뻔하였다. 저 16세기 전후 유럽에서 출판한 동방 지도에는 압록 · 두만 양강을 마주 부쳐서 조선을 둥그런 큰 섬으로 표시한 실례가 더러 있기도 하다(일례로 1596년 린스호텐의 『동인도수로기』 부도[1]). 우리나라는 섬나라이라고도 할 수 있는 반도국임이 사실인 것이다.

조선이 반도국으로서 바다에 껴 안겨 있다는 사실은 진작부터 여기 사는 인민들의 인식하는 대상이 되었었다. 조선 고대의 신화에서 그것을 명확하게 알아볼 수 있다. 곧 국조 단군께서는 하느님의 아드님으로서 인간의 처음 나라를 평양에 세우셨는데 장가는 비서갑(匪西岬) 하백(河伯)의 따님에게 들었다. 비서갑은 대동강이 바다로 들어가는 길목에 있는 곳이며 또 아드님을 강화섬에 보내서 삼랑성(三郎城)과 제천단(祭天壇)을 모았다. 이와 같이 강화도는 고대에 있어서 서해의 모든 것을 주름잡는 위치에 해당하는 곳이다.

신라의 왕통은 박 · 석 · 김 3성(三姓)이 돌려가면서 계승하였는데 박씨 · 김씨는 하늘에서 내려 온 성씨요, 석씨는 동북쪽 바다에서 떠내려 온 종족이었다 한다. 낙동강구의 가야 왕국은 하늘에서 내려 온 수로왕과 해외에서 떠내려 온 허 황후와의 결합으로 창업한 왕국이라고 전한다.

이상은 다 우리 고대 여러 나라들은 내륙 계통의 왕권이 해상 계통의 세력을 포옹하여서 출현한 통치 조직이었음을 표현하려 한 모티프로써 과연 물과 바다로써 국토를 삼는 반도 국가의 건국 설화다운 신화라 할 것이다. 곧 신화를 만들어 낸 시대 의식에는 바

1 1596년에 얀 호이벤 반 린스호텐(Jan Huygen van Linschoten)은 『동인도수로기집(東印度水路記集』을 쓰고 부록으로 지도집을 냈는데 그 부도(附圖)에 '코레아(Corea)' 란 용어가 나온다. 이것이 서양에서 우리나라를 코리아로 표기한 효시이다. 그는 한국을 둥그런 섬으로 묘사하고 있다.

다가 퍽 큰 대접을 받았던 것이다. 이는 물론 당연히 그랬어야 할 것이오, 아니 그렇다면 도리어 괴변이 될 것이다.

고요할 때는 시퍼런 주름살이 끝이 없이 연속하여서 갈매기 바보새[2]의 만만한 업자지 노릇을 하다가, 성이 나면 산처럼 곤두서고 우레처럼 소리 지르면서 하늘을 집어삼키고 땅을 뭉개트리려 하는 바다, 밀물은 산하 대지를 휩쓸 듯이 들어 덤비다가 썰물은 꽁지가 빠져서 쫓겨 달아나기를 규칙처럼 엄하고 금석처럼 예쁘게 꼬박꼬박 되풀이하는 바다, 세계 만물을 거느려 가시는 태양이 아침이면 시뻘건 일만 귀신에게 떠받들려서 혁혁하게 솟아올랐다가 저녁이면 황금 만경이 잔잔한 행보석을 깐 위로 천천히 안식처를 찾아 들어가는 바다, 고래가 물기둥을 뿜고 악어가 안개 장막을 치는 바다, 이 천지간의 엄청난 존재와 불가사의할 경계가 우리 조상네의 주의를 끌지 아니하였으리라고 생각할 수 있을까? 놀라움과 궁금함과 용기를 분발함으로써 그 속의 비밀과 저 밖의 세계를 알아 보리라 하는 생각을 우리 조상네들이 아니 하였을 수가 있을까?

우리 삼면의 바다에는 당시 청년의 기운찬 팔뚝이 통궁[3]이 배를 썰물에 밀고 나가서 무서운 소용돌이와 사나운 물결로 더불어 씩씩하게 싸우는 광경이 지금 우리 눈에도 보일 듯하다. 그네는 연습과 경험으로써 드디어 수륙 양서 동물(水陸兩棲動物)로서 바다를 생활무대로 하여 활동하였을 것이 필연적이고 명백한 사실일 것이다.

아깝고 안타깝게도 이 시대의 일은 글에 기록되지 않았고, 이야기에 전함이 없어서 후세의 우리가 그 실제를 알지 못함이다. 우리에게 호머나 바이런이 있었더라면 얼마나 많은 용감하고 활발했던

---

2 신천옹(信天翁)이라고도 부르는데, 잘 날지만 스스로 먹이를 잡지 못해 갈매기가 먹던 찌꺼기를 먹고 산다고 하여 바보새라고 불린다.

3 통나무 배를 가리킨다. 평안북도 사투리이다.

조상들의 해상 활동 사실이 후세 자손의 피를 용솟음치게 하였을는지 모를 것이다.

역사 시대에 들어와서의 조선 겨레는 바다를 잊어버린 사람의 모양으로 기록상에 나타났다. 줄잡아도 국민의 대부분은 바다에 대한 인식, 바다에 대한 감각, 바다에 대한 흥미, 바다에 대한 야심을 가지지 아니한 것처럼 보였다. 이미 뛰노는 무놀[4]과 함께 신경이 춤출 줄을 모르고 짠 바람에 살을 거르는 것이 남자의 유쾌한 일임을 잊어 버렸다. 바다하고의 인연을 생각한다고 하면 다만 미역·다시마가 오고, 도미·민어를 공급하는 먼 어느 시골쯤으로 아는 것이었다. 이것은 섭섭한 일이요, 슬픈 일이요, 또 기막힌 일이었다.

우리 국민 생활의 지나온 과정에 있어서 가장 비통한 사실이 무엇이었느냐 할 것 같으면 그것은 분명히 반도 국가 국민, 바다를 접한 국민으로서 바다를 잊어버린 일 그것이었다. 민족 생활은 여기서 기세가 꺾이고 역사는 이로부터 변모하기 시작하였다.

바다에서 떠났다는 한 가지 사실이 어떻게 많은 불행을 우리에게 가져왔는지를 모른다. 바다를 알고 지낼 시기의 영광이 어떠하였음은 우리가 알지 못하지마는 바다를 잊어버린 뒤의 우리의 환란이 어떻게 큰지는 우리가 분명히 체험하고 또 지금도 그 시련 가운데에 있다 할 것이다.

2. 세계 각국의 바다 쟁탈전

여기서 우리가 눈을 세계 역사에 돌려서 만국 흥망의 자취를 둘러보기로 하자. 역사의 책장을 열어 볼 때에 인류 세계의 역사는

4 충청도 사투리로 거친 파도를 의미한다.

바다와 함께 열리고, 또 바다와 함께 전개되고 진행한 사실을 볼 것이다.

역사는 우리에게 가르치기를 세계의 문화는 이집트에서 발생하고 인도에서 발생하고 중국에서 발생하였다고 하지마는, 그것은 요약하면 각개 국민의 고립한 국민 생활들이요 결코 세계의 공통적이고 동일한 전체적 역사는 아니다.

세계적 역사는 페니키아인이 독특한 배를 만들어 가지고 지중해로 떠나 와서 통상 무역으로 식민지로 세력을 다투고 식민으로 항해 각지에 호라동하던[5] 때로부터 시작하였다. 그리스, 페르시아, 로마, 카르타고 등 여러 민족이 지중해를 무대로 하여 활동하고 세력을 다투고 패권을 차지하는 것이 곧 세계 역사의 진행 그것이었다.

이 가운데서 앞서서 그리스가 동부 유럽과 서부 아시아를 연결한 이른바 헬레네스 세계를 실현하고, 뒤에 로마가 통일과 조직의 힘으로써 인류 최초의 대제국을 건설하여 인류 역사상에 불멸할 영광을 나타내었는데, 이것이 전부 지중해를 이용, 활용, 선용함에서 나온 결과임은 누구나 아는 바와 같다.

특히, 서양 고대 역사상에 있는 큰 사건이라 하는 것은 살라미스 해전, 펠로폰네소스 전쟁, 포에니 전쟁 등 모든 싸움이 진부 바다에서의 일이다. 특히 로마와 카르타고와의 싸움은 전적으로 해군의 경쟁이었음은 고쳐 말할 것도 없다. 출발점에서 그러한 것처럼 서양 역사의 대세는 항상 바다를 끼고서 이리저리 달라져 변하여 간다는 점에서 동양 역사로 더불어 커다란 특색을 가지고 있다.

동양에도 물론 바다가 없는 것은 아니다. 그러나 중국 대륙의 중원이 역사 진행의 중심 무대가 되어서 마치 서양 역사상의 지중해처럼 사방의 여러 민족이 중원의 경쟁을 위하여 달려들고, 나가 자

5 호라동은 활동이라는 뜻이다.

빠지고, 일어나고, 거꾸러졌던 까닭에 동양의 바다는 항상 역사의 초점에서 멀리 떨어져 있었다.

역사의 범위가 동양 하나에 그칠 때에는 이리해도 관계치 않았지마는 시대가 발전하여 동서양을 통틀어서 세계사란 것이 진행하는 시대에 이르러서는 바다 본위의 서양사와 내륙 중심의 동양사와의 사이에는 중대한 차이가 생겨서 세력의 근본적 우열이 생기며, 이것은 16세기 이전의 이른바 근세사가 우리에게 보여주는 바와 같다.

국토, 인민, 사회, 문화 무엇으로나 오래 우월한 지위에 있었다 할 동양이 근세기에 들어올수록 갑자기 전락하여 쇠퇴하여 오다가 마침내 동양의 대부분이 서양의 반식민지(半植民地)로 변하기에 이르렀음은 무슨 까닭인가? 거기는 물론 여러 가지 이유를 들어 말할 수도 있겠지마는 국민 생활 그 역사의 진행이 바다와 함께 있지 아니한 점이 무엇보다 큰 원인임을 우리는 지적하고 싶다.

고대의 페니키아인이 지중해에서, 중세의 노르만이 북해에서, 근세의 포루투갈인과 스페인 사람 그리고 영국인이 대서양, 인도양, 태평양 내지 남북극양(南北極洋)에서 모험 분투한 저네 서양인이 마침내 바다를 통해서 세계를 저의 것으로 한 것일 따름이다.

동양의 역사에서도 원나라 시대 이후에 차차 바다로 나가는 민족 활동이 생겨서 명, 청 양대로 내려올수록 점점 왕성하여진 까닭에 오늘날 동남아시아 전 지역에 있는 중심 세력인 이른바 화교(華僑)의 지위를 마련한 사실은 우리에게 국민 발전과 바다와의 관계를 깨닫게 하는 큰 증명이 되는 것이다.

이 관계를 한껏 집어 늘인 형태가 곧 근세에 있는 서양 제국이 세계에서 활보하는 것이다. 서양에 대한 동양의 전락은 대체로 1492년 콜럼부스의 아메리카 발견, 1497년 바스코 다가마의 희망봉 원정 항해, 1520년 마젤란의 태평양 진출 이후의 일로서 항해술 발달의 수준과 함께 동서양 성쇠의 차이가 점점 심하여진 것이다.

돌이켜 보면 나침반도 동양에서 창조된 것이요, 화포(火砲)도 동양에서 발명된 것이거늘 이것을 해상 활동에 이용하여서 능히 세계의 일곱 바다를 제압하고 마침내 인류의 특권 계급 같은 지위를 서양인이 취득하였음을 생각할 때에 우리 동양 사람은 감개하다기보다 부끄러움을 통감해야만 할 것이다.

나라 세력의 강약이 해상 세력의 대소로서 판정됨은 벌써부터의 일로서 얼마 전까지는 영국이 해상과 함께 세계의 패권을 붙잡았더니, 제2차 대전 이후의 형세 변화로 말미암아서 미국이 그 지위를 대신하고, 결국은 한편에는 미국이, 또 다른 한편에는 소련이 현대 세계의 양대 대립 세력으로서 인류 세계의 운명을 결정하는 투쟁 도중에 있음은 우리가 쓰라린 시련으로서 눈앞에 보고 있는 사실이다.

일찍이 영국은 그 깃발 아래 해가 지지 않음을 자랑하였으며, 오늘날 미국은 태평양과 대서양을 좌우에 끼고 있음을 든든하게 알고 있다. 대서양은 지금 세계 해상 교통로의 가장 중요한 항로에 해당하는 곳으로서 세계 해상 교통의 77%가 여기서 행한다 하며, 1년에 1천만 톤 이상의 화물이 집산하는 대항구가 31곳인데, 그 가운데 24곳이 이 대양을 향하고 있어서 '20세기의 지중해'라는 이름을 가지고 있다. 이 교통은 주로 서유럽과 북미 사이의 관계에 속하는 것이다.

태평양은 주위의 지방이 아직 경제적으로 충분히 발달되지 아니한 관계로 교통량이 대서양에 비하여 멀리 뒤처지지만 거기가 정치적, 군사적으로 국제적 중요성이 절대적인 것은 지난번의 태평양 전쟁과 이번의 한국 전쟁을 말미암아서 두루 인식된 바이다. 또 동양과 남양 여러 나라의 발달은 따라서 그 경제적 성능이 자꾸자꾸 늘어나게 될 것이 당연한 일이며, 벌써부터 20세기는 태평양 시대라는 말이 행하고 있는 터이다.

이제 미국은 이 세계의 두 큰 바다를 좌우에 끼고서 그 역량과 경륜을 마음껏 발휘할 처지에 있는 것이다. 미국이 현대 세계의 대표 세력이 된 것은 결코 그 풍부한 물자와 위대한 공업에만 말미암은 것이 아니라 실로 고금을 통하여 국가 세력의 원천이 되는 바다, 그 가장 큰 두 바다의 임자이기 때문이다.

바다가 국가 방위선이나, 민족 활동 무대 또 국제 무역이나 국제 교통로로서 가장 중요함은 이를 것 없거니와 어로(漁撈)와 양식(養殖), 해초 채취 등의 풍부한 생산 자원으로서 한 나라의 경제적인 측면에서 가지는 가치도 실로 절대적인 것이다.

그러므로 예로부터 바다를 가진 나라가 가지지 못한 나라보다도 더 흥왕하고 또 바다를 가졌던 나라가 바다를 잃어버린 뒤에 갑자기 쇠퇴하여진 실례가 많거니와 근세에 이르러서는 각국이 자각적으로 바다를 얻으려 하며, 작은 바다를 넓히려 하며, 심지어 어느 해변 또 해상을 혼자 차지하려고 많이 노력함은 진실로 우연한 일이 아니다.

저 유럽의 여러 나라인 러시아, 폴란드, 독일 연방들이 발트 해의 패권을 다투기에 어떻게 오래 또 분투하여 쉬지 아니하는 사실은 실로 이 바다를 가지느냐 가지지 못 하느냐에 따라 그 정치, 경제, 교통, 국민 생활에 중대한 관계가 있기 때문이다. 더욱 러시아가 세계에 짝이 드문 큰 영토를 가지고도 바다다운 바다를 가지지 못한 것을 서럽게 생각하여 그 건국 당초 곧 존장(尊長) 루릭[6]의 때로부터 서방으로 손을 뻗어 바다를 움켜쥐려고 애쓴 것은 깊은 흥미와 함께 큰 교훈을 삼을 일이다.

러시아는 북방에서 드비나 강을 통하여 북극양(北極洋)을 가지고

6 스웨덴의 노르만인 수장이었으며, 러시아를 건국한 사람이다.

있었지마는 그것은 바다로서의 가치가 거의 없었기 때문에 쓸 만한 바다를 찾는 운명이 진작부터 시작되었다. 맨 먼저 저항이 적음을 이용하여 시베리아를 손에 넣고 베링 해협에까지 도달하여서 북극양을 혼자 차지하였지마는 거기서 얻은 바다도 결코 가치가 큰 것이 아니었다.

그래서 얼지 않는 공해를 얻어야 한다 함이 드디어 러시아의 전통적 국책(國策)을 이루어서 표트르 대제가 먼저 발트 해로써 '서방으로의 창'을 트려 하여 1703년에 비습척로(卑濕斥鹵)한 네바 강의 델타에 국도 페테르부르크를 건설하고, 1721년에는 가레리아, 잉게르만란드 · 에스트란드 · 리브란드 등을 점령하고 그 뒤 로마노프 왕조의 엘리자베스 시대에 다시 핀란드로 진출하고, 1795년 캐더린 2세가 죽기 전에 그린란드를 점령하고, 1809년에 스웨덴 영토인 핀란드를 쟁취하여서 이에 서방으로 완전한 창을 내기에 성공하였다. 그리고 다시 북해와 대서양으로 진출하는 문을 열려 하여 스칸디나비아의 서해안인 나르빅 항구를 욕심내다가 덴마크와 정치적 분쟁이 일어났었다.

또 남방에서는 표트르 대제 때에 이미 돈 강 입구를 점령하고 이에 크리미아 반도와 오데사[7]로 이르는 해안을 점령하고 다시 발칸 반도의 주민을 선동하여 터키로 더불어 5차례나 교전하였지마는 영국이 터키를 원조하여 이를 방해하였기 때문에 마침내 보스포러스 해협을 지나서 남하하지를 못하였다.

또 19세기 중엽부터서는 동으로 태평양 쪽에 손을 내밀었다. 시베리아의 광야로 줄기차게 동진(東進)하던 러시아가 1851년에 흑룡강 입구에 니콜라이에프스크를 건설하고 1858년에 아이훈(愛琿)

7 우크라이나 공화국의 도시. 흑해에 임한 중요한 항구 도시이며 공업 도시로, 기계 · 화학 · 식료품 공업이 성하고 부근에서 광천(鑛泉)이 나와 해변 휴양지로도 알려져 있다.

조약으로써 청국으로부터 헤이룽 강 이북의 땅을 얻고 1860년(철종 11)에 청국이 영국과 프랑스 두 나라와 개전하였다가 패하매, 러시아가 중간에 개입하여 강화를 시키고 그 대가로 청국으로부터 우수리 강 이동의 땅을 얻어서 블라디보스토크에 동방의 관문을 건설하여 이 결과로 조선이 두만강을 사이에 두고 러시아와 더불어 국경을 맞대게 되었다.

그러나 블라디보스토크 곧 해삼위(海蔘威)도 갈망하는 부동항(不凍港)은 아니므로 러시아는 다시 호시탐탐의 눈을 조선 반도와 남만주의 방면에 번뜩거렸다. 1861년에 일본 국내의 수선스러운 틈을 타서 대마도에 뛰어 들어갔다가 영국의 항의로써 퇴각하고, 그 뒤에도 영국과의 마찰을 무릅쓰면서 조선의 제주도, 일본의 북해도 등에 어금니를 내밀었으며, 또 우리 다도해상의 보길도를 점령하려 하다가 청일 전쟁에서 일본이 승리하므로 말미암아 이를 단념하고 다시 대한제국 말엽의 광무 연간에 목포 해상의 고하도(孤下島)와 진해만의 밤구미(栗九味) 등을 집적거리다가 다 일본에게 방해되어서 번번이 실패하고, 1898년에 청국으로부터 랴오둥 반도를 조차(租借)하여 뤼순에 군항, 다롄에 상항(商港)을 경영하여 비로소 부동항을 가지는 데 성공하였다.

이것이 러일 전쟁의 결과로 또한 뒤집어졌다가 태평양 전쟁의 뒤에 공산 소련이 제정 시대의 국책(國策)을 그대로 물려받아 다시 만주에서도 다롄, 조선에서는 청진을 저의 손아래에 넣어 버렸음은 우리가 눈으로 본 바이다.

이밖에도 러시아가 19세기 말 이후에 트랜스카스피 지방으로부터 페르시아 만으로 진출하기를 꾀하다가 영국에게 저지된 일이 있으며, 소비에트 연방이 된 뒤에 북극 양방면의 교통을 편리하게 할 목적으로 발트 해와 백해(白海)[8]를 결합하는 이른바 스탈린 운하의 건설에 착수하여 1933년에 길이 227km의 세계 제일이라는 대

공사를 완성하였는데 이 또한 러시아가 해양에 대한 전통적 국책의 발로임을 볼 수 있는 일이다.

러시아가 이렇게 두고두고 바다에 세력을 얻으려고 함에서 그 큰 나라 노릇하는 기백을 보는 동시에 오늘날 세계 양대 세력이라고 하면서 바다를 마음대로 하는 미국이 어떻게 기승스러움에 비하여 바다에서 힘을 쓰지 못하는 소련이 얼마나 병신스러운지를 도리어 불쌍하게 생각하지 않을 수가 없다.

바다와 국력과의 관계가 이렇게도 중대하므로 근세의 강대한 모든 나라들은 일제히 바다로 진출하려 하고, 바닷가의 연안으로 발전하려 하며, 바다 너머의 대안(對岸)으로 비약하려 한다. 그리해서 이른바 '바다를 포위하려 하는 노력'(streben ums Meer)에 아끼는 것이 없는 것이었다. 바다를 둘러싼 세계의 쟁투전은 실로 이와 같이 심하게 진행되어 왔다.

3. 바다와 조선 근세사

여기서 이야기를 조선으로 돌리자. 조선은 기다란 반도국으로써 남들이 애를 태우고 얻으러 하는 바다를 옛적부터 무척 많이 가졌었다. 그런데 이러한 큰 재산, 큰 보배의 임자임을 조선 겨레가 잘 인식하지 못하고, 따라서 잘 이용하지 못하였다. 그래서 이 갸륵한 바다가 조선인에게 있어서는 "돼지에게 진주"란 격이 되고 말았다.

정치가는 바다를 이용하여 나라를 튼튼히 하고 백성들의 생활을 윤택하게 추진하는 데 활용하지 못하였고, 사업가는 산업을 발전

---

8 러시아 서북부에 있는 북극해의 만으로, 콜라 반도와 카닌 반도에 둘러싸여 있다.

시키고 상업을 일으키는 데에 이용하지 못하였으며, 청년은 광란노도(狂瀾怒濤)에 혈기를 흥분시키지 아니하고 운외천변(雲外天邊)에 모험심을 일으키지 아니하였다.

물론 조선 민족의 성립에는 해양적 요소도 많이 섞여 있으며, 조선 민족 생활의 과정에는 제(齊)·노(魯)·오(吳)·월(越)과 왜(倭)와 유구(琉球) 등 남양(南洋)을 범위로 한 해상 활동의 빛난 업적도 없는 것 아니다. 하지만 그런 것 저런 것이 다 희미한 묵은 꿈속에 숨어 버리고 어찌어찌하는 동안에 바다는 다만 태풍과 괴어(怪魚)가 사람과 배를 한꺼번에 집어 삼키는 무서운 존재로만 생각되기에 이르렀다.

이러한 끝이 신라 시대에는 당나라 해적이 다도해 일대를 혼란스럽게 하고, 고려 말년에는 왜구가 반도 전 해안을 유린하고, 조선 500년간에는 당당한 영토인 울릉도·독도·거문도·보길도를 외국이 마음대로 빼앗아 차지하더라도 이를 어찌하지 못하여 동·서·남해상에 각국 측량선이 부두 드나들 듯하되 이것이 무엇인지조차 깨닫지 못하는 실정이었다.

하늘이 무슨 필요로 조선에 바다를 주셨는지, 조선 사람이 무슨 염치에 바다를 가졌는지를 알 수 없었다. 새로운 땅의 발견, 자원 취득, 상권 확장을 위하여 눈이 빨개서 다니는 호랑이 떼를 다만 '황당선(荒唐船)' '이양선(異樣船)'이라는 이름으로써 먼 산 구경하듯하며 병인양요·신미양요를 우리가 강하여서 이긴 줄로 알고, 온 세상이 태평한 것 같은 꿈을 꾸는 것이 20세기 제국주의 시대에 있는 동방 반도 국민의 실태이었다.

바다를 잊어버린 조선이 어떻게 변모하였든가? 첫째는 조선 민족에게 웅대한 기상이 없어졌다. 바다는 천지간에 있어 무어라기보다 가장 '위대'한 존재물이다. 그래서 그것을 접촉하는 자에게도 '위대'의 감화를 주어서 그 포부를 활달하게 하며, 그 기개와 도량

이양선
조선 후기 우리나라 연해에 나타난 외국 선박으로 모양이 다른 배라는 뜻이다.

을 거대하게 한다. 산악을 굴리는 듯한 성난 파도는 사람의 의지력 · 분투심을 함양하여, 바다와 하늘이 서로 씨름하는 아득한 지음은 사람의 진취심과 발전력을 고취시키고 발전시켜서 사람으로 하여금 갑갑답답한 육지의 두꺼비집을 벗어나서 시원 훤칠한 새 천지의 개척을 생각하게 한다.

저 제노바의 뱃사람 콜럼버스가 먼 바다 밖으로부터 보지 못하던 물건이 떠들어오는 것을 보고 "저 밖에도 세계가 있겠지?"하는 생각으로 용감스럽게 대서양으로 배를 타고 나가서 드디어 아메리카 신대륙을 발견하였다. 그 이후로 지리 발견 시대의 허다한 발견자는 죄다 바다에 이끌려서 오래오래 잊어지지 않을 대사업을 성취한 사람들이다.

우리 신라 진평왕 때에(587) 대세(大世)라는 귀공자가 신라라는 갑갑한 산골짜기에서 살다가 말겠느냐 하고 동지인 구칠(仇柒)로 더불어 배를 남해(南海)에 띄우고 오(吳) · 월(越) 저쪽의 큰 세계를 찾아나가서 어찌된지를 모른다는 이야기가 역사책에 전하거니와 시원한 세계를 찾는 이의 향하는 곳은 바다일 밖에 없다.

바꾸어 말하면 바다를 찾는 이는 시원한 세계를 얻는 것이다. 19세기 하엽의 위대한 지리학자 레이첼(F. Ratgel)[9]이 바다는 "소천지로서 대천지로 나아가는 정신을 주느니라."고 한 말은 진실로 바다의 인간 또 국민정신에 미치는 감화력을 단적으로 표현한 말이다.

9 독일의 지리학자로 환경 결정론을 주장하였다.

그런데 조선은 모처럼 국민정신을 활발하기에 가장 좋은 원동력이 될 바다를 가졌건마는 이 훌륭한 보배의 가치를 이용하지 못하였다. 조선 국민은 밖으로 내어 뻗을 기운을 부당하게 막고 억누른 탓으로 그것이 국내에서 자가 중독 작용으로 바뀌었다. 곧 좁은 바닥 안에서 많지 못한 일자리를 다투느라고 마찰과 갈등을 거듭하였다. 어깨를 서로 부비고 발등을 서로 밟는 것까지는 괜찮지마는 이해와 감정이 점점 엉켜서 주먹을 서로 들고 발길로 서로 걷어차기에 이르지 아니하면 그치지 아니하였다.

조선 역사상의 암이라 할 당쟁이란 것은 무엇을 말미암아 생긴 것이냐 할진대, 그 가장 근본적 원인은 국민의 기풍이 활달하지 못하였음에 있다 할 것이요, 그리고 국민의 정신이 꽉 막히고 악착스러워진 근본적 이유는 곧 국민 의기 발양의 최대 무대일 바다를 잊어버렸음에 있다고 나는 단언하고 싶다. 진실로 조선 국민으로 하여금 바다를 인식하고 바다를 친근하여서 그 기상을 웅대하게 하고 그 가슴을 활달하게 하고 그 이상을 혼박방박(渾博磅礴)하게 하였던들 조선의 사회와 및 그 역사는 분명히 지금 그것과 같지 아니하였을 것이다.

이익과 사업과 명예와 행복이 얼마든지 바다 밖에 있음을 알고, 또 그것을 붙잡으려 하는 이에게 조그만 벼슬 한자리와 봉급으로 타는 냄새나는 쌀 얼마쯤을 다투기 위하여 음모와 간계와 잔인무도한 방법으로써 하는 당파 싸움을 할 생각이 날 리 없는 것이다.

40리 한양성의 돌구멍 안에서 두꺼비씨름을 하는 것과 하늘만큼 큰 바다의 세계에서 인생의 모든 욕망을 만족시키는 것과를 골라잡을 마당에서 집안끼리 갉아 뜯고 잡아먹다가 마는 피비린내 나는 정쟁을 취할 리가 어디 있을까?

지금부터 100여 년 전의 재미있는 한 시인인 이양연(李亮淵)은 조선인이 손바닥만 한 작은 나라 안에서 동인이니 서인이니 노론이니 소론이니 하는 당쟁에 빠져서 다른 정신을 차리지 못하는 꼴을 보면 조금만큼도 조선 사람 노릇할 마음이 없지마는, 그러다가도 금강산이 청명한 햇발을 받고 바다 위에 솟아 있는 한 가지 일 때문에 조선에서 사노라는 뜻을 퍽 인상적으로 표현한 시를 지은 것이 있다. 바다는 어떻게 답답한 가슴도 시원하게 하며, 또 당파 싸움은 도리어 당파 싸움 그것에 멀미내는 이의 실망하고 낙심한 마음까지도 바다는 능히 구제하는 것이다.

둘째는 조선 나라와 그 인민을 가난하게 하였다. 바다가 한 나라를 부유한 데로 인도하는 큰 길임은 동서고금의 역사가 분명하게 우리에게 가르쳐주는 큰 사실이다. 카르타고와 로마와 아라비아의 옛일은 그만두고라도 근세의 포루투갈 · 스페인 · 네델란드로부터 영국 · 프랑스 · 독일의 부강이 다 어디에서 온 것이냐 하건대, 물론 바다에서이다. 특히 근대의 국가들이 다투어 배를 짓고 항로를 개척하고 해외 통상의 범위를 늘리고 또 그것을 유지 발전할 만한 해군을 건설하기에 바쁨이 결코 우연한 일 아니다. 해상 세력의 대소는 곧 국가 부강의 척도이기 때문이다.

조선은 삼면이 바다로 둘러싸여 있는 반도국이었건마는 그 바다는 오랜 동안 자물쇠로 채여 있었다. 그 바다에는 생명력이 없었고 피가 돌지 아니하였으며, 수족이 움직이는 일이 없었다. 국내의 인민이 썰물을 타고 나가지도 아니하였으며, 해외의 물화가 밀물을 타고 들어오지도 아니하였다.

찬물 뜨거운 물이 섞여 흘러서 각종 수산물이 무진장(無盡藏)이라는 말을 듣는, 하늘이 준 대자원이 부질없이 버려져 있어서 조선의 바다는 존재 가치를 가지지 아니한, 쓸 데는 없고 거치적거리기만 하는 물건이었다. 임자가 돌보지 않는 동안에 남의 상선 · 어선이 대신 와서 이 이익을 거두어 가되 아까운 줄이나 분한 줄조차 알지 못하는 정도이었다.

이 바다 안의 뭍에서는 댓개비 갓과 짚 부스러기 신과 풀 먹인 베옷을 걸친 허다한 인민이 움 같은 집속에서 된장 국물도 변변히 얻어먹지 못함을 한탄하고 앉아 있었다. 오천 년 문명국이라 하되 그것을 표상(表象)하는 크나큰 건축 하나가 있을까? 삼천리 금수강산이라 하지마는 사람 다닐 만한 길 하나를 만들어 놓았을까?

소꿉질 같은 정치와 아이들 장난 같은 산업으로써 죽지 않은 목숨을 억지로 끌고 나가는 것이 대체로 우리 그전의 생활이요, 지금까지도 그것을 많이 벗어나지 못한 형편이다. 식구는 많고 살림은 몹시 구차하고 가난하여, 집안 안에 말썽만 많고 모든 일이 두서를 차릴 수 없음은 실로 어찌할 수 없는 일이다.

줄잡아서 1천 년 이래의 조선의 사회 · 문화 · 민족 생활에 신선한 빛이 없음은 그 원인의 거의 전부가 생계의 빈곤함에 있었다. 째질 듯하게 구차하다 함이 조선 중세 이후의 상태에 맞는 말임은 우리 국가 각 방면의 경제적 숫자를 보면 얼른 살필 수 있는 일이다.

헐벗고 죽물 흘려 먹는 정도의 생활에서 무슨 여유 있는 정치 규범과 문화 사실을 찾을 수 있을 것인가? 근대 조선이 무엇 무엇은 왜 다 이 꼴인가 하고 그 원인을 거슬러 올라가 살펴보면 그 끝이 대개는 빈곤이라는 한 점으로 돌아가고 만다. 그러면 이 흉악한 빈곤은 어디로서 온 것인가를 한번 생각해 볼 필요가 있을 것이다.

선조 때에 임진왜란의 7년 전쟁을 치르고 다시 수삼십 년의 동안에 인조 때의 정묘 · 병자 두 번 호란을 당하고서 조선의 사회 경제는 마침내 파멸의 일보 앞에 놓여졌다. 이 지경이 되매 아무리 조선의 정치가라도 발등의 급한 불을 꺼야 하겠다는 생각을 아니할 수 없었다. 인조 · 효종부터 몇 대 동안에 있는 사회 경제상 약간의 개혁은 이러한 정세 하에 행해진 것이다.

그러나 병이 심장에 있거늘 손끝 발끝의 약간 외과 수술 베푸는 것으로 효험을 볼 수 없음은 물론이다. 이에 지식인들 사이에 조선 빈곤에 대한 원인을 찾는 연구가 행하였다. 그러하여 얻은 결론은 누구나 공통적으로 첫째는 국내 교통의 불비(不備) 곧 수레 다닐 만한 길이 없어서 물자의 유통이 편리하지 못함이요, 둘째는 해외와의 선박 통행이 막혀 곧 외국 무역으로써 국내 경제를 북돋울 줄 모르는 까닭에 나라가 구차함이었다. 오랜 동안의 쓰라린 경험으로써 겨우 이 점에 생각이 간 것이었다.

영조 · 정조의 사이에 이르러 문화 정신이 크게 바뀌고 나라의 잘못된 형편을 생활 양식의 교정으로써 구제하겠다 하는 사상가의 한 그룹이 있으니 박지원(朴趾源), 이덕무(李德懋), 박제가(朴齊家) 등이 그 가운데 쟁쟁한 학자들이다. 그네들은 우선 조선보다는 많이 진보한 생활 양식을 가진 중국에서부터 배워오자고 주창하였음으로써 역사가가 이들을 북학론자(北學論者)라고 일컫는다.

박지원(1737~1805)은 호가 연암(燕巖)이며 한문학자로도 탁월한 지위를 가지는 어른이거니와 한편으로 북학론자 중에서도 가장 진보적인 사상가이었다. 그의 명저에 『기허생사(記許生事)』라는 것이 있으니 그 줄거리를 말하면 다음과 같다.

효종 시절에 서울 남산 아래 묵적동에 허 생원이라는 숨이 사는 가난뱅이 선비가 있었는데, 하루는 느낀 바가 있어서 장안 갑부 변승업(卞承業)을 찾아가 만나 보고 다짜고짜로 돈 만 냥을 꾸어 달라고 하였다. 좌중의 여러 사람은 눈들이 동그래졌지만 그래도 변 장자(卞長者)는 까닭 있는 사람임을 알아보고 성명도 묻지 않고 선뜻 만 냥의 돈을 내어 주었다.

허 생원이 이 돈을 가지고 먼저 안성장에 나가 앉아서 삼남 지방으로부터 서울에 올라오는 과실을 비싼 값으로 도매하였더니, 얼마 뒤에 서울서 과실이 모자라게 되어 혼수 · 제수와 모든 잔치를 지낼 수 없게 되었다. 전일에 많은 값으로 알고 과실을 팔았던 장사치들이 그 값 몇 곱 내고 도로 와서 사 갔다.

또 그 돈을 가지고 제주로 들어가서 그 방법으로 망건을 도매하였더니, 나라 사람들이 머리를 거두지 못하여서 마침내는 장사들이 산 값 몇 곱을 내고 도로 망건을 사갔다. 이렇게 두 번 장사에 큰돈을 모아 가지고 서울로 돌아왔는데 삼남 일대에 도적이 크게 성하되 나라에서 도적을 금하지 못한다는 말을 듣고 도덕들의 소굴인 부안의 변산으로 갔다.

박지원(1737~1805)
『열하일기』, 『허생전』 등을 쓴 조선 후기 실학자로 이용후생의 실학을 강조하였으며, 자유기발한 문체를 구사하였다.

가서 도적의 두목들을 불러서 "왜 험한 노릇을 하느냐?" 한즉 "살 수가 없어 그러노라." 하거늘 "생활할 길을 얻으면 그만두겠느냐?" 한대 "그렇다 뿐이겠습니까?" 하는지라 그 무리를 산더미같이 돈을 쌓아둔 데로 데리고 가서 "너의 힘껏 이 돈을 가지고 가서 장가도 들고 농기구도 장만해 가지고 아무 날까지 해변으로 나오라."고 일렀다.

도적들이 생활 도구를 장만해 가지고 기한이 되어 해변으로 이르러 보니 붉은 깃발 단 커다란 배 여러 척이 기다리고 있다가 이들을 실어가지고 해상으로 떠나갔다. 나가사키(長崎) · 샤먼(厦門) 사이의 어느 무인도로 실고 들어가니 땅이 넓고 흙이 기름져서 김맬 것 없이 곡식이 쏟아져서 이루 주체할 수가 없었다.

마침 일본에 흉년이 들어서 곡가가 비싸다는 소문을 듣고 먹고 남는 쌀을 사가지고 일본 오사카(大阪)에 갔더니 터무니없는 높은 값으로 불티나게 쌀이 팔려서 돌아오는 배에는 그때의 국제 통화인 은이 가득 실렸었다.

바다 반쯤 오다가 허 생원이 한숨을 훠이 쉬며 가로되 "만금 돈에 들먹여지는 나라에 이 많은 재물을 무엇에 쓰겠느냐?"하고 그 대부분을 바다에 던지며 가로되 "바다가 마르거든 누구든지 주어 가거라."하고 그 중의 십만 냥어치 은만을 남겨 가져다가 변 장자에게 갚아주었다.

변 장자가 놀라서 어떻게 이만한 큰돈을 벌었느냐고 물으매 허 생원이 장사하는 묘리(妙理)를 말하는데, 그 가운에 "우리 조선은 정치의 규모가 글러서 수레가 나라 안에 다니지 못하고 배가 외국을 통하지 아니하니 나라와 백성이 어찌 구차함을 면하겠느냐? 이 폐풍을 고치지 않고는 남의 나라와 같이 사는 수가 없으리라."고 통절하게 논변하였다.

그때 나라에서는 병자년의 원수를 갚을 양으로 청국을 들이치려 하여 이완(李浣)이라는 대장에게 군사 준비를 맡겨서 그 일이 한참 진행하는 중이었다. 변 장자는 이 대장과 친히 지내는 터이라 한 번은 이 대장이 변 장자에게 민간에 큰 뜻을 품고 숨어 지내는 이가 있거든 나에게 천거하라고 하거늘, 변 장자가 허 생원의 말을 하고 이 대장을 데리고 묵적동으로 찾아가서 겨우 양인을 회견시켰으나 허 생원의 이상은 너무 크고 이 대장의 위력은 너무 적어서 아무 성과를 거두지 못하고 말았다는 이야기다.

이 이야기는 여러 방면으로 당시의 시대 사조를 살펴보게 하는 귀중한 재료이거니와 그 중의 "수레가 국내에 다니지 못하고 배가 외국과 통하지 아니하니 어찌 백성들이 가난하지 않으며 어찌 나라가 곤궁하지 않겠는가?"이라고 한 구절은 그때의 진보적 사상가들이 바다에 눈을 떴음을 보이는 것이오, 또 일본 오사카에서의 미곡 무역과 동중국 해상에서의 무인도 개척이 다 막대한 성공을 가져왔다 하는 점은 곧 해상 활동의 이익을 구체적으로 나타내려 한

의도이다.

대체로 임진왜란에 많은 인민이 일본으로 사로잡혀 가서 그들이 포르투갈의 노예 상인의 손으로 넘어가서 남양 각지에 우리 인민이 산포하게 되고 그 중의 일부는 도로 본국으로 돌아와서 해외의 사정을 전하였다. 그 중에 외국 여행자들이 늘 입버릇처럼 남양 지방을 이상적 선경(仙境)으로 과장한 이야기가 꽤 많았으니, 이런 것이 은연한 가운데 민간에 돌아다니고, 여기서 힌트를 얻어서 북학론자의 이상을 구체적으로 표현한 것이 박지원의 붓끝에 나온 허 생원의 이야기일 것이다.

이완 장군 신도비
이완(1602~1674)은 조선 효종 때의 무신으로 북벌 정책을 보필, 국방 체계 · 군비 정비에 기여하였다

남방의 해외에는 살기 좋은 세계가 있다는 민간 전승을 한번 더 신앙적으로 지양하여서 조선 민족의 이상 국토를 만들어 낸 것이 근대 민간 신앙의 주축이 된 이른바 '남조선(南朝鮮)'[10]이라는 것으로서 '해도중 진인출(海島中眞人出)'[11]할 때에 우리가 다 영광과 복리를 누리게 된다는 관념은 조선 민족의 해외 사상, 발전 사상으로 극히 주의할 점이 들어 있는 것이다.

10 "萬國活計 南朝鮮"이라는 증산교의 예언이 있고, 동학에는 "남조선 뱃노래"가 있다. 앞으로 세계의 중심은 조선이라는 예언이다.

11 섬에서 진인(眞人) 즉 구세주가 나온다는 뜻이다.

4. 조선의 수군 약사(略史)

세계의 어느 국민이든 간에 현실 세계의 불만을 관념적으로 만족해 보려 하여 끝없이 넓고 아득히 먼 곳에 이상 국토를 만들어 놓고 그를 동경하며 그를 기구(祈求)하는 일이 흔히 행하고 있다. 그런데 이러한 이상국의 위치는 흔히 먼 해상에 둔다. 고대의 중국인이 삼신산(三神山) 또 봉래도(蓬萊島)를 동방의 해상에 있다고 생각하고 그리스의 철학자 플라톤이 아틀란티스라는 선경(仙境)을 대서양상에 그렸던 것이 그 적절한 예이다.

조선 민족이 그의 이상 세계를 남방 해상에 만들어 가졌음이 또한 인류사상 경향의 한 유형으로 보임직도 하다. 그러나 조선 민족의 '남조선'이란 것은 단순히 관념적 산물이라고 우리는 생각하고 싶지 않다. 왜 그러냐 하면 조선 민족은 일찍이 남방 해상을 말미암아서 많은 문화의 빛과 행복의 씨를 얻어 들여온 확실한 기억을 가지고 있는 민족이니까 남방의 바다에 복락(福樂)이 있음이 사실이지 결코 관념만이 아니었다.

우선 신라의 하대에 장보고(張保皐)라는 해상 위인이 있어서 오늘날의 전라도의 완도를 중심으로 하여서 중국의 산둥 반도 항서우 만과 일본의 기타큐슈 해안과 그리고 남양(南洋)의 여러 항구를 교통망으로 잡아 매여 놓고 동방 해상에 큰 이상을 가지고 해상왕(海上王)으로서 문화 무역을 통한 큰 활동을 한 것은 우리 조상네들도 얼마쯤 들어 알고 있었을 것이다.

또 고려 시대 475년간에 때를 따라 성쇠는 있었을 법하지만, 반도의 서해 · 남해에 기이한 물건과 신통한 소식을 싣고 다니는 배가 언제고 끊어져 본 일은 결코 없었다. 이와 같이 남방의 바다는 조선 민족의 영원한 희망함이었으니까 '남조선'이 관념적 산물이 아닌 것은 아니어도 그 내부와 배후에는 명확한 사실이 들어 있었

완도 장도 청해진 유적
장보고의 해상 활동은 조선 민족의 이상향이 바다에 있었음을 보여주는 일례이다.

던 것이었다.

진실로 조선 민족으로 하여금 남방 바다에 관한 기억을 좀 더 분명하게 가지고 남방 바다에 대한 인식을 좀 더 확실하게 붙잡았더라면 조선의 국민 경제가 이토록 궁핍하고 어려운 지경에 빠지지는 아니하였을 것이다.

일찍이 신라는 황금국(黃金國)으로 아라비아의 상인에게 부러움을 받고 '코레스'(高麗-필시 조선 중세의 제주인)는 해상의 용자(勇者)로 포르투갈의 항해자에게 두려워하는 바가 되었다. 이것을 한 시대나 한 지방의 일에 그치게 하지 말고 조선 민족으로 하여금 항상 이와 같은 해상 발전의 주인 노릇을 하게 하였더라면 줄잡아도 유럽에 있는 네덜란드 · 벨기에의 번영쯤은 손에 침 받고 움켜쥐었을 것이 아닌가? 하늘이 맡기신 보고를 내버린 국민에게 구차의 설움이 있음은 진실로 당연한 일이라고 할 것이다.

셋째는 문약(文弱)에 빠져 버린 것이다. 바다는 물과 하늘이 큼을 다루는 세계요, 물결과 물결이 힘을 다루는 세계요, 물과 사람이 굳셈을 다루는 세계로서 천지간에 있는 가장 장쾌 활발한 투쟁이 거의 쉴 사이 없이 연출되는 무대이다. 바다의 세계에서 소용되는 것은 남아의 의기요, 청춘의 피요, 씩씩한 기상이요, 든든한 팔뚝뿐이다. 무릇 뒷걸음질치거나 위축되거나 능력이 모자라거나 안일함은 바다의 생활에서는 무엇보다 큰 독약이 되는 것이다.

저 바이런이 노래한 에게 바다의 해적 활동과 중세 이래로 허다한 로맨스 작가의 영탄(詠嘆) 대상이 된 스칸디나비아의 바이킹 생활 등은 어떠한 느리광이 꼼지락이의 신경이라도 홍두깨처럼 불끈 흥분시키지 않을 수 없을 것이다.

프랑스의 지리학자 '르클류'는 그 명저인 『세계문화지리사』의 지리적 환경론 속에 바다가 무서운 의지와 정열과 흥분을 가진 모양을 표현하고, 또 바다와 함께 지내는 항해자는 바다에서 받은 바쉴 새 없는 인상으로 말미암아 그 생활이 엄숙 진지하여지는 이유를 재미있게 설명하였다.

바다를 가까이 하는 자는 진취적이요, 분투적이고, 필사적인 생활을 가지게 된다. 개인은 콜럼버스가 되고 마젤란이 되고 캡틴 쿡이 되며, 국가로는 포르투갈 · 스페인 · 네델란드 등으로부터 영국 · 프랑스 · 스웨덴 · 덴마크가 되는 것이다. 한 칸 구들과 몇 쪽 널마루를 세계로 하여서 메마른 창자를 쥐어짜서 '반남아(半男兒)'[12]를 부르고 자빠져 있는 것은 바다를 아는 이로서 참을 수 있는 생활이 아니다.

고래의 잔등이를 두드리고 악어의 볼퉁이를 쥐어 지를 듯한 기운을 가지는 이는 좀먹은 책상 뒤지기와 초상 치르고 제사 지내는 것을 인생의 대사(大事)로 알아서 할아비 · 손자와 아비 · 자식이 지지리 못난 형편에 빠져 여윈 밭둑 논배미를 붙들고 놓지 못하는 생활에 견디지 못할 것이다.

조선 민족이 본질적으로 용맹스러웠음은 역사가 이를 증명하는

12 성격이 매우 개방적이고 행동이 활달한 여자를 이르는 말이다.

바이며 더욱 고구려의 국제 환경과 신라의 역사적 사명이 무용 본위(武勇本位)의 국민 훈련을 요구하였음으로써 국민의 기풍이 저절로 꿋꿋하고 씩씩함을 숭상하였음도 일반이 아는 사실이다.

통일 신라 이후에 외국을 걱정하여 무력을 준비할 필요가 없어지고, 한편으로 당나라의 찬란하고 성숙한 문화를 수입하고 모방하는 가운데 문약의 기풍이 생기며, 다시 고려 건국의 직후에 과거 제도를 시행하여 국가의 인재를 뽑아 쓰는 방법이 문장(文章)으로써 최고 표준을 삼음에 미쳐 글 배우고 짓는 것이 인생의 제일 큰 일이 되고 무용(武勇)과 군사 관계는 점점 푸대접을 받고 거기 따라서 문약의 풍습은 가속도로 증진하였다.

그래도 거란 · 여진 · 몽고의 여러 신흥 민족을 차례차례 대항하여 각각 수십 년에 미치되 일찍이 군사적으로 굴복한 일이 없었음은 조선 민족 무용성의 뿌리가 어떻게 깊고 단단함을 증명하는 것이었다.

한편으로 바다에 있어서도 조선 민족의 용무(勇武)스러움은 육상에서만 못하지 아니하였다. 조선 민족과 중국 민족과의 최초의 대충돌인 한 무제의 침입군에는 양복(楊僕)이 누선장군(樓船將軍)의 이름으로서 수군 5만을 거느리고 산둥 반도로부터 보하이(發海)를 건너 대동강을 거슬러 왕검성(그 전의 평양)의 덜미를 포위 공격하였었지만, 한나라의 수군은 조선군의 항전에 견디지 못하여 마침내 패전의 쓴맛을 보게 되었다.

이 뒤 수나라 · 당나라의 여러 번 침입에 다 수군이 따라 왔었지만 그들도 번번이 패전 이외에 아무 성과를 얻지 못하였다. 이때 조선편의 수군이 어떠한 편제로 있었는지는 자세하지 않지마는 수군을 대항한 자는 역시 수군이었으리라고 볼 수 있다.

그리고 방면을 고쳐 볼진대 우리 신라 시대로부터 고려 초에 걸쳐서 일본의 서남 지방이 어떻게 오래 또 많이 한반도 해인(海人)에게 물려 지내어 왔음은 지금도 남아 있는 기타큐슈 해안의 방어 시설이 대단하였음에서 이를 살필 수 있다.

신라 말년에 반도가 다시 삼국으로 나누이고 북방 세력을 대표하는 태봉(泰封)과 남방 세력을 대표하는 후백제가 불꽃이 일 듯한 패권 다툼을 할 때에, 태봉 편의 남방 제압군은 후일의 고려 태조가 된 왕건이란 장수인데, 왕건은 백선장군(百船將軍)의 이름으로서 수군을 거느리고 후백제의 해상 봉쇄를 행하여 크게 용맹을 나타내었었다. 고려 왕씨의 일족은 필시 예성강에 본거지를 두고 조선의 서해상에 활동하든 해상 세력의 지도자로서 그는 이 배경으로서 태봉에 들어가 지위를 얻어서 후일의 왕업을 건설한 자로 인정된다.

940년쯤 전인 고려 현종 10년(1019)에 고려인이 여진인을 거느리고 병선 50여 척으로써 일본의 대마도와 기타큐슈 일대를 공격하여 일본의 조야를 깜짝 놀라게 한 사건은 실로 반도 인민의 해상 활동력이 오히려 강대하였음을 말하는 것이었다.

이렇게 조선인은 해상에서도 퍽 굳센 민족이었다. 이러한 바탕이 있었음으로서 이 뒤 고려의 원종 · 충렬왕 두 대에 걸치는 원나라의 두 번 일본 정벌에도 큰 협력을 하기도 하고, 창왕 이전부터 조선의 세종조에 걸쳐 여러 번의 대마도 정벌을 행하여 다 좋은 전과를 거두기도 하고, 또 고려 말기에 왜구를 대항하는 필요로 수군을 창설하고 전함과 화포를 발명 개량하여서 그 창궐한 기세를 꺾기도 한 것이었다.

그러나 고려에 들어온 이후의 대세는 무용(武勇)의 면이 날로 주는 반면에 문약의 풍이 날로 커진 사실을 가릴 수 없이 되었다. 어느 것이 먼저요 나중임을 들어 설명하기는 어렵지만 이러한 경향이 분명히 바다에서 멀어지고 바다를 잊어버리는 사실과 함께 진행하였다. 필시는 문약하여짐으로 바다에서 멀어지고, 또 바다에서

왕건릉(황해 개성)
개성시 개풍군 해선리에 있는 고려 태조 왕건의 무덤이다. 왕건은 예성강에 본거지를 둔 해상 세력의 지도자였다.

멀어짐으로 더 문약한 풍이 자랐을 것이다.

조선 반도에 관계 있는 해상 관계의 허다한 전설은 국내에 전하는 것과 국외에 전하는 것을 막론하고 전부 신라 시대의 일로 되어 있으며, 고려 이후의 문헌에는 바다 관계의 설화를 다시 얻어 볼 수 없게 됨은 대체로 반도 인민의 바다를 떠난 생활이 고려 이후의 일임을 나타내는 좋은 증거라 할 것이다. 그런데 조선 민족의 문약에 빠진 연대도 이로 더불어 어슷비슷함이 사실이다.

이상에서 우리는 조선 민족이 바다에서 멀어진 뒤에 첫째 국민의 기상이 졸아들어서 집안 안에서 복작복작 하는 가운데 당쟁과 같은 궂은 결과를 가져 오기에 이르고, 둘째 해상 활동과 해외 무역의 이익을 내버리고 돌보지 않았기 때문에 국민 경제가 빈궁에 빠져 사회 · 문화 모든 것이 그 때문에 발전하지 못하고, 셋째 바다를 동무하야 용감하게 살았어야 할 민족이 바다를 박대하여 위축된 생활을 하였기 때문에 민족정신과 생활 태도가 다 유약위미(柔

弱萎靡)에 빠져서 그림자 같은 사람이 되고 말았다.

여기서 다시 한번 레이철의 말을 빌어보건대 "바다는 모든 국민 발전의 원천"이거늘 우리는 이 원천을 틀어막고 또 잊어버리고서 당연한 국민 발전의 기회를 상실하였던 것이다. 그리스와 로마의 역사는 우리와 같은 반도 국민의 지리적 약속을 보여주는 좋은 거울이라 할 것인데, 그리스 · 로마 역사의 영광스러운 책장은 육지에서 펴지는 것 아니라 바다에서 펴졌다. 그리스의 문화 세계, 로마의 권력 국가가 다 바다를 거쳐서 전개된 것임을 새삼스레 설명할 필요가 없다.

사실을 말하면 그리스이고 로마인이고 둘이 다 바다를 좋아하던 민족은 아니었다. 그리스의 유명한 속담에 "마레아의 끝을 돌아가거든 집일을 잊어 버려라"[13]한 것이 있고, 또 "메시나(시칠리섬의 해항)에는 괴물이 있다."라고 한 전설은 다 바다를 무서워하는 마음에서 나온 것이며, 로마인도 역시 바다를 싫어하여서 용장(勇將)으로 일컫는 키케로도 아테네로 갈 때에 가까운 해로를 두고 일부러 먼 육로로 돌아갔다고 한다.

그렇지마는 좋아하였든지 언짢아하였든지 그리스인은 인구 증가로 식민지를 만들려 하매 해상 활동의 위험함을 무릅써야만 하였으며, 로마인은 지중해의 제패를 위하여 카르타고와 그리스와 동방의 여러 나라로 더불어 바다를 무대로 하는 많은 싸움을 되풀이해야만 하였다.

바다는 장괴(壯怪)한 존재인 동시에 위험한 처소이므로 해상 활동으로 유명한 인민의 사이에도 바다에 대한 공포감이 결코 없지 아니한 것은 옛날부터 모험 · 탐험의 많은 업적을 내고 마침내 세

13 그리스 남단에 있는 마레아 곶은 너무 위험하여 "마레아를 도는 사람은 유서를 써라."라는 속담도 있었다.

계 굴지의 해운국이 된 덴마크 국민 그리고 스칸디나비아 반도의 튜튼 민족의 신화에도 바다는 잔인 탐욕한 강탈자, 살육자로 표상되어 있고, 처음 지중해 뒤에 인도양으로 웅비한 사라센 인민도 홍해를 빠져서 인도양으로 나가는 해협을 '눈물의 문(Bab-el-Mandeb)'이라고 이름 지은 것 등에 나타나는 바와 같다.

이네들도 다 바다가 무섭기는 하지마는 무서운 바다를 들어가야 국민의 발전과 번영이 있다 하고서 웅도(雄圖)와 장거(壯擧)를 결행하였던 것이다. 그리하여 문화의 진보와 함께 항해술이 진보하고 선박의 동력이 발달하고 또 그 몸뚱이도 커져서 드디어 세계의 모든 바다가 이네의 앞에 항복하게 된 것이다. 바다는 이러한 국민에게 영토와 재물과 함께 영광을 주었다.

그런데 조선 인민은 이 반대의 길을 걸어서 넓고 넓어서 그 끝을 알 수 없는 바다가 신변에 있음을 잊어버리고 손바닥만한 국토 안에서 다랍고[14] 구차하고 갑갑한 꼼지락 생활을 하고 있었던 것이다.

우리는 이제 그악스럽던[15] 운명의 속에서 놓여서 신흥 국민으로서의 빛난 출발을 하는 자리에 섰다. 민족의 생활과 역사의 진행에 커다란 전기(轉機)를 주어서 모든 것을 무리로부터 합리로, 부당으로부터 정당으로 옮겨오지 아니하면 아니 되는 대목에 있다.

조선인의 국민 생활과 그 역사를 찐덥지[16] 못하게 한 모든 원인을 밝혀 내어서 똑바른 생활 가치를 새로 만들어야 할 중대한 기회이다. 그 가장 큰 원인이 경제적으로 구차하였음과 사회적으로 당쟁이 심하고 통일성과 조직력이 부족하였음에 있고, 제2차적으로는 국민의 기풍이 유약 무기력하여 진취와 건설에 합의하지 못하였음에 있었다고 보겠는데, 이 몇 가지 폐풍 누습은 실로 다 반도

---

14 조잡스럽고 인색하다.

15 모질고 사납다.

16 마음에 흐뭇하고 만족스럽다.

국민으로서 바다를 잊어버렸기 때문에 유도되고 길들여진 것이라고 봄이 결코 억지가 아니다.

혹시 이 이유를 승인하지 아니할지라도 우리 국민의 눈과 마음과 힘을 바다로 전향시켜서 이 시원한 세계를 생활 무대로 하는 때에 국민의 기풍이 저절로 고치어져서 어느 동안에 되는지 모르게 역사의 방향과 색채가 돈연히[17] 한꺼번에 변하리라 하는 결과를 부인하지는 못할 것이다.

우리가 여기서 우리의 자연환경을 또 한번 살펴보자. 우리 국토가 반도로서의 모든 약속을 가졌음은 새삼스레 일컬을 것 없거니와 마찬가지의 반도 가운데서도 조선 반도에는 독특한 여러 조건이 갖추었음을 주의해야 된다. 지도를 펴고 보자.

조선 반도에는 남방과 서방의 두 해안에 길고 짧은 무수한 팔뚝이 불쑥불쑥 내밀고 그 좌우에 깊은 후미가 졌다. 서해안의 장산곶, 태안 반도, 남해안의 흥양 반도, 고성 반도처럼 이러한 지형을 지리학자들은 리아스식이라고 부른다. 스페인의 북서부에 이러한 지형이 있어서 그것을 '리아'(Ria=灣의 뜻)라고 부름에서 온 것이다. 조선 반도의 남해 · 서해 양해안은 세계상에 있는 리아스식 해안의 전형적인 것이다.

그러나 조선 반도의 이러한 불쑥 내밀거나 깊은 후미가 진 해안선은 스페인 반도에 비하여도 훨씬 현저하기 때문에 학자들 가운데는 이 특징을 명백히 하기 위하여 새로 '조선식 해안'이라는 명사를 만들어 쓰는 이가 있다.

남해안은 서해안에 비하여 불쑥 내밀거나 깊은 후미가 진 해안선의 발달이 더욱 현저하여 그 길이가 40km에 달하는 것이 있고, 그 좌우에는 흔히 깊은 후미가 생기고 앞에는 많은 섬이 벌려 있

17 어찌할 겨를도 없이 급하게.

다. 임진왜란 때에 이순신의 후방 기지이던 한산도와 명나라 수군의 근거지이던 고금도가 다 이러한 불쑥 내밀거나 깊은 후미가 진 해안선을 접어지고 생긴 해만을 이용한 것이며 가깝게는 러일 전쟁에 일본 해군이 집결하여서 러시아의 발틱 함대를 맞이한 곳으로 드러난 진해만이 또한 그 하나이다.

반도의 남해안에 이러한 불쑥 내밀거나 깊은 후미가 진 해안선이 특별히 발달하여서 마치 남태평양의 모든 것을 죄다 움켜쥐려는 기세를 보이며 그것을 실행하기에 훌륭한 어선 · 상선 · 군함 등의 큰 근거지가 무수히 생성되어 있음은 어떠한 지정학적 의미를 가진 것이라 할까?

하늘이 반드시 유심하게 이 지형을 만드신 것은 아니라 할지라도 이러한 국토를 가진 국민이 이 재미있는 지형, 이 훌륭한 자연적 조건을 무의미 · 무가치하게 버려둠이 가할까? "하늘이 준 것을 받지 아니하면 오히려 재앙을 받게 된다."는 말과 같이 조선 국민은 이 지형을 활용할 줄을 몰랐어도, 일찍이 원나라가 여기를 근거지로 하여 두세 번의 일본 정벌을 행하였으며, 일본은 앞서서 물물교환 낚시터로 생활 물자를 여기서 벌어가고 뒤에는 러일 전쟁의

한산도 앞바다
임진왜란 당시 이순신 장군이 이곳에서 일본군을 물리쳤다.
한산대첩은 한산도의 지형, 즉 깊은 후미가 진 해안선을 적절히 이용한 승리였다.

최후 승리를 여기를 의지하여 결정하였다.

구한국의 광무 연간에 러시아와 일본이 진해만을 저의 것으로 만들 계획으로 엎치락뒤치락 두꺼비씨름을 하다가 마침내 이것이 일본의 손으로 돌아가는 때에, 다른 날 조선 해협과 일본 해상의 해전이 결정되고 또 우리 한국의 36년 동안 무서운 시련이 여기 결정되었다. 귀중한 보배를 거느리지 못하면 오직 도적놈의 위해(危害)를 받고 마는 셈이었다. 우리 대한민국의 전도가 이 남해안 특수 지형의 가치를 정당히 발휘하고 못함에 많이 달려 있음을 생각해야 될 것이다.

또 우리는 여기 역사상에 나타난 임해 국민(臨海國民)으로 실적을 반성하여 보자. 인류의 역사가 바다와 함께 발전할 것처럼 조선의 역사도 일면에 있어서 바다와 함께 생장하였다. 최고(最古)의 조선은 발해에 에둘려서 성립하였다. 그것이 고구려가 되고, 삼국이 되고, 통일 신라가 되고, 고려, 이씨 조선이 됨을 따라서 조선 반도의 역사는 황해에 에둘리고 중국해에 에둘려서 동방 해상의 뚜렷한 존재를 이루었다.

그리고 이 반도는 바다에 다다른 나라로서 마땅히 가질 여러 가지 특수한 역사를 만들어내었다. 이미 말씀한 한 · 수 · 당 등 여러 나라의 해상으로부터 침입하는 세력을 박차 버린 것도 그 하나이거니와 서쪽으로는 오대 · 송 · 원의 여러 왕조와 남으로 유구 · 남양과 동으로 일본의 모든 나라를 상대로 하여 무역, 문화 수입, 교통 중계의 부분에서 여러 가지 중요한 역할을 담당하였던 사실에도 주의를 가질 필요가 많다.

또 중국의 보하이 연안으로부터 산둥 반도를 지나고 장화이(江淮) 지방에 이르는 황해, 동중국해 연안 각지에는 아득한 옛날로부터 우리 조선계 인민이 활동하고 거주한 흔적이 줄대어 있어 왔다.

"중국의 주나라 시대에 화이수(淮水) 유역에 나라를 세우고 훌륭한 정치를 행하여 그 부근의 36국이 와서 붙좇아서 주나라의 대립 세력이 되었다."하는 서(徐)라는 나라는 중국의 고사(古史)에 동방 계통의 민족으로서 동방 민족의 한 특징이 되는 국조 난생 전설(國祖卵生傳說)인 나라를 세운 임금이 알 속에서 나왔다고 하는 고사 설화(古史說話)를 가졌었다고 하니까, 이 전설은 줄잡아도 조선 계통의 인민이 황해를 가운데 두고 이쪽 언덕 저쪽 언덕에 똑같이 분포하여 살던 시대가 있었음을 보이는 것으로 볼 수 있다.

중국의 당나라 시절에 만든 정사의 하나인 『송서(宋書)』와 『양서(梁書)』에는 고구려가 요동을 차지하고 있다고 기록하였으며, 어느 시대에 백제는 바다를 건너가서 요서(遼西)의 진평군(晋平郡) 등지를 점거하여 거기에 백제군을 두었음을 기록하고 있다. 이것을 사실이라고 하면 육지에서는 고구려가 막혀서 될 수 없는 일이지만은 아무 방해를 받지 않는 바다를 건너가서는 이런 일도 있을 수 있음이 물론이다.

백제의 이 일도 후세의 역사가들은 의심스러운 일로 쳐서 대개는 말살해 버리게 되었지마는, 중국의 정사 특히 반도 국가에 대하여 쉬이 여기는 버릇이 심한 당대(唐代)의 문헌에 기록된 사실을 이유 없이 부인함은 신중하지 못한 일이라 할 것이다.

돌이켜 생각하면 백제의 이 사실처럼 반도계 인민의 해상 활동의 사실이 문헌적 생명을 얻지 못하였기 때문에 얼마나 많이 없어지게 되었을까를 우리는 생각해야 한다. 저 신라 하대의 해상왕 장보고의 사실도 『당서(唐書)』와 『일본기(日本記)』 등 외국 문헌의 증빙 자료에 의거하여 그 위대한 활동 내용을 우리가 알지 아니하는가.

다시 해상 활동의 기본이 되는 항해술과 해전법(海戰法)에 나타난 능력을 살펴보기로 하자. 조선어에 선박을 '배'라고 이르고 작은 배를 '거루'라고 이르는데 이 말이 먼 남양 해인(海人)의 말과 연락을 가진 듯함은 우리에게 재미있는 상상을 자아내지마는 이것은 아직 모르는 체 하자. 아무리 하던 조선의 항해술은 그 연원이 심히 오래 된 것으로서 옛날 어느 시기에는 반도 인민이 오랫동안 동방 해상에 혼자 활개를 치고 돌아다니었던 사실은 일본 편의 문헌에 많이 드러나 있다.

일본의 신화에는 스사노 노미코토(素盞鳴尊)[18]라는 신이 처음 배를 만든 것으로 되어 있는데, 이 신은 우리 반도로 더불어 특수한 관계를 가지는 신이며 그 배를 만든 목적은 신라국의 금 · 은 보화를 가져다 쓰기 위함이었다고 하며, 또 배 만드는 재료도 반도 지방을 거쳐 전해 오는 것이라고 하였으니, 이 이야기는 필시 일본 조선술의 연원이 반도에 있음을 반영하는 설화의 의도일 것이다.

그 역사 시대에 들어 온 뒤에도 큰 배를 지으려 하면 공장(工匠)을 신라로부터 데려간 실례가 있다. 『일본서기』의 오진왕(應神王) 31년에 각 지방의 책상선(責上船) 5백 척이 무고항(武庫港)에 모였다가 신라 무역선의 실화(失火)로 인하여 연소되매, 신라에서 배 잘 짓는 이를 데려다가 새 배를 짓게 하니 이이들의 후손이 섭진국(攝津國; 세쓰국) 하변군(河邊郡) 위내향(爲奈鄕)에 정주하여 대대로 나라의 배를 지어 바치는 저명부(猪名部)[19]의 일족이 되었다 한다.

또 일본은 중국의 남북조 시대(지금으로부터 약 1,500년 전)로부터 해로를 말미암아 사신을 중국의 남조에 왕래시켰는데, 그것이 북방 항로를 경유하는 시기에는 신라의 배를 많이 이용하였으며, 설혹 저의 나라의 배를 타더라도 도사공(都沙工)은 신라 사람을 많이 썼다.

그것은 신라의 배가 일본에 비하여 견고하며 신라의 사공이 결

18 일본 신화에 나오는 폭풍의 신으로 태양의 여신 아마테라스 오미카미(天照大神)의 남동생이다. 한국 특히 신라와 관련이 있는 신으로, 신라에서 일본으로 건너간 신라 신으로 보기도 한다.

19 일본 고대에 신라에서 건너간 신라인의 건축가 후예 부족을 말한다.

과로는 과선(戈船)이라는 새 배 모양을 새롭게 창조하여 이를 제압하고 굴복시키기에 성공하였다. 과선이란 것은 배의 면판에 쇠로 뿔을 만들어 부쳐서 대적의 배를 들이박아서 깨뜨리는 설비를 한 배를 이름이니 근대 외국 군함의 충각(衝角)[20]이라고 하는 것과 비슷한 것이다.

당시 동양의 전선에는 이러한 장비가 없고 고려만이 이를 가졌음으로서 고려의 해군이 한때 천하무적이었다. 일본의 어느 역사가는 이것으로서 세계 철갑선의 시조라고 말하였지마는 실상은 쇠의 충각에 그치고 아직 전면 장갑이라고 볼 것은 아니었다.

고려의 충정왕 2년(1350) 이후에 왜구인 일본의 해적이 우리 해상에 침략하여 노략질을 행하니, 그 화가 날로 심하여지고 반도의 전 해안은 물론이고 심지어 개경 부근에까지 왜적의 칼부림이 있기에 이르러서 고려의 국가 생활에 중대한 위협이 되었다.

처음에는 왜적이 육지에 오른 뒤에 방어적인 전투를 함으로써 전과가 신통치 못하더니 최무선(崔茂宣)이 "해적인 바에 바다에서 막아야 옳다."하여 조정에 건의하여 다시 수군을 설치하는 동시에 당시의 신무기인 화포술을 고심 연구하여 고성능의 화약을 군함에 싣고 해상에 나가서 왜구가 집결한 것을 화공으로 섬멸한 뒤로부터 왜구의 기세가 겨우 꺾였음은 우리 해군사상에서도 특별히 영광스러운 부분이다.

고려의 뒤를 이어 조선에서 왜구를 가상의 적이 아니라 당면 실제의 적으로 여기고, 견고하며 굳세고 날렵하고, 쾌속의 여러 요소를 구비한 전선을 만들려 할 때 적인 왜구로부터 중국의 강남 그리고 유구까지의 배 모형을 모아다가 상세하게 비교 연구하여서 각각 그 장점을 따서 조선 독특의 전함을 창조하고, 특히 적의 공격

20 적의 배를 들이받아 파괴하기 위하여 뱃머리에 단 뾰족한 쇠붙이.

진포대첩 기념탑과 최무선 동상(전북 군산)
최무선이 화포를 이용하여 왜구를 물리친 것을 기념하기 세운 기념탑이다. 최무선은 왜구가 육지에 상륙하기 전 바다에서 물리치기 위해 군함에 화포를 장착하였다.

을 받는 일 없이 적을 공격할 수 있는 귀선(龜船)이라는 고금에 비교할 수 없는 배 모양을 만들어 내기에 이르렀다.

거북선의 분명한 창제 연대는 알 수 없으되 태종 13년(1413)에 임금이 임진강에 나가서 거북선과 왜선이 서로 접전하는 모양을 구경한 사실이 역사책에 기록되어 있다. 이 거북선이 그 뒤 어떻게 된 것은 문헌상에서 증명하기 어렵고 조선 초기 이래로 우리 수군에 전승되는 일반형에 '판옥선(板屋船)'이라는 것이 있고 판옥이라는 이름은 널빤지만으로 집처럼 둥그렇게 포장하여 적군의 화살 공격을 면하게 한 것으로서 거북선과 판옥선은 대개 같은 종류의 것, 혹 기록상의 판옥선에 거북선도 포함된 것이 아닌가 하고 나는 생각한다.

여하간 거북선 혹 판옥선은 이 뒤 해상 방어를 말하는 이의 큰 주의를 끈 바로서 율곡 이이 같은 학자도 선조 초년에 남방의 근심을 털기 위하여 판옥선을 많이 만들어야 할 필요를 역설한 일이 있었다.

옛날의 거북선 혹 판옥선이 이순신의 손에 들어가서 근본적인 대수정이 더해져서 선체 온통을 쇠로 싸고 갑판 위에는 쇠못으로 모를 부어서 적군이 발을 붙이지 못하게 한 완전 무적의 신형선으로 위용을 나타내게 되었다. 곧 이순신의 거북선이다. 임진왜란 때 왜적을 물리치고 평정한 이순신의 공이 대단한데 그의 전과는 많이 거북선의 위력이었음은 여기서 여러 번 말할 필요가 없는 일이다.

판옥선
명종 때 개발된 조선 시대의 대표적인 전투선으로 임진왜란 때 활약하였다. 거북선의 모형으로, 판옥 전선이라고도 한다.

그리고 이순신의 새 거북선은 판옥선으로부터 철갑선으로 대진보한 것으로서 곧 세계상에 있는 철갑선의 원조인 것은 이미 일반으로 공인된 바이다.

조선 왕조의 후기에도 전선의 개량에는 늘 주의를 더하였었음은 숙종 26년(1700)에 강화 사람 권행(權倖)이 고안한 제도에 의하여 나라에서 윤선(輪船)을 노 대신에 바퀴로서 물을 떠밀어서 추진하는 배를 만들고(윤선의 논의는 이미 명종 시대부터 있었다), 영조 16년(1740)에 전라수사 전운상(田雲祥)이 고안한 해골선(海鶻船)[21]은 두저미대(頭低尾大)하고 전대후소(前大後小)하여 바다 매의 모양과 같이 생긴 새로운 배 모양을 만들어 내어서 널리 각 수영에 이 배를 만들어 두게 한 사실 등에 나타났음과 같다.

21 조선 후기에 작고 가벼우며 빠른 속도를 내도록 만든 전쟁용 배로, 머리는 낮고 꼬리는 높으며 앞은 크고 뒤는 작은데, 뱃전의 좌우에 날개와 같은 널을 달아 풍향에 따라 빠른 속도를 낼 수 있게 했다.

여하간 조선 왕조에서는 전대에 예를 보지 못하는 독립한 수군의 제도가 확립하여 있어서 『경국대전』·『속대전』 등에 의거하건대 대·중·소 군함 700여 척(『경국대전』에는 大猛船, 中猛船 ,小猛船 등 727척, 『대전회통』에는 명목이 변경되어서 戰船, 防船, 兵船, 거북선, 伺候船, 海國船, 小猛船, 艍舠船, 汲水船, 探船, 挾船, 別小船, 退捕船 등 788척)에 수군 48,800명(『경국대전』)이 상비되어서 반도 연해의 적당한 곳에 그 진영이 배설되어 있었다. 이렇게 500여 년 동안 독립한 수군의 전통을 지켜 내려오기는 아마 동양뿐 아니라 전 세계에 있어서도 드문 일이 아닐까 한다. 조선은 분명 역사적 해군국이었던 것이다.

그 다음 조선 민족의 바다에 대한 감각은 어떠하였던가? 멀고 아득하며 끝을 알 수 없는 곳에서 휘몰아치는 거친 파도가 하늘과 땅을 뒤잡이질하는 바다를 보고 조선 민족은 공포하며 위축하다가 마침내 용기가 소멸되고 활동이 저지되고 말았던가? 아니었다.

조선 민족은 성내는 바다가 그대로 순한 바다인 줄을 알며, 바람과 밀물을 타면 우리에게 새 천지 새 생활을 선사하는 정다운 바다인 줄 진작부터 깨달아 알았다. 그리하여 일본의 군도(群島)는 이미 조선 민족의 식민지로 이용되었다. 오(吳)·월(越)과 중국의 강남(江南)은 무역지로 교통되었다. 한참 신라 중대 이후 국민 의기가 앙양되었을 무렵에는 용감하게 거선(巨船)을 바다에 띄우고 중국의 취안저우(泉州)·경주(慶州)·동남아시아의 점파(占婆)[22] 진랍(眞臘)[23]·남태평양의 실리불서(室利佛逝)[24] 파라사(婆羅斯)·인도양의 나인국

22 2세기 말엽에 지금의 베트남 남부에 참족이 세운 나라이다.

23 캄보디아를 가리키는 중국 이름으로 15세기까지 이 말이 쓰였다. 9~12세기에는 앙코오르 지방을 중심하여 번영했으며, 그 흔적이 현재 앙코오르 유적으로 남아 있다.

24 스리위자야(Sriwijaya)는 7세기에서 11세기까지 수마트라의 팔렘방을 중심으로 있었던 나라이다. 샤일렌드라 왕조가 지배하였는데, 당나라에서는 실리불서(室利佛逝), 송나라에서는 삼불제(三佛齊)라 불렀다.

(裸人國)[25] · 석란도(錫蘭島)[26]를 거쳐서 드디어 인도 반도를 세로로 꿰뚫고 서남아시아를 두루 구경하고 동로마제국의 기이한 문물을 구경한 이가 가끔 있었다.

당시의 남해상 교통 중심이던 지금 수마트라 섬의 항구에는 신라 구법승들이 머무는 숙소에 체류하는 이가 뒤를 끊는 이도 없고, 다섯 인도의 유명한 불교 학림(學林)에는 고구려와 신라의 유학승들이 언제든지 많이 있었으며, 그 어떤 이는 수십 년 거기서 공부하다가 그대로 세상을 떠나는 이도 있었다.

신라 성덕왕 때에 해로로 인도로 건너가서 서역 제국을 두루 구경하고 여러 해 만에 오늘날의 파미르 고원과 중앙아시아의 대사막을 거쳐 육로로 당나라 장안으로 돌아와서 『왕오천축국전(往五天竺國傳)』이라는 여행기를 남겨놓은 혜초(慧超)라는 승려가 그 중의 한 사람이다. 조선 인민은 결코 바다의 겁쟁이가 아니었던 것이다.

이제 우리는 한국의 부흥과 함께 조선 민족 생활의 일대 전기를 만들 시운에 임하였다. 국민의 기풍을 고치지 않거나 국민 경제의 새 길을 트지 않고는 국가의 부흥과 민족의 갱생이 모두 있을 수 없다.

오래 위축되었던 우리의 신경을 격앙(激昂)하며 힘껏 침체하였던 우리의 가슴을 쓸어내서 용감하고 활발하며, 웅장하고 원대한 신정신, 신 기상을 가짐이 아니면 새 나라를 세우는 보람과 새 민족 생활을 출발하는 의의가 있을 수 없다.

우리는 이에 우리 국토의 자연적 약속에 눈을 뜨고, 역사적 사명에 정신을 차리고, 또 우리 사회의 병들었던 원인을 바로 알고, 우리 인민이 살게 될 방향을 옳게 깨달아서, 국가 민족 백년대계의

25 버마 서쪽 안다만 제도 남쪽의 니코바르(Nicobar) 제도에 있던 나라이다.

26 인도 대륙의 아래에 위치한 섬으로 스리랑카의 옛 이름이며, 사자국이라고도 한다.

든든한 기초를 놓아야 하는 것이다.

거기 있어서 우리가 반도 국민, 임해 국민(臨海國民)으로서 잊어버린 바다를 다시 생각하여, 잃어 버렸던 바다를 도로 찾아서 그 인식을 바르게 하고, 그 자각을 깊이 하고, 또 그 가치를 발휘하고, 그 지위를 확보하는 것이 가장 첫걸음이요, 또 큰일이 된다.

바다를 이고 바다에 서고 바다와 더불어서 우리 국가 민족의 무궁한 장래를 개척함이야말로 태평양에 둘려 사는 우리 금후의 영광스러운 임무이다. 멀리 바라보아도 끝이 보이지 않는 남방 대양을 향하여 불쑥불쑥 내민 반도 남안의 무수한 팔뚝이 낱낱이 국민의기의 발양과 국가 경제의 배양에 보람있게 활동함으로서 우리가 다시 한 번 우리 역사를 변모시켜서 우리 민족의 총명과 용감함을 나타내어야 할 것이다.

누가 한국을 구원할 자이냐? 한국을 바다의 나라로 일으킨 자가 그 자일 것이다. 어떻게 한국을 구원하겠느냐? 한국을 바다에 서는 나라로 고쳐 만드는 것, 그것일 것이다. 이 정신을 고취하며 이 사업을 실천함이야말로 가장 근본적 또 영원성의 건국 과업임을 우리는 확신하는 바이다.

경제의 보고, 교통의 중심, 문화 수입의 터전인 이 바다를 내어놓고 더 큰 기대를 어디다가 놓칠 것이냐? 우리는 모름지기 바다를 외워 두었기 때문에 잃어 버렸던 모든 것을 바다를 붙잡음으로서 도로 찾아 가지고 또 그것을 지켜야 한다. 진실로 인도하기를 옳게 할 것 같으면 일찍 바다에서 유능유위(有能有爲)한 많은 증거를 보인 우리 국민은 금후에 있어서도 반드시 이 장단에 큰 춤을 추어서 다함께 구국의 대원(大願)을 이룰 것이다.

단기 4287년 4월 1일

육당 최남선

제2부

영토 분쟁

울릉도와 독도*
- 한일 교섭사의 한 측면

1. 울릉도의 개관

영동의 죽변 끝에서 보면 푸른 소라 한 개가 파도 사이에서 보였다 안 보였다 하는데, 이것이 울릉도이다. 울릉도와 육지와의 사이를 통칭 400리라 하지마는 실은 66해리에 불과하여, 날씨가 맑은 날에는 산의 나무와 모래 언덕을 역력히 가리킬 수 있으며, 예전에는 바람을 타면 2일 걸리는 거리라고 하였지마는 지금은 증기 기관으로 움직이는 작은 배로도 반나절의 항로이며, 오직 동해의 특징인 바람과 파도 때문에 졸리기 쉬울 뿐이다.

남북 9.5㎞, 동서 10㎞, 면적 72㎢(강화도의 약 1/4), 해안선 연장 45㎞(강화도의 약 1/6) 주위에 대한 계산은 서적마다 다르다. 『삼국사기』, 『세종실록』 지리지 이하 『여지승람』, 『문헌비고』에는 다 지방 100리라 하고, 김정호의 『대동여지도』에는 200리라 하고, 우용정의 『울도기』에는 140~150리 정도라 하였지마는, 주민의 말에 의하

* 1953년 『서울신문』에 실린 글이다.

울릉도 도동항
울릉도 유일의 정박지이다.

건대 약 120리쯤 되리라고 한다.

울릉도는 함경도의 칠보산 산맥이 바닷속으로 들어가서 우뚝 솟은 것이니, 그러므로 현무암과 조면암의 화산재가 섬의 지질의 거의 전부요, 윤곽은 부등변 오각형을 이루었으되, 해안에 출입이 적고 주위에 절벽 같은 움푹 패인 곳이 많다.

따라서 선박의 안전한 정박지가 없고, 동남면에 있는 도동항이 유일한 정박지로되, 이 항구도 높이 200m 이상의 암벽에 둘러 싸여 있고 물굽이에 길이 100m 쯤의 사막이 생겨 있을 뿐이므로, 배를 항구에 매두는 것이 심히 불편하여 어선일지라도 입항하는 족족 선체를 육상으로 끌어 올려야 하며, 기선은 모두 항구에서 먼 바깥 바다에 정박하며, 한번 폭풍을 만나면 비교적 파도가 대단치 아니한 곳을 가려서 섬의 주위로 옮겨 가며 이동하지 아니하면 안 되는 형편이다.

섬의 최고점인 성인봉(984m)은 섬의 거의 중앙에 있어서 바퀴살처럼 뻗어 내린 계곡이 주위의 해안으로 향하여 발달하니, 화산섬의 침식은 한참 장년기에 있다. 섬의 중앙으로부터 북부에 걸쳐서 한 변이 2.5㎞인 삼각형의 대 '칼데라'(화산의 화구벽의 일부가 붕괴해서 생기는 말발굽 모양의 우묵하게 패인 웅덩이를 이름)가 있으니, 동남과 서남의 벽은 900m 내외의 높은 봉우리에 둘러싸여 있고, 북변은 400m 내외로 나지막하다. 분화구의 밑바닥은 200m 내외의 차이로서 동과 서의 한 단락을 짓고, 동쪽의 저단에 나리동과 서쪽의 높은 곳에 난봉의 두 촌락이 있다.

분화구의 밑바닥은 섬에서 가장 넓고 평평한 평지로서 면적이 50정보에 달하지마는, 부석과 자갈이 쌓여서 생성이 얕기 때문에 땅의 토질이 척박하며, 더군다나 지하에 물을 가두어 두는 층이 없기 때문에 주위의 화구벽(火口壁)으로부터 흘러내리는 계곡 물은 말끔 땅속으로 깊이 흡수되어 버리며, 분화구 안의 주민은 측면 벽의 계곡물을 목통으로 끌어다가 음료로 이용하고 있다.

중앙의 성인봉을 둘러싸고 준봉이 사방에 두루 옹위하니, 그 북쪽(칼데라의 서북쪽)에 중앙 화구 언덕인 난봉(611m), 북서쪽에 미륵산(901m), 남쪽에 관모봉(700m), 서쪽에 초봉(608m)이 각각 뛰어남을 자랑한다. 예전의 문헌에 "세 봉우리가 높이 공중에 솟아 있고, 남쪽 봉우리는 조금 낮다."라 함은 섬의 두 쪽에서 보이는 광경을 말한 것이다.

2. 문헌에 보인 시초

울릉도가 본토에 알려지기는 퍽 고대로부터니, 『삼국사기』에 신라 제22대 지증왕 13년(512)의 일이라 하여 기록하여 가로되,

> 우산국은 명주의 정동에 있는 해도니 혹 이름하여 울릉도요, 지방이

1백 리라. 험준함을 믿고 복속치 않더니, 이찬 이사부가 하슬라주의 군주가 되매, 말하되 "우산국인이 어리석고 사나워서 힘으로써 항복받기는 어려우니 가히 계략으로써 복속시키리라." 하고, 이에 목우사자(木偶獅子; 나무로 만든 사자탈)를 많이 만들어서 여러 전선에 나누어 싣고 그 나라의 해안에 다달아서 속여 일러 가로되, "너희가 만일 복속치 아니할진대 이 맹수를 놓아서 다 밟아 죽이리라'."하자, 우산국인이 두려워서 그만 항복하니라.

한 것이 그 역사의 처음이다.

이 설화의 요소에 남방적 색채가 있음으로써 울릉도의 원주민과 남해와의 관계를 추측하려 하는 이도 있지마는(鳥居龍藏) 실상 분명치 못한 말이며, 대체로 우리 영동 일대에 퍼져 있던 예(濊) 종족의 한 지파가 바다 쪽으로 번져 들어가서 나라를 지은 것이 우산국이라고 봄이 우선 타당할 것이다.

섬 안에 고대 인민의 생활 모습 터가 있고, 그중에는 '돌멘' 또 '케른'으로 인정할 고분도 있다고 하니, 이런 것이 필시 우산국의 고적에 속하는 것일지 모른다. 제주, 곧 탐라국의 본토 교통은 백제 제22대 문주왕 2년(476)에 시작하였다고 한즉, 제주와 울릉도가 반도 본토에 귀속한 것이 대개 5세기 말 6세기 초에 걸치는 30~40년 동안의 일이었다.

이렇게 최초에는 국명으로 우산, 섬 명으로 울릉이 『삼국사기』에 기록되었을 뿐이더니, 고려 시대에 내려와서 동일한 원어(原語)에 대한 이형(異形)의 상대 글자와 아름다운 명칭이 가지가지로 사용되어서, 무릉(武陵) · 우릉(羽陵) · 무릉(芋陵) · 우릉(芋陵) · 울릉(蔚陵)등의 별명이 있게 되었으며, 울릉 본도와 약간의 부속 도서에 대한 실제적 지식의 발달과 함께 위에 나타난 여러 명칭을 본도 · 부속 도서의 사이에 나누어 쓰기도 하고 또 나누어 쓴 것을 전환하여 사용도 하여서, 그 명칭의 내용이 때와 사람에 따라서 여러 가지의 혼잡을 일으켰다.

우선 『고려사』 지리지에 "우산이라고도 하고 무릉이라고도 하는 본래 두 섬은 서로 거리가 멀지 않아, 날씨가 맑은 날에는 충분히 서로 바라볼 수 있다."라 한 것이 그 한 예이다. 본디 울릉도의 본명이던 우산이 여기서는 본도 이외인 하나의 부속 도서의 이름으로 특별하게 사용되어 있고, 우산이란 것은 아마 본도 동북 해상의, 최근의 소위 죽도(竹島)란 것을 가리킨 것처럼 볼 듯하게 되었다.

울릉도는 일본의 서쪽 변두리에 근접해 있는 만큼 그 존재가 일본의 옛날 서적에도 기록되었는데, 바르게는 우릉도(芋陵島)라고 하였지마는 본래의 뜻과는 다른 형태로 우좌도(宇佐島)·우르마 섬(ウルマノ島) 등으로 보이기도 하였다.

근세에 와서는 일본의 서쪽 지역과 대마도인의 사이에 다시 의죽도(礒竹島; イソタケジマ)·죽도(竹島; タケシマ)·송도(松島; マツシマ) 등의 여러 가지 이름으로 뒤섞여 불리워지게 되며, 또한 이것들이 "한 섬에 여러 가지 이름", 또 본도와 부속 도서 사이의 각 명칭으로 편의에 따라 불리워지다가 혼란이 더욱 심해졌으며, 이러한 혼란이 국제 분쟁의 씨앗을 이루기도 하였다.

3. 고려 시대의 울릉도

울릉도는 신라로 복속된 후에 아무 파란 없이 내려온 듯하여 고려 왕조가 새로 일어나매 태조 13년(930)에 우릉도에서 사신을 보내어 지방의 특산물을 바치거늘, 그 사신인 백길(白吉)에게 벼슬을 주어 정위(正位; 관직명)를 삼고 토두(土頭)로 정조(正朝; 관직명)를 삼은 사실이 『고려사』에 전한다. 고려가 아직 후삼국을 통일하기 전이었지만, 해상의 먼 나라가 이미 고려의 명성을 듣고 와서 공손히 예의를 표할 필요가 있었던 것이다.

고려 제8대 현종 때는 동여진이 해상으로 나와서 침략과 약탈이 심할 때인데, 고립무원의 이 섬나라가 여진 도적떼의 좋은 공격 목표이었음은 세력의 흐름상 어쩔 수 없는 일이었다. 『고려사』에는 현종 9년(1018) 11월에 우산국이 동북 여진의 약탈을 입어 농업을 폐하게 되었음으로써 농기구를 나누어 주고, 그 다음해인 10년 7월에 우산국 민호(民戶)들이 일찍 여진의 침략을 입고 흩어져 있던 것을 말끔 귀환케 하였다.

동 13년 7월에 도병마사가 상주하되, "우산국 백성으로서 몰번(沒蕃; 망한 나라를 이름)에서 투항해 온 사람을 예주(禮州; 경상도 영덕)에 배치하여 영원히 편호(編戶)를 삼을지이다." 하거늘 그대로 따랐다는 한 기사가 있으니, 대개 우산국이 이러한 정세 가운데 없어졌을 것을 생각할 수 있다. 다만 10년 후인 덕종 원년(1032)에 우릉성주(羽陵城主)가 아들 부어잉다랑(夫於仍多郎)을 보내서 지방의 특산물을 바쳤다는 역사 기록이 있음으로써 보건대, 이때까지는 우산국이 존재하였던 것도 같다.

내려와 제17대 인종 19년(1141)에 명주도 감창사 이양실(李陽實)이 사람을 보내어 울릉도에 들어가서 과일과 나무 잎 등 이상한 물건을 취하여 바친 일이 있었다.

다음 왕인 의종은 동해 가운데 우릉도(羽陵島)가 땅이 넓고 토지가 비옥한데 그 전에도 주현을 둔 일이 있어서 충분히 인민을 거주하게 할 수 있다는 말을 듣고, 명주도 감창사 김유립(金柔立)을 보내서 가서 시찰하게 하였는데, 김유립이 돌아와 보고하기를,

섬 중에 큰 산이 있고, 그 산꼭대기로부터 동쪽으로 가면 1만여 보이며, 서쪽으로 가면 1만 3천여 보입니다. 남쪽으로 가면 1만 5천여 보

이고, 북쪽으로 가면 8천여 보입니다. 사람이 살았던 촌락의 터가 7개소가 있고, 석불 · 철종 · 석탑이 있으며, 시호(柴胡) · 고본(藁本) · 남석초(南石草)가 많이 생산하되, 토지에 암석이 많아서 인민은 거주하지 못하겠더이다.

하므로, 그 논의가 중지되었다. 이것이 중앙에서 울릉도에 관심을 보인 최초의 사건이요, 비록 개척하려던 계획을 그만두었으되 울릉도의 사정이 이를 말미암아 비로소 명백해졌다.

이 뒤에 한참 동안 왕래가 그쳤더니, 제23대 고종 30년(1243)에 집권자 최이(崔怡)가 울릉도가 비옥하고 진기한 나무와 해산물이 많다는 말을 듣고 사람을 보내어 관찰해 보매, 집터의 주춧돌이 뚜렷하므로, 이에 동군민(東郡民)을 옮겨 울릉도를 튼튼하게 하였다. 후에 바람과 파도가 험악하여 사람들이 많이 익사함으로써 그 거주민을 파하였다는 일이 『고려사』 최이 열전에 기록되어 있다. 이것이 아마 고려 시대에 있는 울릉도 경영의 최후 사실인 양하다.

그러나 국가의 공적 시설은 어떠하였던 간에, 울릉도는 이 뒤에도 공광지로 있지 아니하였다. 고종 · 원종의 시대에 고려에 반역하였던 이추(李樞) 등이 원나라에 울릉도에 진기한 재료가 많다고 고하자, 원나라가 사신을 보내어 울릉도에 들어가 채취하여 가려 하거늘, 고려에서 그렇지 아니함을 변명하여 이 어려운 부담이 면제되고, 충목왕 2년(1346)에 동계(東界) 우릉도 사람이 조정에 인사하러 왔다고 하고, 우왕 5년(1379)에 왜가 무릉도에 들어와서 반 개월 만에 물러갔다 하고, 공양왕 원년(1389)에 종실(宗室) 영흥군(永興君) 왕환(王環)이 무릉도에 유배된 지 19년 만에 일본을 거쳐 돌아왔다는 기사 등에 나타났음과 같다.

4. 이조 초기의 울릉도

고려 말, 이씨 조선 초에는 울릉도가 죄인의 유배지로 잠시 드러나더니, 제3대 태종 3년(1403) 8월에 강릉도 감사의 청을 따라 무릉도의 주민을 육지로 쇄출(刷出)하라고 명하니, 역사책에는 그 이유를 밝히지 아니하였으되, 이때 한참 왜구가 영동의 해상에 발호하고 있었음을 보아서, 인민의 피해를 줄여 주기 위함이었으며, 한편으로 왜구들의 안내 역할하는 폐단을 없게 하려는 뜻에서 나왔음을 추측하기 어렵지 않다.

동 7년(1407)에는 대마도 수호(守護) 소 사다시게(宗貞茂)가 그 부하 다이라도젠(平道全)을 보내서 특산물을 진상하고 잡혀 있는 포로들을 풀어 달라고 간청하였다. 그리고 그들을 무릉도로 이주하여 살게 해달라고 청하였다. 조정에 그것을 허락할 것인가 아니면 허가하지 않을까를 놓고 의견이 여러 가지였는데, 마지막에 왕이 그 무리들을 살게 허용하였다가는 일본국과의 관계가 거북해질 염려가 있겠다고 판정하여서 실현되지 아니하였다.

대마도는 고려 말로부터 해적으로 생업을 삼아 오다가, 조선의 방비가 짜여 감에 따라서 이를 계속하기 어려워지매, 우리 조정에 대하여 남해도 · 거제도 등을 농토로 달라고 여러 번 요구하던 중에 국가에서 등한히 여기는 것처럼 보인 울릉도에도 야심을 품은 것이었다.

동 12년(1412) 4월에는 강원도 관찰사가 보고하되,

유산국 도인(流山國島人) 백가물(白加勿) 등 12명이 고성 어라진에 정박하였는데 그들이 하는 말이, "우리들은 무릉에서 생장하니 그 섬 내의 호구 수가 11가구요, 남녀 합치면 60여 명입니다. 이제 울릉도로 옮겨 사는데 이 섬은 동쪽에서 서쪽까지와 남쪽에서 북쪽까지가 전부 2

식(息)[1]이요, 둘레는 8식이며, 우마와 수전(水田)이 없으며, 오직 콩을 심으면 1두(斗)에서 20석 혹 30석이 나고, 보리는 1석에서 50여 석이 나며, 대나무가 큰 서까래만 하고, 해산물과 과일나무가 다 있노라." 하옵는데, 이 사람들이 도망갈 염려가 있으므로 아직 통주 · 고성 · 간성에 나누어 가두어 놓았습니다.

라고 하였다. 유산국이란 것은 아마 옛날부터 전해 오는 우산의 잘못일지 모르며, 울릉도의 근방에는 이렇게 큰 별도의 섬이 있지 않고, 또 그 말하는 바가 울릉도의 경치와 상항이 일치함을 보건대, 아마 듣는 것과 기록하는 일 중에 무엇에 착오가 있는 것 아니면 진술에 허위가 있는 것이 아닌가 생각된다.

이렇게 울릉도의 소문이 조정에 주의를 끌어서 일종의 의구심이 일어나더니 동 16년(1416) 9월에 호조 판서 박습(朴習)이 상소문을 올려 말하기를,

신이 일찍 강원도 도관찰사로서 듣사오니, 무릉도는 둘레가 7식이요, 그 부근에 작은 섬이 있어 그 밭이 넉넉히 50여 결인데, 들어가는 길은 겨우 한 사람이 통행하고 나란히 걷지 못한다 하오며, 옛날에 방지용(方之用)이란 사람이 15가구를 거느리고 들어가 어느 때에는 "가짜 왜구 노릇하면서 국가를 위한다."라고 하옵는 바, 그 섬을 아는 사람이 삼척에 있사오니, 바라건대 그로 하여금 가서 살펴보게 하소서.

하였다. 왕이 그리하라 하여 삼척인 전(前) 만호 김인우(金麟雨)와 일찍 왕래의 경험을 가진 이만(李萬)을 초청하여 사정을 물었다. 김인우가 말하기를,

1 거리의 단위이다. 1식은 30리에 해당한다.

무릉도가 멀리 바다 가운데 있어 사람의 왕래가 없으므로 군역을 피하는 무리가 혹시 몰래 들어갑니다. 만일 사람들이 많이 살게 되면 왜가 반드시 쳐들어와 울릉도로부터 강원도로 침공할 것입니다.

하거늘, 왕이 그렇다고 여기고 김인우를 무릉등처 안무사로 삼고, 이만으로 수행원을 삼아 병선 2척, 사공 2명, 인해(引海) 2명과 화통 화약과 식량을 주어서 그 섬으로 가서 두목을 잘 달래서 데리고 나오게 하였다.

그 이듬해인 17년 2월에 김인우 등이 우산도로부터 돌아와 토산으로 대죽 · 물개 가죽 · 모시 · 면사 · 검박목 등을 바쳤다. 또 주민 3명을 데리고 왔는데, 그 섬에 호구는 15가구이고 주민은 남녀 합쳐 86인이 있음을 알고 왔다.

이 보고서에 따라 우산 · 무릉의 거주인을 어떻게 처치하겠느냐는 문제를 조정의 논의에 붙였더니 다 가로되,

무릉의 거주인을 쇄출하지 말고 오곡과 농기를 주어서 그 생업에 편안하게 하며, 장관을 보내서 잘 달래고 또 지방의 특산물에 대한 세금을 정하는 것이 좋겠다.

고 하였는데, 공조 판서 황희가 홀로 가로되 "안치하지 말고 속히 쇄출하소서."하여, 왕이 가로되,

저 사람들은 본디 병역을 피하여 도망가서 사는 사람들인데 장관이 오고 토공(土貢)을 물리면 좋아서 복종할 리가 없으니 쇄출의 논의가 옳다.

하시고, 김인우를 도로 안무사로 하여 병선 2척과 도내의 수군 만

호 중 유능한 사람을 데리고 가서 거주민을 쇄출하게 하였다. 이 해 8월에 "왜구가 우산무릉 등에 나타났다."고 한 역사책의 기록을 보면 이때까지는 쇄출이 완료하지 아니하였던 것이요, 또 울릉도의 왜구 사실이 이번 뿐 아니었겠지마는 이 사실은 어쩌다가 기록에 거두어진 것일 것이다.

다음 대인 세종 대왕 원년(1419) 4월에 왕이 무릉도에서 나온 남녀 17명이 경기의 평구역에 이르러 식량이 끊어졌다는 말을 들으시고 사람을 보내어 구호케 한 사실이 역사책에 기록되었음은 필시 전년 김인우의 쇄출이 실행된 한 증거일 듯하다.

5. 세종 · 성종조의 쇄환

이번 효과적인 노력으로 말미암아 김인우는 판장기현사(判長鬐縣事)로 임명되었으며, 세종 7년(1425)에 다시 우산무릉등처 안무사로 파견되었다. 처음에 강원도 평해 사람 김을지(金乙之) · 이만(李萬) · 김무을금(金亐乙金) 등이 일찍 무릉도에 도망하여 살거늘, 지난 태종 16년에 조정이 김인우를 보내었을 때 쇄환하였더니, 세종 5년(1423)에 김을지 등 남녀 모두 28명이 다시 울릉도로 도망하여 들어갔다.

동 5월에 김을지 등 7인이 그 처자를 울릉도에 머무르게 하고 그는 작은 배를 타고 평해군 구이포(仇彌浦)에 몰래 도착하였다가 발각되었다. 감사가 평해군에 잡아 가두고 보고하였으므로 이에 다시 쇄환하기로 하여 8월에 김인우가 군인 50명을 거느리고 무기를 갖추고 3개월분의 식량을 가지고 울릉도에 들어갔다.

12월에 김인우 등이 울릉도에 병역을 피하여 몰래 들어간 남녀 20인을 수색하여 체포했다고 보고하였지마는, 수군 46명을 실은 배 한 척이 폭풍을 만나 표류하여 그 거처를 모르게 되었더니, 그 중의 10인은 일본국의 석견주(石見州) 나가하마(長濱)에 표착하여 대마도를 거쳐 12월에 본국으로 송환되었다.

세종 때에는 여러 번 울릉도의 사정을 탐사하고, 동 20년(1438) 4월에는 강원도 해변 사람인 전(前) 호군 남회(南薈), 전 부사직 조민(曺敏)에게 무릉도 순심 경차관으로 임명하여, 몰래 도망가서 숨어 사는 사람들을 수색하게 하였다. 7월에 남회 등이 무릉도로부터 돌아와 포로로 잡은 남녀 66인과 토산품인 사철(沙鐵) · 석종유(石鍾乳) · 생포(生鮑) · 큰 대나무 등을 바쳤다. 울릉도가 이로부터 공광지가 되었다(『문헌비고』「여지고」'해방').

울릉도에 대한 실제 지식은 김인우의 탐험과 수색에 의하여 크게 확충되어 『세종실록』 지리지에 기록하기를,

> 김인우가 말하기를 "울릉도는 토지가 비옥하고 기름지며, 대나무는 기둥같이 크고, 쥐가 고양이만큼 크며, 복숭아씨가 되보다 큰데 대부분의 물건이 이와 같다." 하였다.

라고 한 것이 후세에 『여지승람』 이하 여러 책에 두고두고 그대로 베껴 기록하게 되었다. 그리고 『세종실록』 지리지 울진현에 "우산 · 무릉 두 섬이 현의 정동쪽 바다 가운데 있다."라고 적고, 주를 달기를,

> 두 섬은 서로 멀지 않아 날씨가 맑은 날에는 서로 바라 볼 수 있다. 신라 때에는 우산국이라고 하였으며, 다른 말로는 울릉도이고 지방은 100리 정도 된다.

고 하였다. 『여지승람』의 울진현에

우산도와 울릉도가 있다. 울릉도는 다른 말로는 무릉(武陵) 또는 우릉(羽陵)이라고 부른다. 두 섬은 울진현의 정동쪽 바다 가운데 있다. 세 봉우리가 하늘에 우뚝 솟아 있으며, 남쪽 봉우리는 조금 낮다. 날씨가 맑으면 봉우리에 있는 나무와 산 밑에 있는 모래밭이 똑똑히 보인다. 바람을 타면 2일이며 도달할 수 있다. 다른 말로는 우산(于山)이라고 한다. 울릉은 본래 한 섬인데 지방은 백 리라고 말한다.

울릉도 일출 모습
울릉도는 옛 기록에 울진현의 정동쪽 바다 한가운데에 있다고 되어 있다.

라고 하니, 우산과 무릉(울릉)이 서로 섞여 쓰고 혹 일명도 되고 혹 이명도 되는 폐단은 이 두 책의 어리벙벙한 기술에서 발단된 것이다. 우산과 울릉을 둘로 보는 경우에 우산을 어느 부속 섬으로 보느냐 함은 본디 근거가 없는 가정에서 나온 것인 만큼 꼭 어디라고 정할 수는 없다.

제9대 성종 2년(1471) 8월에 영안도(곧 후의 함경도) 주민이 무릉도로 몰래 들어간 사람들을 쇄출하기 위하여 세종 때에 왕래한 경험 있는 이를 찾았고 맹선(艋船)을 준비한 일이 있다. 그 다음해 3년 4월에는 동해에 따로 삼봉도(三峰島)가 있어 몰래 들어가 부역을 피하는 사람들이 많음을 고발하는 사람이 있음으로써 경차관 박종원(朴完元)을 보내서 수색하고 찾아보도록 하였으되 마침내 소재를 알지 못하고 말았으며, 동행했던 배 한 척이 울릉도에 머물었고 그 곳에서 대구와 복어를 잡아 가지고 왔다고 보고하였다.

또한 보고에 의하면, 섬 중에는 주민이 없다고 하였다. 삼봉도의 정체는 이내 밝혀지지 않고 말았지마는, 삼봉이 공중에 우뚝 솟아 있다는 울릉도 그것의 또 하나의 명칭이 아니면, 후일의 '독섬'과 같은 하나의 부속 섬을 가리키는 것일지도 모른다. 여하간 이때의 울릉도가 완전히 공광지(空曠地)인 것만은 분명한 일이었다.

6. 공광책과 왜의 야심

성종 시대 이후에는 조선에 정치적 내분이 쉬지 않고, 한편으로 해상의 먼 거리에 있는 섬에 혹시 반란의 무리들이 외국과 내통하면서 반역하는 일을 꾸미는 근거지로 삼을까 하는 우려가 있었다. 그래서 동해의 울릉도에 대하여도 연방 공광책을 힘써 행하였기 때문에 다른 정신이 없었다. 이러한 빈틈은 몰래 고기를 잡으려 다니는 일본인들에게 얼른 알아차리게 되어서 몰래 울릉도에 들어와 살면서 고기잡이하는 사람들이 자꾸 늘어나게 되었다.

임진 · 정유 왜란 이후에는 더욱 저네들이 자유로 왕래하는 울릉도는 자유천지를 이루기에 이르렀다. 『지봉유설』에

> 임진왜란 이후에 그곳에 간 사람들은 역시 왜인들에게 붙들리고 약탈당하여 사람의 자취가 없어졌다. 근래에 왜인들에게 들은 소문에 의하면 의죽도(礒竹島)를 점령하였다고 하는데 이것은 곧 울릉도(蔚陵島)이다.

라고 한 것이 이 동안의 일을 말하는 것이다.

광해군 6년(1614)에 일본인이 갑자기 나쁜 마음을 먹고, 그 해 7월에 대마도주 소 요시토시(宗義智)가 배편으로 서신을 보내 "경상 · 강원의 동해에 있는 의죽도를 자세히 살펴보겠노라."는 말을

통지해 왔다. 이에 울릉도 소속에 관한 문제가 갑자기 일어나게 되었다. 동래 부사 윤수겸(尹守謙)은 이 일을 조정에 보고하고, 한편으로는 그 부당함은 종의지에게 회답하였다. 그 서신에 다음과 같이 말하였다.

조선국 동래 부사 윤수겸은 왕명을 받들어 일본 대마주 태수에게 회답한다.

평공(平公) 족하(足下)는 문안에 위로가 많고 좋다. 그러나 서신 중에 의죽도에 관한 이야기는 심히 놀랍다. 과연 이 계획은 누구에게서 나왔는지 알 수 없지만 사신이 와서 말하기를 "본섬은 경상도와 강원도 양도의 바다 가운데 있다."고 말하였다. 이는 곧 우리나라의 울릉도를 말하는 것이다. 우리나라의 지도에 표시되어 있으며 우리나라에 소속되어 있다. 지금은 황폐하여졌지만 어떻게 다른 나라가 함부로 점령하는 것을 용납할 수 있겠는가? 시끄러운 분쟁을 일으키지 말아라.

옛날부터 오늘날까지 일본과 우리나라는 바닷가의 산이나 섬까지도 각각 구별이 있어 구분이 뚜렷하다. 혹시 왕래하는 일은 오로지 귀도(貴島)만 문호를 개방할 뿐이므로 다른 편은 해적으로 간주한다. 이것이 국방을 신중하게 하고 엄히 금지하는 약속의 뜻하는 바이다. 귀도도 역시 이를 모르지 않지 아니한가? 일본 조정에서 이와 같은 사실을 다시 듣는다면 반드시 먼저 귀도를 괴이하게 여길 것이다.

우리나라가 귀도를 정성껏 도우므로 접대가 심히 성대하다. 지금 귀도가 양국 사이에 있으면서 왜곡 주선할 뜻이 없으므로 마침내 좋은 우호 관계를 옮길 수 있다. 이로써 따른다면 불가함이 없지 않겠는가? 일본이 이 뜻을 다 안다면 역시 커다란 반성이 있을 것이다. 귀도는 선처하여 노력하고 지나간 업적을 허망하게 폐지하지 말고 진정한 양해가 있기를 희망한다.

만력 42년 7월 일

이렇게 잘 알아듣도록 타이름이 있었건마는 무주공도(無主空島)를 강제로 점거하여 빼앗을 욕심에 눈이 벌건 일본인은 전과 다름없이 대마도를 사이에 놓고 한 해가 조금 넘도록 다투는 논의를 거듭한 것은 『광해군일기』(권 82)의 동년 9월 기사에 다음과 같이 보인다.

비변사에서 보고하기를 "울릉도에 왜노(倭奴)의 왕래를 금지하라는 뜻으로 전일 예조의 서계(書啓) 가운데 이미 사리에 근거하여 회유(回諭)하였습니다. 그런데 지금 대마도의 왜인이 아직도 울릉도에 와서 살고 싶어 하여 또 서계를 보내었으니 자못 놀랍습니다.

본도가 우리나라에 소속되었음은 『여지승람』에 기록되어 있는데, 방물(方物)을 거두기도 하고 도민(島民)을 조사 정리하기도 한 전고(典故)가 명확히 있습니다. 이 일을 회답하는 서계 가운데 갖추어 기재하고 의리에 의거하여 깊이 꾸짖어서 간사하고 교활한 꾀를 막는 것이 편리하고 유익할 듯합니다.

경상 감사와 부산의 변신(邊臣)에게 이러한 공문을 보내 온 대마도 배에 특별히 유시를 하고 이 글을 전적으로 말아 싸 가지고 속히 돌아가 도주(島主)에게 보고하여 조정의 금약(禁約)을 준수하도록 하소서." 하니, 따랐다.

『문헌비고』(권 31)에 광해군 7년의 일로 왜의 심부름 배 2척이 와서 의죽도 탐사를 말하거늘, 조정이 그 외람되고 빼기는 것을 미워하여 접대를 허락하지 않고, 다만 동래 부사 박경업으로 하여금 답서하여 가로되,

족하(足下)는 이 섬을 갑자기 점령한 것을 알지 못하는 것이 아니지 않는가? 갑자기 침범하거나 몰래 엿보려 하는데 이것은 진실로 어떤

마음에서 나온 것인가? 선린 우호의 도리가 아니지 않는가? 두렵다. 소위 의죽도는 실상 우리나라의 울릉도로 경상 · 강원 두 도의 바다 사이에 있는데, 『여지승람』에도 실려 있다. 어찌 속일 수 있는가?

대개 신라와 고려 때부터 일찍이 방물을 거두어 들이는 일이 있었는데, 본조에 이르러서는 여러 차례 도망친 백성을 쇄환한 일이 있었다. 지금은 비록 폐기하였으나 어찌 타인이 함부로 기거하는 일을 용납하겠는가? 지난날에 외교 문서를 보냈기 때문에 이미 대강을 잘 알고 있을 텐데 귀도는 그 사실을 고치려고 한다면 마땅히 두려워해야 한다.

지금부터 배를 띠워 출범하겠다는 것은 조정을 가볍게 여기는 것이며 도리에 어긋나는 것을 모르는가? 귀도와 우리나라 사이에 왕래 통행하는 길은 오직 한 길이 있으니, 이외에는 표선(漂船)인지 아닌지를 막론하고 모두 적선(賊船)으로 간주하여 처단할 것이다. 우리 진영(鎭營) 및 연해(沿海) 장관은 약속을 엄히 지키겠다. 귀도는 지경(地境)의 나눔이 있음을 살피고 경계 밖의 곳은 침범하기 어려움을 알아, 각각 신의를 지켜 잘못 어그러지는 데에 이르는 것을 면해야 할 것이다.

라고 하였다. 전번에 명백하게 대답한 것을 모르는 체하고 이제 배를 출범시켜 왕래하겠다고 보챔에 대한 재차 타이름이 있었던 것이다.

여하간 광해군 때에 있었던 울릉도에 관한 논쟁은 표면에서는 이 이상의 발전을 보이지 아니하였는데, 실제에 있어서는 일본의 산음도(山陰道)[2] 연안과 서남 여러 섬사람들이 몰래 쳐들어오다가 차차 계획성을 띠워 왔음은 일본의 『백기민담기(伯耆民談記)』, 『죽도기사(竹島記事)』 등 서적에 기록되었음과 같다.

여기 부기하고자 하는 것은 당시 조선의 항의하는 서신에는 우

2 일본의 쥬고쿠 지방 중 동해 바다쪽 지역의 옛 명칭이다.

리 『여지승람』을 증거로 인용하는 정도이었지마는, 만일 우리나라 사람들이 진작부터 일본 문적에 관한 지식이 있어서 저희 『본조여조(本朝麗藻)』(서명)에 신제국(新諸國) 우릉도(迂陵島; ウルマノシマ라 읽었다)라는 글이 있음을 지적하였더라면, 한마디로 저들의 입을 틀어막을 수 있었을 것이다. 언제든지 조선의 대일 교섭에는 조선인의 적에 대한 무지식이 절대의 약점임은 고금 통탄할 사실이다.

울릉도를 당시의 대마도인은 의죽도라 이르고, 산음도 방면의 어민들은 줄여서 죽도라고 일렀는데, 그 어원에 대하여는 아직 확정적인 설명이 있지 않다.

7. 안용복 등의 활약

일본인이 울릉도로 몰래 들어온 뒤에 조선인의 왕래가 없지 아니하였겠지마는, 그 수가 많지 아니한 때에는 표면에 드러날 만한 사건이 있지 아니하였다. 그러나 조선인 왕래가 잦고 또 수가 많음에 미쳐서 저절로 피차간에 충돌이 일어나게 되었다.

숙종 19년(1693) 봄에 조선 어민 40여 명이 떼를 지어 울릉도로 출어하였다가 그 중 2명이 일본인에게 붙들려 갔다가 여러 번의 어려움 끝에 본국으로 송환됨을 계기로 하여, 울릉도 소속이 국교상의 중요 문제로 거론된 일이다.

처음 우리 광해군 6년(1614)에 대마도인이 와서 의죽도 문제를 일으켜 보채고 있을 때에, 그 산음도 백기주 미자정(米子町)의 연기(年寄; 우리나라의 鄕任에 해당하는 직명) 오타니(大谷)·무라가와(村川) 양가 사람들이 죽도(곧 울릉도) 출어를 계획하여 저희 관리에게 청원해 오다가, 동 9년에 마쓰다이라 신타로(松平新太郎; 池田光政)가 인번(因幡)·백기(伯耆) 두 주를 거느리고 그 통치를 위하여 통치소를 도취성(鳥取城)에 두었다.

인번주(因幡州) 지방 관청이 오타니 등이 바라는 바를 막부에 올려 인가를 얻고, 그 다음 해(1618)에 죽도 도항이 허가되었다. 이로부터 오타니 등은 매년 죽도 곧 울릉도 근해에 출어하여 그 어획품 중의 전복은 인번주를 거쳐 막부에 진상함이 연례적인 일이었다.

안용복 동상(부산 좌수영지)
조선 후기 울릉도를 지켜낸 일등 공신이다.

이 울릉도 출어는 우리 광해군 10년부터 숙종 17년(1618~1691)에 이르는 74년간은 아무 일 없이 계속되었다. 숙종 18년에 이르러 조선인의 울릉도 방면 출어가 와짝 활발함에 미쳐 일본인이 적반하장격으로 이에 대항했었으나 우리에게 제압되어 쫓겨나고, 그 다음 해 19년에는 조선인 40여 명이 대거 출어하여 한편으로 가옥을 건설하고 영구히 작업할 기초를 닦았다. 이네들이 유명한 안용복의 일행이던 것이다.

안용복은 동래인으로서 노군에 소속하여 일본어를 잘하더니, 숙종 19년(1693) 여름에 울릉도에 들어가 고기를 잡다가 일본인 오타니 등의 고기 잡는 어부들과 맞닥뜨리게 되었다. 이번에는 오타니 등이 조선 어민의 영도자격인 안용복과 박어둔 양인을 저희 배로 유인하여 그대로 싣고 일본의 오랑도(五浪島)로 데리고 갔다. 안용복이 도주에게 말하여 가로되,

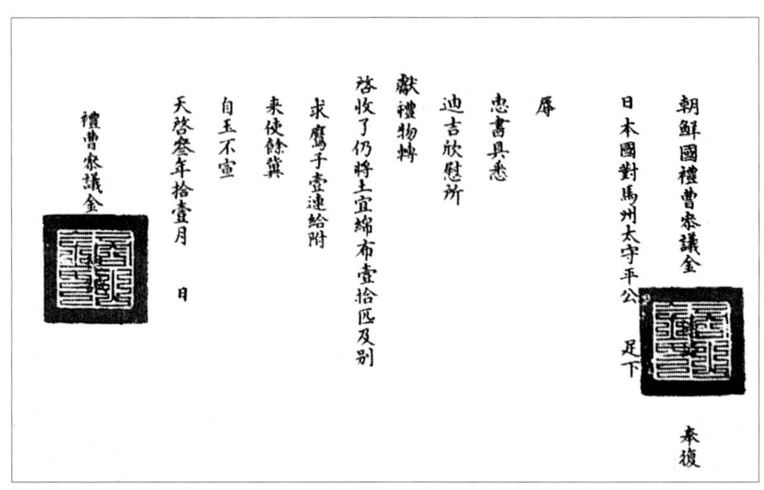
朝鮮國禮曹參議金 奉復
日本國對馬州太守平公 足下
辱
惠書具悉
迪吉欣慰所
獻禮物料
啓收了仍將土宜綿布壹拾匹及別
求鷹子壹連給附
來使餘冀
自玉不宣
天啓叄年拾壹月 日
禮曹參議金

서계
조선과 대마도 사이에 교환되었던 공문서로 인조 원년 것이다.

> 울릉도로부터 우리나라에 이르기는 1일 거리요, 일본을 가려면 5일 거리이니, 이 섬은 우리나라에 속한 것 아닌가, 조선인이 조선 땅에 스스로 왔거늘 구속함은 어쩐 일이냐?

한대, 도주가 굴복시킬 수 없음을 알고 도취성(鳥取城)으로 보냈다. 인번주의 태수가 후히 대접하고 은을 선물로 주었지만 안용복이 받지 아니하고 가로되,

> 원컨대 일본은 다시 울릉도로 침범하지 말 것이요, 은은 내가 받을 바가 아니니라.

고 하였다. 이 동안 인번주 태수가 사건의 전말을 적어 막부에 보고하자, 막부에서 울릉도가 일본계가 아니니 두 사람을 조선으로 돌려보내라는 서계를 만들어 주었다. 안용복이 나가사키에 이르니 나가사키 관리가 서계를 보자 하므로 이를 제시하였더니, 관리가 이를 빼앗고 돌려주지 아니하며 안용복을 대마도로 송치하였다.

이때 대마도는 거짓 관백(關白)의 명령임을 빙자하여 자주 울릉도 문제를 일으키되, 그 실제는 관백의 뜻이 아니요 울릉도에 고기와 대나무가 풍부하므로 대마도인들이 이 이익을 취하려는 것이었다.

또 대마도의 임시 사절이 오면 국가의 후대를 받음으로써 이를 핑계하여 공연히 왕래를 거듭함이더니, 이에 이르러 안용복이 그 간악한 죄상을 전부 발설할까봐 두려워 오래 대마도 섬에 가두어 두었다가 동래로 압송하였다. 부산에 와서도 안용복을 또다시 왜관에 가두어 두고 전후 90일 만에 겨우 풀어 주었다. 안용복이 전후 사실을 동래 부사에게 모두 아뢰었지만 부사는 이를 조정에 보고하지 아니하였다.

8. 의죽도 변정(辨正) 문제

대마도가 막부의 명을 받고 안용복을 조선으로 돌려보낼 때, 숙종 19년(1693) 9월에 정관 다다 요자에몬(多田與左衛門; 橘眞重), 도선주(都船主) 우치야마 고사에문(內山鄕左衛門), 봉진(封進) 데라자키 요우에몬(寺崎與右衛門) 등을 임시 사절로 하여 서신을 동래 부사에게 바쳤는데, 그 대략에 가로되,

> 귀역의 해변가 어민이 매년 본국의 죽도에 항해하여 몰래 고기를 잡았는데 이곳은 갈 수 없는 곳이라. 그러므로 지방관이 나라에서 금지하는 바를 자세히 설명하여 진실로 다시 되풀이하지 말 것을 일러주었다. 그래서 너희 무리들이 다 돌아갔다.
>
> 그러나 금년 봄에 나라에서 금지하는 바를 돌아보지 않고 어민 40여 명이 다시 죽도에 들어와 고기를 잡았다. 그러므로 토관(土官)이 어

민 2명을 가두어 지방관에게 인질로 데려 갔다. 이것이 확실한 증거이다. 그러므로 우리나라 인번주의 목사가 전후 사정을 자세히 적어서 막부에 보고하였다.

막부의 명령으로 저 어민들을 폐읍에 붙여 본토로 돌아가도록 하였다. 이제 이후로는 결단코 어선들이 저 섬에 가는 것을 용납치 아니할 것이므로 이 이후 금지한다. 막부의 명을 받아 이러한 사실들을 귀국에 알린다.

라고 하였다. 조정에서 비로소 이런 사실을 알고 11월에 교리 홍중하를 접위관에 임명하여 내려 보냈다. 홍중하는 임금에게 작별 인사를 드릴 때 말하기를,

왜인의 소위 죽도는 곧 우리 울릉도입니다. 이제 우리가 포기하고 관계하지 아니한다면 모르되 그렇지 않으면 이를 분명하게 밝혀야 할 것입니다. 또 저들의 백성이 울릉도에 들어와 산다면 후일에 어찌 걱정스럽지 않겠습니까?

라고 하니, 동시 배석하였던 좌의정 목래선 · 우의정 민점 등이 가로되,

왜인의 민호가 울릉도에 들어와 사는 것을 정확히 알 수 없는 일인데, 이제 3백 년 빈터로 버려두었던 땅으로 말미암아 새로이 흠집을 만들어 좋은 관계를 잃어 버리는 것은 좋은 계획이 아닙니다.

라고 건의하자 왕은 소극론에 찬성하며 예조 참판 권계의 이름으로써 아래와 같은 답장을 만들어서 홍중하에게 주어 내려 보냈다.

폐방은 해금(海禁)이 매우 엄하여 해안가의 어민들을 엄격히 단속하고 바다 멀리 나가지 못하도록 한다. 비록 폐방의 울릉도라도 역시 먼 바다이므로 마음대로 왕래하는 것을 허락하지 않는다. 하물며 그 밖에까지 나가게 하겠는가?

지금 어선들이 귀계의 죽도에 들어가 호송하는 번거로움을 들였다. 이것은 가까운 이웃끼리 우호를 나누는 진실로 감사한 바이다. 바다가 어민들은 고기잡는 것이 생리인데 혹시 폭풍우를 만나 표류하는 일이 없지 아니하다. 심지어 국경을 넘어 깊은 곳까지 들어가 고기를 잡았다니 심히 징벌을 가해야 한다. 이제 장차 범인들은 법률에 따라 처벌할 것이요, 차후에도 바다가 어민들에게 엄격하게 금지시키고 각별히 타일러 경계하도록 하겠다.

전에 대마도 서신에 울릉도란 말을 쑥 빼고 슬그머니 '본국 죽도'라고 한 것이 교활하게 기만하여 한 올가미를 씌운 것이거늘, 우리가 이에 잘도 속아 떨어져서 멀쩡한 울릉도에 '귀계의 죽도'란 말을 써서 그 술수에 떨어지고, 딴전으로 '저의 땅인 울릉도'라고 말한 구절에서 겨우 울릉도면 우리 땅이란 뜻을 들어 보였다. 대마도인의 간교한 계략도 괘씸하거니와 조선 편의 무식한 까닭으로 눈이 멀어서 모호한 태도도 과연 딱한 일이었다.

홍중하가 이 답서를 왜의 임시 사자에게 주니, 왜의 사자가

죽도 말만 할 것이지 울릉도라는 말은 왜 넣었으며, 또 울릉도가 임진란 후에 일본이 점거한 바가 되었음은 귀국의 『지봉유설』에도 기재된 것 아니냐?

하였다. 수석 통역관인 박재홍이 대답하여 가로되,

『지봉유설』 중에 그런 말이 있기는 하지마는, 임진란에 일본 군대가 우리 영토를 침범하여 서쪽으로는 평안도, 북으론 함경도까지의 대소 군읍이 다 적병들이 점거하였으되, 홀로 울릉 한 섬만은 안전하였다. 어찌 임진란 중의 사실로써 말꼬리를 잡을 수 있으며, 또 『지봉유설』은 한 선비가 자기의 주장을 편한 대로 저술한 것에 불과한 것이니, 거기 무엇이라 했더라도 인용할 거리가 되겠느냐?

하여, 그 입을 열지 못하게 하여 돌려보냈다. 그래도 대마도에서는 이 답서를 보고 과연 좋은 감을 잡았다는 듯이 서신의 내용을 왜곡하여 간사한 계획을 일보 전진하려 하고, 또 이때까지 비밀로 해오던 죽도와 울릉도가 '일도 이명(一島二名)'인 사실이 이번의 답서로 인하여 탄로되면 대마도의 막부에 대한 입장이 심히 거북해지겠음으로써, 그 다음해 4월에 다시 정관 다다 요자에몬, 도선주 번류천위문(番柳川衛門), 봉진 데라자키 요우에몬 등을 임시 사절로 보내와서,

우리 서신에서는 울릉도라는 말은 하지 않았는데 금번 회답문에서 울릉도라는 명칭이 있는데 이것은 이해하기 어려운 바입니다. 울릉도라는 명칭을 삭제하여 주시길 바라며 그렇게 되면 다행이겠습니다.

라고 말하였다. 위와 같이 서신을 바치고 궤변을 다하여 조르니, 대개 우리 회답문 중에서 울릉도라는 문구를 제거하고 저희 말에 속아서 쓴 '귀계의 죽도'란 말만 남기면 얼렁뚱땅하는 사이에 울릉도가 일본의 영토임을 조선 정부에서 공인시킨 점이 된다. 또 대마도의 막부에 대한 중간 농간이 숨겨지게 되어서 여러 겹으로 간사한 계획을 달성하려고 노린 것이었다.

조정에서도 왜인의 보챔이 심해짐을 따라서 차차 경계를 더하

고, 자연 그 간사한 계획도 알아차리기 시작하여 뿌리를 뽑는 것처럼 근본적으로 해결하려는 방책이 고개를 들었다. 갑술 4월의 대마도에서 재차 서신을 보내 온 뒤에 영중추부사 남구만 등은 울릉도에 군사적 시설을 설치하고 백성들을 튼튼히 할 필요가 있다고 역설하였다.

드디어 장한상을 삼척 첨사로 삼아 울릉도에 가서 형세를 관찰하게 하였다. 8월에 이르러 유집일을 접위관으로 내려 보냈는데, 예조 참판 이여(李畬)의 이름으로써 앞에 서신을 고쳐서 죽도가 곧 울릉도요, 울릉도는 바로 조선의 국토인 점을 명백히 하였다. 가로되,

> 폐방의 강원도 울진현 부속 섬인 울릉도는 현의 동쪽 바다 가운데 있는데, 바람과 파도가 위험하여 뱃길도 불편하다. 그래서 진작 그 거주민을 육지로 이주시키고 그 땅을 비워 두었는데 이번에 국가에서 관리를 파견하여 수색하고 검사하게 하였다. (중략)
>
> 이번에 해변에 사는 어민들이 이 섬에 가서 뜻하지 아니하게 귀국의 사람들이 국경을 넘어와 서로 공교롭게 마주치게 되었다. 그런데 오히려 우리나라 사람들을 잡아서 에도에 보내게 되었다. 다행히 귀국의 대군(大君)의 은혜를 입어 사정을 명확히 살피고 거기다가 노자까지 보태 주어 보냈으니 이것은 서로 친하게 지내려는 선린의 정을 볼 수 있으며, 아름답고 높은 뜻이 예사롭게 나왔으니 이는 감격하여 무어라 말할 수 없다.
>
> 비록 그렇지만 우리 어민들이 고기잡이 한 곳은 본래 울릉도로 그 곳에서는 대나무가 생산되므로 다른 말로는 죽도라고 칭한다. 이와 같이 한 섬에 두 가지 명칭이 있다. 한 섬에 두 가지 명칭이 있는 것은 단지 우리나라의 서적에만 기록되어 있는 것이 아니라 귀국인들도 역시 다 알고 있다.

이번 서신 중에 죽도는 귀국의 땅이니 우리나라 어선들이 다시는 그 곳에 왕래하지 못하도록 금지하려고 한다. 귀국인이 우리나라 땅을 침범한 것은 말하지 아니하고 오히려 우리나라 백성들을 잡아 갔으니 이것은 두 나라가 성심성의껏 국교를 지켜나가는 도리에 흠이 되는 일이 아니겠는가? 이와 같은 감사한 뜻을 동경의 에도 정부에 전하는 것을 간절히 바란다.

귀국의 바닷가 사람들에게 엄하게 일러서 울릉도에 왕래하지 못하도록 하라. 다시는 이러한 일이 일어나지 않고 서로 양국이 좋아하는 마음을 갖는다면 다행스러운 마음을 참을 수가 없겠다.

이라 한 것이었다. 대마도 편에서는 앞의 서신에서 무슨 문구를 빼어 달라고 왔다가, 앞의 서신의 의미에 근본적 수정을 받게 되매 크게 뜻밖으로 생각하고, 서신의 뜻을 완화시켜 주지 아니하면 서신을 받아갈 수 없다고 떼를 썼다.

접위관 유집일이 조정의 서계를 거절하고 배척함은 예법을 멸시하는 것이라 하여 이에 응치 아니하였다. 몇 번 서로 버티다가 정관 다다 요자에몬이 수행원 아비루(阿比留)를 대마도에 보내 연락을 취한 뒤에 서계를 수령하고 계속하여 문구 수정을 요구하였다. 접위관 유집일이 이를 거절하고 그만 한양으로 돌아갔다. 이 해 9월에 대마도주 소 요시쓰구(宗義倫)가 죽고, 그 다음 해 봄에 대마도로부터 정관 이하 모든 사절을 불러 가게 되었다.

정관 다다 요자에몬 등은 대마도에 돌아가면서 1695년 6월 10일에 서신을 동래 부사에 보내와서 1694년 예조 서계에 대한 사실과 틀리는 점이 4개조란 것을 비난하고 조정에 전달하기를 요구하였다. 그 첫째 가로되,

답서 중에 "때때로 관리를 보내 수색하고 검문하였다."고 하였으되,

생각해보니 인번(因幡), 백기(伯耆) 두 주의 변방 백성들이 매년 죽도(울릉도임)에 가서 고기를 잡고 매년 그 섬에 가서 전복을 잡아 동도(東都; 도쿄)에 바쳤는데, 그 섬은 바람과 파도가 위험하여 바다 날씨가 안정되고 평온한 때가 아니면 왕래를 할 수 없다.

귀국이 만일 관리를 파견한 일이 있었으면 또한 마땅히 바다 날씨가 안정되고 평온한 때이었을 것이다. 대신군(도쿠가와 막부 창업자 도쿠가와 이에야스를 이른다)으로부터 지금까지 81년에 우리나라 백성이 한 번도 귀국의 관리를 저 섬에서 서로 만났다는 말을 듣지 못하였으니, 관리를 파견하였다 함은 무슨 의미인가? 알 수 없다.

두 번째 가로되,

답서 중에 "뜻하지 아니하게 귀국인이 스스로 국경을 넘었다."고 하였고, "귀국인이 우리 영토를 침범하였다." 라고 하였다. 생각해 보니 양국이 수교를 맺은 후에 죽도에 왕래하는 어민이 귀국의 땅에 표류하였다가 예조 참의가 표류민을 돌려보냄과 함께 서신을 폐주(대마도)에 주기 총 3번이었다.

본방의 변민이 저 섬에 가서 고기를 잡는 것은 귀국이 진작부터 잘 알고 있는 사실이거늘, 지지난해에 우리 백성들이 저 섬에 가서 고기를 잡았는데 이를 국경을 침범하였다고 할 것 같으면 이전에 3번의 서신 중에는 어찌하여 "국경을 침범하였다."고 말하지 아니하였는가?

그 세 번째 가로되,

답서 중에 "한 섬에 두 가지 이름이 있다고 하였는데, 이것은 우리나라가 기록한 바가 아닌데 귀주의 사람들도 역시 다 알고 있는 사실이다." 라고 하였으되, 귀국이 일찍 "한 섬에 두 가지 이름이 있다."는 사실이 여러 서적에 기록되어 있고, 대마도 사람들도 이를 아는 줄로 생각하였으면 처음의 답서에서는 어찌하여 '귀계의 죽도'니 '폐경의 울릉도'니 하는 말을 하였는가?

만일 처음에 죽도 즉 울릉도임을 알지 못하고 "두 섬에 두 가지 명칭."이 있는 것으로 말하였는데, 이번의 답서에서는 어찌하여 "한 섬에 두 가지 이름이 있다."고 이러한 사실을 두 나라가 모두 알고 있는 사실이라고 말하는가?

그 네 번째 가로되,

생각하니 82년 전에 대마도가 서신을 동래 부사에게 보내서 '의죽도 간심의 건'을 통고하였는데, 부사의 답서에 말하기를, "본섬은 즉 우리나라의 울릉도를 말하는 것이니 이러한 사실은 우리나라의 지도에 '울릉도는 우리나라에 속한다.' 라고 기재되어 있다. 지금 비록 황폐하여졌지만 어찌 다른 나라사람들이 함부로 점령하는 것을 용납할 수 있겠는가? 시끄럽게 분란을 일으키지 말아라."고 하였다.

그 재차 답서에도 역시 그러하였는데, 78년 전에 본방의 변민이 저 섬에 가서 고기잡이하다가 귀국에 표류하였을 때에 예조 참의가 서신을 대마도에 보내기를 "왜인 마다삼이(馬多三伊) 등 7명이 변방의 관리에게 체포되었는데 관리가 그 사유를 물으니 '저들이 울릉도에 고기잡이 왔다가 폭풍을 만나 표류하게 되었다'고 하였다. 그러므로 왜선과 함께 이들을 너희 대마도에 보내노라." 하였다.

대저 82년 전에는 타국인이 함부로 점령하는 것을 용납하여 이러한 사실을 시끄럽게 보고서를 올리느냐 하고서, 78년 전에는 타국인들이 와서 고기잡이하는 것을 듣고 허락할 까닭이 없는지라, 이번의 답서 중에 '한 섬에 두 이름의 사실을 귀주인이 역시 모두 아는 사실이다.'라고 함은 82년 전에 동래부 답서에 '의죽도는 실로 아국의 울릉도'라 한 구절이 있었다 해서인가? 82년 전의 서신이 글로써 뜻이 서로 맞지 아니하니, 이제 이를 감히 묻지 아니치 못하노라.

하였다. 조정에서는 곧 답서를 작성하여 옳고 그름을 논박하고, 그 중에 타일러 말하기를,

이전에 여러 차례 귀도(貴島)에서 표류해 온 어선을 체포하여 돌려보낼 때에 범월침섭(犯越侵涉)을 나무라지 않고 그대로 순순히 돌려보낸 것은 배가 침몰하였지만 살아남은 자들이 속히 돌려 보내주기를 애걸하므로 짐을 꾸려 보내기가 바빠서 다른 것을 물을 겨를 없었던 것이다. 또 1693년에 처음 보낸 답서에 죽도와 울릉도를 상대적으로 거론한 것은 당시의 제술관이 옛날 사실에 어두웠던 까닭이다.

조정이 바야흐로 그 잘못을 벌주었거늘, 이번에 귀주가 그 서신을 내어 보내고 개정을 요구하므로 조정이 그 청에 의하여 이를 개정하고, 또 처음 서신의 잘못을 바로 잡은 것이니, 이제부터는 오직 개정하여 보낸 서신만을 믿을 것이요, 착오된 처음 서신은 말꼬리를 잡을 것이 아니니라.

고 하였다. 이 서신은 울릉도 문제 해결 과정에 있는 조선측의 주장을 종합 표시한 중요 문자이매, 여기 원문을 실기로 하겠다.

일찍이 82년 전인 1614년에 귀주의 두왜(頭倭) 1명, 격왜(格倭) 13명이 의죽도의 크기를 살펴보고 특별히 서계를 가지고 왔는데 조정에서는 함부로 국경을 침범하였다고 접대를 허락하지 않고 다만 동래 부사 박경업으로 하여금 서계에 답신을 써주도록 하였다. 그 서신의 대략은 다음과 같다.

"소위 의죽도는 실상 우리나라의 울릉도로 경상 · 강원 두 도의 바

다 사이에 있는데, 지도에도 실려 있다. 대개 신라와 고려 때부터 일찍이 방물을 거두어들이는 일이 있었는데, 본조에 이르러서는 여러 차례 도망친 백성을 쇄환한 일이 있었다. 지금은 비록 폐기하였으나 어찌 타인이 함부로 기거하는 일을 용납하겠는가.

귀도(貴島)와 우리나라 사이에 왕래 통행하는 길은 오직 한 길이 있으니, 이외에는 표선(漂船)인지 아닌지를 막론하고 모두 적선(賊船)으로 간주하여 처단할 것이다. 우리 진영(鎭營) 및 연해(沿海) 장관은 약속을 엄히 지키겠다. 귀도는 지경(地境)의 나눔이 있음을 살피고 경계 밖의 곳은 침범하기 어려움을 알아, 각각 신의를 지켜 잘못 어그러지는 데에 이르는 것을 면해야 할 것이다."

지금 이 편지의 말도 또한 보내온 편지에 실려 있으니 의문은 제4조의 자세하거나 생략된 것이 비록 차이가 있으나 크게 보면 그 뜻이 같으니 만약 이 일의 본말을 알고자 한다면 이 편지 하나로 족할 것이다.

그 후 세 번의 표왜(漂倭)가 혹은 울릉도에 가서 채벌(採伐)을 하려 한다고 칭하고 혹은 죽도(竹島)에 가서 고기를 잡고 채벌하려 한다고 칭하기도 하였는데, 이들을 모두 되돌아가는 배에 부쳐 보내고 경계를 넘은 것을 책하지 않은 것은 전후 모두 이유가 각각 있었기 때문이다.

두왜(頭倭)가 왔을 때 신의(信義)로 꾸짖은 것은 형지(形止)를 살펴본다는 것이 경계를 침범하려는 속뜻이 있었기 때문이다. 표선(漂船)이 정박했을 때 단지 순순히 돌려보내도록 한 것은 물에 빠졌다 살아난 사람들이 빨리 돌아가기를 빌었으므로 그들을 돌려보내는 것이 시급한 일이어서 다른 것은 물어볼 겨를이 없었기 때문이요, 다른 나라와의 예의에 있어서도 당연한 것이기 때문이다. 어찌 우리나라 땅을 허락하려는 것이겠는가.

지금 전후의 상황이 각각 다름을 살피지 않고 단지 회답한 말의 어긋나는 것만 지적하고 더욱이 마치 힐문하면서 거듭 구명하려는 듯한데 이것이 어찌 성실과 신의로 서로 접촉하는 의리이겠는가.

때때로 조정에서 임명한 관리를 보내어 살피고 조사한 일은 우리나라 『여지승람』에도 상세히 기록한 바로, 신라 · 고려 및 본조의 태종 · 세종 · 성종 삼조(三朝)에 걸쳐 누차 관인을 섬에 보낸 일이 기록되어 있다.

또 전일 접위관 홍중하(洪重夏)가 내려갔을 때에 귀주(貴州)의 총병위(摠兵衛)라고 칭하는 사람이 역관 박재흥(朴再興)에게 말하기를 "『여지승람』을 보건대 울릉도는 과연 귀국의 땅이다."라고 하였다. 이 책은 귀주인이 일찍이 본 바이며 예의 바르게 우리에게 말한 것이다.

근간에 공차(公差)가 항상 왕래하지 않고 고기 잡는 백성에게 멀리 들어가는 것을 금한 것은 대개 해로(海路)가 험한 곳이 많기 때문이었다. 지금 이전에 기록한 서적을 무시하면서 믿지 않고 도리어 두 나라의 백성이 섬에서 만나지 않는 것을 의심하는 것 또한 이상하지 않은가.

'한 섬에 두 이름'이라고 운운한 것은, 박경업(朴慶業)의 글 중에 이미 '의죽도는 사실 우리나라 울릉도이다.'라는 말이 있었고 또 홍중하가 정관 왜(正官倭)와 상견할 때에 정관이 우리나라의 『지봉유설』의 이야기를 말하였는데, 『지봉유설』에 이르기를 '의죽(礒竹)은 곧 울릉도'라 하였기 때문이다.

그런즉 '한 섬에 두 이름'이란 설은 비록 본래 우리나라에 실려 있지만 금번에 그 말의 실마리를 끄집어낸 것은 실로 귀주의 정관의 입에서 비롯되었다. 답서 중에 이르기를 "'한 섬에 두 이름'의 실상은 우리나라 서적에 기록된 바일 뿐만 아니라 귀주인 역시 모두 잘 아는 바"라는 것은 이것을 가리켜 말하는 것이다. 이것을 어찌 의심하며 물을 수 있겠는가.

계유년(1693, 숙종19) 처음 답서에 이른바 "당신 나라 경계는 죽도이고, 우리나라 경계는 울릉도"라고 이른 것은 그때 남궁(南宮; 예조)의 관리가 고사를 상세히 살피지 못하였기 때문이다. 그래서 조정에서는 그

때 그 실언을 꾸짖었다. 이때에 귀주에서 그 글을 내보내어 고치기를 요청한 까닭에 조정에서는 그 요청에 따라 고쳐서 처음 쓴 서신의 잘못을 바로잡았으니 지금에는 오직 이 고쳐 보낸 편지로만 살펴 믿을 뿐이다.

대저 대마도 사람은 사실의 근본점을 비켜 놓고 말단적 문사를 붙잡아서 터무니없는 비난을 되풀이하며, 조정에서는 의연히 구차하고 모호한 응수를 일삼아서 옥신각신을 거듭하는 중에, 다전 등이 대마도로 돌아갈 사정이 절박하여서 새로 한 서신을 만들어 동래 부사에게 바치고 그냥 배를 출발하여 돌아갔다. 이때 양국의 담판이 점점 험악해지는 것을 보고 인심이 자연 흉흉하여 말하되, "임진왜란이 다시 일어나지 않는가?." 하고 한참 여러 사람이 떠들다가 오랜 뒤에 비로소 가라앉았다.

9. 일본이 드디어 굴복하다

한참 이러할 즈음, 문제는 의외의 파동으로써 새로운 전개를 보였다. 저즘께 동래 노군 안용복이 대마도로부터 송환되어서 그간의 사정을 동래 부사에게 자세하게 보고하였지만 그대로 묵살되었다. 그 이듬해 대마도 사절에 대한 접위관이 서울에서 내려왔을 때에 안용복이 앞의 일을 청원하였지만 조정에서는 이를 믿지 아니하였다. 한편으로 대마도 사절이 자꾸 와서 흔단이 일어날 듯하매, 나라 사람들이 이를 우려하고 실상 대마도에 기만을 당하는 줄을 몰랐다.

안용복이 분함을 이기지 못하다가 숙종 22년(1696) 봄에 성묘차 울산에 갔다. 바닷가에서 순천 고승 뇌헌(雷憲)이 배를 띄울 준비를 하고 있음을 보고 안용복이 달래어 가로되 "울릉도에 해삼이 많으니 내가 너를 위하여 길잡이가 되리라." 한대, 중이 흔쾌히 이에 따랐다. 이에 홍해인 유일부, 영해인 유봉석, 평산포인 이인성 등 10명의 동지를 얻어서 드디어 배를 띄워 3일 낮밤만에 울릉도에 도착하여 정박하였다.

이때 왜선이 동으로부터 돛을 올리고 오거늘, 안용복이 여러 사람에게 눈짓으로 왜인들을 결박케 하였으되, 여러 사람들은 겁을 먹고 행동에 옮기지 못하는지라, 안용복이 홀로 배 앞에 나아가 꾸짖어 가로되 "무슨 이유로 우리 영토를 침범하느뇨?." 하니 왜인들이 대답하기를, "우리는 본디 송죽도(죽도 · 송도가 다 울릉도를 가리키는 이름이지만 이때에는 본도 이외의 타도를 가리킴이다)로 향하는 길이니 그리 갈 것이니라."

안용복이 송도까지 쫓아가서 꾸짖어 말하기를 "송도는 곧 우산도라, 너희가 우산도도 또한 우리의 영토임을 듣지 못하였는가?." 라고 꾸짖고 작대기를 휘둘러서 가마솥을 깨뜨리자 왜인들이 크게 놀라 도망갔다.

안용복이 이를 쫓아가서 옥기도(玉岐島; 은기도인 듯)에 이르렀다. 도주가 "무슨 연고로 여기까지 건너왔는가?." 하거늘 안용복이 책망하며 말하기를 "울릉도가 조선 국토이거늘 일본인이 함부로 침범하기로 응징을 하기 위함이니라."고 하였다. 도주가 백기주 태수에게 보고하여 처결하겠노라고 약속하였다.

그러나 안용복이 오랜 동안 기다려도 대답이 없었다. 안용복이 다시 백기주로 배를 타고 가서 스스로 '울릉 · 우산 양도 감세관'이라고 말하였다. 백기주 태수가 가마를 보내 영접하고, 바다를 건너온 이유를 물었다. 안용복이 계단을 올라가서 태수로 더불어 예로써 인사하고 큰 소리로 말하기를,

울릉도가 조선 국토임이 분명하고 일본 관백이 또한 이를 인정하거늘, 대마도주가 중간에서 이리저리 꾸며 거짓을 일삼고 신의를 유린하기로 관백에게 이 사실을 알리려고 하니 교통편을 제공해 달라.

고 요구하고, 이인성에게 글을 작성하게 하였다. 안용복이 또 가로되,

대마도는 다만 울릉도 한 가지 일뿐만이 아니라 우리나라가 보내주는 예물 비단과 물자를 일본에 전매할 때에 일을 꾸며 많은 거짓말을 한다. 쌀은 15두로 1곡(一斛)을 삼거늘 대마도는 7두로써 1곡이라 하고, 포는 30척으로 1필을 삼거늘 대마도는 20척으로써 1필이라 하고, 종이는 한 다발이 매우 길거늘 대마도는 이를 잘라서 3다발을 만들고 있다. 이러한 사실을 다 알도록 하겠다.

하였다. 이때 대마도주의 아버지가 에도(江戶)에 있다가 이 소식을 듣고 크게 놀라 태수에게 말하기를 "그 서류가 막부 조정에 아침에 전달되면 우리 아들은 저녁에 죽게 될 것이니 아들이 이를 말려 달라."고 부탁하였다고 애걸하였다.

태수가 돌아와 울릉도에 고기잡이 나간 일본 어부 15명을 처벌하는 조건으로 하여 서신을 철회하게 해달라고 안용복에게 사정하였다. 그는 안용복에게 서신을 올리지 않아도 이를 바로 잡을 것이니 속히 조선으로 돌아가 달라고 하였다. 그리고 대마도주가 혹시 국경을 가지고 다투는 일이 있거든 즉시 사람을 보내 서신을 보내 달라고 하였다.

이에 안용복이 백기주 태수로부터 식량 기타의 선물을 받고 백기주를 출발하여, 동해를 횡단하여 1696년 8월에 강원도 양양현으로 돌아왔다. 안용복이 양양에 돌아와서 경과를 관청에 보고하고

또 백기주에 있을 때 태수에게 제출한 문서를 제출하여 전에 있었던 일을 증거하였다. 같이 따라 갔던 사람들을 일일이 문초하여도 안용복의 말과 같았다. 강원도 관찰사 심평이 이 사실을 조정에 보고하였으므로 안용복 등이 한양으로 송환되어 다시 비변사의 심문을 받았다.

이때 대마도에는 지난 1694년에 도주 소 요시쓰구가 죽은 뒤에 그의 어린 동생 소 요시미치(宗義方)가 도주 자리를 계승하였으나, 나이가 어렸으므로 이미 그만두었던 그의 아버지 소 요시자네(宗義眞)가 후견인으로 있어, 울릉도 문제가 다 그의 지휘 하에 진행되고, 안용복이 백기주에 이르러서 서신을 관백에게 올리려 할 때에 대마도주의 아버지가 에도에 있었다.

1695년 10월에 죽도 곧 울릉도에 관한 교섭 시말을 전부 적어서 올려서 막부의 결정을 청하기 위하여 에도에 머물고 있었다. 도쿠가와 막부에서는 여러 신하가 협의한 후에 장군 도쿠가와 츠나요시(德川綱吉)의 결정에 의하여 1696년 정월에 아부관노(阿部關老)가 소 요시자네를 초치하여 이러한 명령을 전달하였다.

> 죽도의 땅이 인번주에 속하였다 하지마는, 아직 일본인이 입주한 일이 없다. 태덕군(台德君; 도쿠가와 막부 제2대 장군 도쿠가와 히데타다를 이름)의 때에 요나고촌(米子村) 사람이 그 섬에 가기를 청원하는 까닭에 이를 허락하였던 것이다. 이제 그 거리를 계산해 보면 인번주로부터는 160리(일본의 이수)가 넘으며, 조선까지는 40리가 넘는다. 이는 이전에 저 나라의 땅이었던 것을 의심할 수 없을 것 같다.
>
> 국가가 만일 군대의 힘을 빌리면 무엇을 구하여 얻지 못할 것이 없겠지만 다만 무용한 작은 섬 때문에 이웃 나라에 우호를 잃게 되면 무슨 계산으로 얻는 것이 있는 것이 아니다. 그렇지마는 처음에 이 섬을 저들한테 취한 것이 아닐진대, 이제 또 이 섬을 돌려준다고 말할 것 아

니요, 오직 일본인들이 가서 고기잡이 하는 것을 금할 따름이다.

이제 국가의 의논이 이전과 같지 아니하여, 서로 다투기를 그치지 아니하는 것보다 각자 무사하기만 같지 못하리니, 마땅히 이러한 뜻으로 저 나라에 알려주는 것이 좋겠다.

10. 분분한 의론 겨우 해결하다

대마도로서는 어디까지나 궤변과 강변으로 이 문제를 끌고 가면서 중간 이익을 취하고 싶었겠지마는, 일본 막부의 방침이 평화적으로 기울어지고 또 안용복이 던진 파문에도 뒷일을 염려하고 꺼리는 점이 없지 아니한 바에 한결같이 고집할 수가 없어서, 1696년 10월에 도주 장례식에 위문하러 대마도에 갔던 우리 역관 변 동지 · 송 판사에게 이 사유를 전하니, 당시 대마도측이 보내온 서신은 다음과 같다.

돌아가신 태수가 죽도 일로 귀국에 사자를 보내 두 번에 걸쳐 사신들이 오고 갔는데 불행하게도 일찍 돌아가셨다. 이로 말미암아 사신을 소환하였는데 며칠 안으로 배를 타고 와서 태수를 알현할 때에 죽도의 땅 형편과 방향 등을 물었더니 실제에 근거하여 대답하였다.

그 거리가 본방으로부터는 아주 멀지만 귀국에서 아주 가깝다. 두 나라 사람들이 서로 섞이는 것이 두렵고 반드시 몰래 사사로이 시장을 열어 상통하는 폐단이 있을 것이다. 그래서 즉시 명령을 내려 영구히 사람의 왕래와 고기잡이를 허락하지 않았다.

대체적으로 불화는 조그마한 데서 생기며 화근은 미천한 아래 것들로부터 일어나는 것이 고금의 병통이다. 안녕을 염려하면 관계하지 말아라. 이것은 백년의 수호 관계를 돈독하려는 데 치우치며 1도(島)의 조그마한 것을 비교하지 않는데 부쳐 어찌 양국의 웃음거리가 아니겠는가?

이제 예조에서 서신을 쓰는데 은근히 응해서 본주로 하여금 대신 전하게 하여 감사하다. 너희 통역사가 배가 돌아감을 기다려 어머니가 노인을 파견한 것을 입으로 말하며 임금으로 하여금 친히 부탁하여 듣는 것이 불안한 것을 두려워하여 서신을 다음과 같이 열었다.

귀국인 10명이 이번 여름에 인번주에 배를 대고 인사한다고 왔다. 양국의 교류는 단지 대마도 한 통로뿐이라는 것은 예전의 약조에 분명하다. 관계가 작지 아니하니 인번주에 명령을 내려 즉시 돌아가게 하여 서찰을 여는 것을 용납하지 않았다. 본주는 양국 간에 있어서 좋은 외교 관계를 유지하도록 애쓴 지가 오래되었다.

그런데 금번에 하루 만에 본주를 버리고 다른 길을 찾은 것은 정해진 약조를 배반하고 사사로운 계획을 행한 것이다. 그 일은 갑자기 의정부에서 나온 것으로 마땅히 왕명을 받아 사신을 파견하여 그 까닭을 물으니 의정부는 사리를 심사하고 국체를 밝혀 성실하게 신의를 계속할 생각뿐이다.

이는 예전부터 분명한 바이며 어찌 혼탁스러운 행동을 가벼이 할 수 있겠는가? 그러므로 조치를 불문에 부치며 귀국은 마땅히 옛 명령을 엄히 신측하여 사사로운 폐단을 방지하고 미리 양국의 우호 관계를 다져 억지 일이나 분쟁에 이르지 않도록 할 것이다. 이에 통역관으로 하여금 남의 마음을 미리 짐작하여 노사군에게 면전에서 다음과 같이 아뢰도록 하라.

지방어로 불통하는 것을 두려워하거나 혹시 잘못 듣는 것이 있을까 봐 이 기록으로서 통역관측에 보낸다.

여기서 안용복의 인번주 잠행을 힐난한 부분에 주의할 것이다. 이에 대하여 변 동지 · 송 판사의 연서로,

지난번 잔칫날에 귀대인이 위로하며 베푸는 중에 소위 죽도는 바다 가운데 있어 그곳에 살고 있는 백성이 없다. 그래서 인번주와 백기주의 어민들이 빈 땅이라고 생각해서 때때로 왕래하였다.

이 섬은 그 거리가 일본으로부터는 아주 멀고 조선에서는 아주 가깝다. 그러므로 이제부터는 일본인들은 절대 왕래하지 말라고 에도로부터 분부가 있었다. 이것은 양국의 신의를 더욱 돈독히 한 것이다. 왜가 본방으로 돌아가면 이러한 뜻으로 자세하게 조정에 보고할 것이다. 쓸 말은 많으나 다 쓰지 못한다.

병자 12월 일

이라고 한 것과 또한,

지난번 잔칫날에 귀대인이 조선인 11구가 인번주에 도착했는데 막부의 명에 의하여 이미 얼굴을 보았으며 여러 고관들의 말을 들었다. 이것은 일찍이 들어 본 바가 없는 사실이다. 여기에 도착하여 처음 들었는데 놀라웠다. 이로서 감사를 표한다. 돌아가는 날로 자세하게 일일이 조정에 보고하겠다. 쓸 말은 많으나 다 쓰지 못한다.

병자 12월 일

이라 한 것을 두 번을 스기무라(杉村)·히구치(樋口) 이하 대마도 두목들의 이름으로 제출하였다.

그 다음해인 1697년 정축 정월에 대마도주는 다시 아비루(阿比留) 총병위를 사신으로 하여 동래 부사 이세재에게 서신을 보냈다. 이 서신에서 대마도는 막부의 명으로 일본국인의 울릉도 왕래를 금지한 사유를 통고하는데, 짐짓 울릉도와 죽도가 동일처임과 또 그것이 조선 영토인 점에 대하여 언급하지 아니하였다.

대마도의 왜인들이 조선 조정에 사의 표시를 요구하였으되, 얼른 승인하지 아니하다가 1698년 3월에 이르러 비로소 예조 참판 이선부의 이름으로 막부의 타결에 사의를 표하고 아울러 울릉도 · 죽도의 1도(島) 2명(名)임을 재강조하여 그 정당한 인식을 재촉하였다. 1699년 정월에는 대마도주 후견으로부터,

> 일본국 대마도주 형부 대보습유(大輔拾遺) 평의진(平義眞)은 명을 받들어 다시 조선국 예조 대인 합하에게 서신을 보냅니다. 귀국의 청아하고 향기 있음에 의지하여 기쁨이 배가 됩니다.
>
> 전년도의 통역관의 서신에 대하여 상관의 명을 받들어 면전에서 죽도 2건에 대하여 말하였습니다. 이것을 이어 좌우에서 모두 양해하여 양국이 영원히 우의를 다져 통교하기를 바랐으며 더욱이 성실한 신의를 다짐하였습니다. 지극히 다행이고 다행입니다.
>
> 이러한 뜻으로 즉시 에도 정부에 알렸습니다. 그러므로 지금 이것으로서 남은 정을 대략 반포하고 통역관에게 부칩니다. 지금은 봄 날씨가 추우니 잘 돌봐 주시기를 거듭 희망합니다. 거듭 살펴주십시오. 다하지 못한 말을 줄입니다.

이러한 서신을 보내옴으로써 80년 동안 끌어 오던 울릉도 소속 논의가 깨끗이 해결되었다.

11. 안용복의 처벌론

한편으로 안용복은 울릉도의 수호신이요 그 행동이 일대의 호걸되기에 충분하지마는, 국내적으로는 국가의 금지 지역에 침입한 죄가 되고, 국외에서는 대마도가 한일 교섭상의 상례를 위반하였다는 항의를 만나기도 하여서, 그에 대한 처단이 한참 동안 조정의

문제이었다. 조정의 의논이 다 안용복의 국경을 넘어 문제를 일으킨 죄는 당연히 참수형에 해당된다고 하였다. 오직 영돈녕 윤지완이 말하기를,

안용복이 비록 죄가 있으나 대마도가 이전부터 조선을 속여 옴은 우리나라가 에도와 직접 통하지 못한 까닭입니다. 이제 따로 다른 통로가 있는 줄을 알면 반드시 두려워 겁을 먹을 것입니다. 지금 안용복을 죽이는 것은 좋은 계책이 아닙니다.

라 하고, 영중추부사 남구만은 말하기를,

대마도에서 속여 온 일은 안용복이 아니면 탄로되지 않았을 것이니, 그 죄상이 있고 없는 것은 아직 논할 것이 없고, 섬을 다투는 일에 대하여는 이 기회에 밝게 변론하고 준엄하게 물리치지 않을 수 없습니다. 그런즉 대마도에 서계를 보내어 "조정에서 장차 에도에 직접 사신을 보내어 그 허실을 탐지하겠다." 한다면 대마도에서 반드시 크게 두려워하여 복죄(服罪)할 것입니다. 그런 후에 안용복의 일은 그 경중을 서서히 논의하더라도 늦지 않을 것이니, 이것이 상책이요.

그렇지 않다면 동래부를 시켜 대마도에 서계를 보내어 먼저 안용복이 임의로 글을 올린 죄상을 말하고, 다음에 울릉도를 죽도(竹島)라고 가칭한 것과 공문을 탈취한 도주의 과실을 밝혀 그 회답을 기다릴 것이요, 안용복을 죄줄 뜻은 서계 가운데 미치지 않을 것이니, 이는 중책이요.

만약 대마도가 속여 온 죄상을 묻지도 않고 먼저 안용복을 죽여 저들의 마음을 쾌하게 해준다면 저들이 반드시 이로써 구실을 삼고 우리를 업신여기며 우리를 협박할 것이니, 장차 어떻게 감당하겠습니까? 이것이 하책이옵니다.

라고 하였다. 이에 조정에서 중책을 채용하니, 도주가 과연 자복(自服)하여 허물을 전 도주에게 돌리고 다시 울릉도에 왕래하지 않았으며, 조정에서는 안용복을 극형에서 감하여 변방으로 귀양보냈다. 성호 이익은 이를 논하여 가로되,

안용복은 곧 영웅호걸인 것이다. 미천한 일개 군졸로서 만 번 죽음을 무릅쓰고 국가를 위하여 강적과 겨루어 간사한 마음을 꺾어 버리고 여러 대를 끌어온 분쟁을 그치게 했으며, 한 고을의 토지를 회복했으니 부개자(傅介子)[3]와 진탕(陳湯)[4]에 비하여 그 일이 더욱 어려운 것이니 영특한 자가 아니면 할 수 없는 일이다. 그런데 조정에서는 상을 주지 않을 뿐만 아니라, 전에는 형벌을 내리고 뒤에는 귀양을 보내어 꺾어 버리기에 주저하지 않았으니, 참으로 애통한 일이다.

울릉도가 비록 척박하다고 하나, 대마도도 또한 한 조각의 농토가 없는 곳으로서 왜인의 소굴이 되어 역대로 내려오면서 우환거리가 되고 있는데, 울릉도를 한 번 빼앗긴다면 이는 또 하나의 대마도가 불어나게 되는 것이니 앞으로 오는 앙화를 어찌 이루 말하겠는가?

이로써 논하건대, 안용복은 한 세대의 공적을 세운 것뿐이 아니었다. 고금에 장순왕(張循王)의 화원 노졸(花園老卒)을 호걸이라고 칭송하나, 그가 이룩한 일은 대상 거부(大商巨富)에 지나지 않았으며, 국가의 큰 계책에는 도움이 없었던 것이다. 안용복과 같은 자는 국가의 위급한 때를 당하여 군대에서 발탁하여 장수급으로 등용하고 그 뜻을 행하게 했

3 한나라 소제(昭帝) 때 무신이다. 대완국(大宛國)에 사신 가서 조령(詔令)으로써 누란국(樓蘭國)과 귀자국(龜慈國)을 책하니, 모두 복종하였다. 후에 누란과 귀자가 배반하자 누란에 이르러 왕의 목을 베어 가지고 돌아오자, 의양후(義陽侯)에 봉해졌다.

4 한나라 원제(元帝) 때 무신이다. 서역 부교위로서 외국에 사신을 가서 조칙을 가칭하고 군사를 동원하여 질지선우(郅支單于)의 목을 베자, 공적을 높이 사 관내후(關內侯)를 봉하였다.

다면, 그 이룩한 바가 어찌 이에 그쳤겠는가?

라고 하였다.[5]

12. 일본인의 죽도 문제

위에 적은 것은 우리나라와 일본 양국의 문적을 참조하여 정확하고 실제의 경과를 기록한 것이다. 그러나 일본측에서는 이 사실을 어떻게 인식 또 기록하여 전해지고 있는지를 살펴봄도 일종의 흥미 있는 일일 것이다.

일본에는 울릉도 문제의 교섭 경과를 기록한 문헌으로서 『죽도기사(竹島記事)』란 것이 있어 오는데, 이케다 코엔(池田晃淵)의 『도쿠가와시대사(德川時代史)』(와세다 대학 발행 『정정증보대일본시대사』의 1책)에 그것을 요약하여 소개하고 논평을 더하여 가로되,

> 조선국의 울릉도는 도요토미 히데요시 정한(征韓)의 초기인 분로쿠(文祿) 연간에 제일로 이를 점령하였다. 도중에 대나무가 울창하여 이를 죽도라고 명명하고, 그 이후로 백여 년간 우리 국민이 이 섬에 이주하여서 장히 어업을 경영하고 있더니, 겐로쿠(元祿) 7년(1694)에 조선국의 어민 등이 가끔 와서 우리 어업을 침해함으로 하여 드디어 분쟁이 되어 소 요시쓰구(宗義倫)가 파견해 둔 부산포의 왜관에 제소하였다.
>
> 그러므로 대마도 소 가(宗家)의 관리로부터 부산의 조선 관리에게 우리 죽도에 귀국의 어민 등이 와서 어업을 경영함은 곧 우리 국가 이익을 침해하는 것인즉, 이제로부터 엄금하라고 조른대, 저들이 대답하기

5 『성호사설』 제3권 「천지문」 '울릉도', 제21권 「경사문」 '화원노졸'.

를 "귀국의 죽도란 것은 아국이 알지 못하며 다만 해중에 울릉도라는 섬이 있어 이것은 우리 판도이니, 예전에 임진의 난에 귀국 군대가 여기 점거한 일이 있었지마는, 당시에 우리가 이를 격퇴할 겨를이 없었으며, 그 이래로 귀국 인민이 여기 거주하는 자 있음을 알기는 하였지마는, 나쁜 해를 끼치지 아니함으로써 우리가 양국의 화평을 소중히 여겨 이를 관용해 두었을 뿐이다. 그런즉, 우리 인민이 이 섬에 배를 타고 감은 진실로 당연한 일이매 결코 금제할 수 없노라."고 하였다.

우리가 회답하기를 "귀국의 울릉도라 함은 곧 우리 죽도니, 우리 인민이 이 섬에 살면서 어업에 종사한지 이미 백여 년이거늘, 그동안 귀국이 이를 묻지 아니하고 귀국의 인민이 또한 여기 거주하거나 왕래하지 않는 것은 분명히 우리 판도이기 때문일 것이다. 그런데 이제 귀국이 맘대로 울릉도라고 이름 지은 것을 구실로 하여 우리 청구를 거부함은 양해할 수 없노라."고 하였다.

조선국에서는 저 울릉도가 옛날부터 우리 판도임은 명백한 사실로서, 중국이 정권이 바뀔 때마다 도적(圖籍)을 보내 그 인식을 얻었거늘, 이제 귀국이 이를 다투고자 함은 필시 중국의 인식을 받은 도적이 있는 것이니, 그러면 그것을 제시하라고 반박하는 까닭에, 대마도 소 가만으로 처리하기 어려운 사태가 되어서 막부에 전부 보고하여 조처를 청한대, 막부에서 종래의 응접에 담당해 온 대마도 소 가의 하급 관리를 불러서 사정을 심문한 뒤에, 아무쪼록 사리에 맞고 온당하게 처리함이 옳으리라는 의미로 지휘하였다.

소 가에서는 줄곧 앞에 말을 주장하고, 또 우리나라는 예전부터 도적(圖籍)을 타국에 제시하여 그 인식을 받은 예가 없은즉, 이제 그 도적을 제시할 필요가 없으며 귀국이야말로 우리 판도로써 그 도적에 넣은 것이니, 그것을 삭제함이 옳을 것이라고 한대, 저희가 크게 놀라고 화가 나서 여러 가지의 말다툼을 일으키는 실마리를 만들어서 이에 대한 대답을 보내지 않고, 그 다음해인 1694년 지나되 아무 결정된 바가 없음으로써 대마도 소 가에서 여러 번 그 회답을 재촉하였다.

겐로쿠 9년에 이르러 조선으로부터 대마도 소 가로 회답하기를 "울릉도를 우리 도적(圖籍)으로부터 삭제할 수는 없지마는, 귀국이 이것을 죽도라고 칭함은 귀국의 편한 대로 할 일이매 우리가 이것을 비난하지 아니하리라."하고, "만일 억지로 기어이 도적에서 삭제를 요구할 것 같으면 앞으로 수호를 끊으리라."하는 태도이었으므로 소 가로부터 막부로 시말을 자세히 보고하니, 막부에서 이르기를 "불과 작은 한 섬으로 말미암아 오래 계속된 선린 외교를 단절함이 불가하며, 더욱 지금은 어찌 갔든지 지난 날에는 분명히 저들의 판도니 겸하여 속히 이를 조선으로 돌려보내 영원히 저들에게 우리 은덕을 알게 할지니라."고 결정되어서, 이것을 할 수 없이 조선으로 돌려 보내고 그전 이주했던 우리 어민들을 말끔히 그 고향으로 물러가게 시켰다.

이때 "우리 은덕을 저들에게 알게 할지니라." 함은 겉으로 내세운 구실이요, 오직 저들의 환심을 잃을까 두려워한 것이며, 대략 말하면 저들이 영원히 수교를 끊으리라고 하는 바에는 고대 우리나라로 침입할는지도 알 수 없으리라는 공포심에서 나온 것이 분명하다.

고 하여 도쿠가와 막부의 약한 태도를 비난하였다.

13. 숙종조 이후의 울릉도

숙종 22년(1696)에 여러 해 동안 걸려 있던 문제가 일본의 굴복으로써 타결을 본 뒤에, 조정에서는 울릉도에 주민이 들어가 사는 것을 허락하면 무뢰민이 몰려가서 사는 것이 염려가 되었고, 그렇다고 공도(空島)로 두자니 다시 왜인들이 몰래 점거하는 일이 다시 초래될지 알 수 없는 일이라서 다만 폐치(廢置)하지 아니한다는 표적으로 강원도의 삼척 영장과 월송 만호로 하여금 3년마다 교대로 울릉도에 들어가서 수토(搜討)를 행하게 하여 훗날의 정해진 제도가 되었다.

수토로 들어갈 때에는 도끼 15자루를 국가에서 지급하여 울릉도의 대나무 혹은 나무를 벌채하고, 또 토산물 약간을 가져다가 조정에 상납하여 다녀온 물표로 삼았었다. 『국조보감』 숙종 28년 임오조에,

> 여름 5월에 삼척 영장 이준명(李浚明)이 일본어 통역관인 최재홍(崔再弘)과 함께 울릉도에서 돌아왔다. 그리고 울릉도 도형과 자단향(紫檀香)·청죽(靑竹)·석간주(石間朱)·어피(魚皮) 등 토산물을 바쳤다. 울릉도는 3년마다 지방 변장으로 하여금 돌아가면서 수토(搜討)하도록 하는 것이 이미 정해진 제도이었다. 금년은 삼척 차례이었으므로 이준명이 울진의 죽변진에서 배를 타고 2주야(晝夜) 만에 돌아왔다.

한 것이 그 한 예이다.

14. 고종 초의 일본인 야심

그러나 수년 만큼씩 한때의 수토(搜討)만으로 이권이 있는 곳을 봉쇄하는 절대적인 보장이 될 수는 없었다. 조선 및 일본 양국인들의 몰래 입도하는 일은 가끔 가끔 틈을 타서 살그머니 계속 행해졌다. 특히 일본인의 계획적 이익 추구 활동은 세월과 함께 성대하여졌다.

우리 고종 황제의 즉위 전후로 곧 일본의 도쿠가와 막부 말기에 이르러는, 일본해 연안, 산음도 방면의 각 지역에서 다 울릉도에

와서 몰래 고기를 잡아가거나 밀무역을 공공연히 행하고, 장문번(長門藩; 후의 야마구치 현 지방)의 명사 요시다 도라지로(吉田寅次郎; 松陰)·가쓰라 고고로(桂小五郎; 木戶孝允)·무라도 조로쿠(村田六藏; 大村益次郎) 등이 저희 소위 죽도 개척의 실행을 위하여 분주히 운동한 시기가 있었는데, 원체 외국의 영토요, 채산상의 확신이 없음으로써 실현되기에 이르지 못하고 말았다.

그 메이지 초년에 내려와서는 나가사키·블라디보스토크의 항로에 해당하는 울릉도가 항해 무역에 종사하는 사람들의 주의를 새로 끌어서, 송도 또 죽도 척식론이 다시 유행하고, 메이지 6~7년(1873~1874)에 아오모리 현의 육오국인(陸奧國人) 다케후지 헤이가쿠(武藤平學)란 사람이 몇 번 나가사키·블라디보스토크에 항해하는 중에 송도(또한 울릉도)라는 곳의 특산품이 풍부함을 들어 알고, 동 9년(1876) 7월에 송도 개척을 블라디보스토크 주재 무역 사무관 세와키 히사토(瀨脇壽人)에게 청원한 일이 있으며, 동년 12월에 지바 현 하총국인(下總國人) 사이토 시치로(齋藤七郎) 병위(兵衛)란 사람이 또한 블라디보스토크 체류 중에 송도 개척을 세와키에게 출원한 일도 있다.

동 10년에 시마네 현의 도다 다카요시(戶田敬義)란 사람이 죽도 개척을 시마네 현의 수령인 사토 노부히로(佐藤信寬)에게 출원하였지마는 도쿠가와 이래의 관계를 잘 알고 있는 현청(縣廳)에서는 즉시 이 청원을 물리쳤다고 한다.

일본의 블라디보스토크 주재 무역 사무관 세와키 히사토는 송도(또 죽도) 개척론의 급선봉으로서 전기한 다케후지·사이토 등의 계획이 필시 그의 종용에서 나온 것으로 추측되는 터인데, 청원 서류를 저희 정부에 상신하여 허가를 얻어 주려고 노력하였으되, 외무성에는 송도가 즉 울릉도요, 울릉도는 외국 영토인 바에 조급하게 착수할 수 없는 일이라 하여 대체로 의심하고 꺼리는 일에 기울어지고 있었다.

그러다가 메이지 9년(1876) 2월에 조일 수호 조규가 성립하고 그 제7조에 조선 정부가 일본국 항해자의 조선 연안 측량을 용인하기로 되었음에 의하여 외무경 데라시마 무네노리(寺島宗則)가 해군성에 교섭하여 송도 조사를 위하여 군함을 파견되기로 결정되었다.

동 13년에 이르러 일본 군함 아마기 호(天城號)가 송도를 탐검한 결과로 문제된 송도가 분명히 조선국 영토인 울릉도임이 판명되고, 별도로 울릉도의 동남방에 '리앙쿠르'라는 큰 바위섬이 있어서 '리앙쿠르'는 옛날부터 이른바 죽도에 속할 것임을 복명하였다. 이에 송도 개척 운동은 저절로 없어질 수밖에 없었다.

여기 부기할 것은 울릉도의 명칭에 대하여 일본은 이조 초로부터 의죽도, 그 약형인 듯한 죽도란 말을 쓰고, 철종 · 고종의 시기에는 또 송도라는 말을 만들어 썼는데, 이 세 가지가 혼착하여 구별이 분명치 아니하며, 다시 일본 군함 아마기 호가 실지를 탐사한 후에는 죽도를 '리앙쿠르', 곧 지금 우리 속칭 '독섬'의 이름으로 모방하여 쓰게 되어서, 지난날의 문적과 대비하는 경우에는 또 하나의 혼란이 있게 되었다.

15. 근세 해도상의 울릉도

울릉도가 조선에서는 삼국 시대로부터 역사상에 저명하였지마는, 그것이 실측에 의하여 세계의 해도상에 등록된 것은 18세기의 말경이었다. 1785년(정조 9) 이래로 프랑스 왕 루이 16세의 명에 의하여 태평양 탐험에 종사하는 해군 대령 라페루즈(Jeanfraucais Galaupde la Perouse)가 부쏠(Boussole=羅針儀), 아스트롤라베(Astrolabe=천측기)의 두 프리깃[6] 배를 거느리고 1787년 4월 9일에 마닐라를 출발하여 5월 21일에 제주도 서해를 말미암아 반도 서남의 다도해를 지나면서 이 방면의 측량을 마치고, 25일에 조선 해협을 지나 반도 동해로 나서서 27일에 일본 본도의 노토 갑각(能登岬角)으로 향하다가 부쏠 호에 탑승한 다즐레 대령이 본선의 북북동에 한 작은 섬을 발견하였다.

이 섬은 조선 본토에서 약 80*km*에 해당하고 해도에 기재되지 아니한 것임이 판명되었다. 라페루즈가 그 섬에 접근을 명하였으되, 마침 역풍이므로 여의치 못하고, 풍향이 변한 그 다음 28일에야 섬 해안에 근접하여 최초의 발견자 '다즐레'의 이름을 따서 섬 명을 다즐레 섬(Liledagelet)라고 명명하였다.

라페루즈의 보고서에 의하면, 이 섬은 암벽이 험준하지마는 산꼭대기로부터 해변에 이르는 동안에 아름다운 나무들로 덮여 있으며 7개의 작은 만입(灣入)이 있고, 그 어느 것에는 조선인의 조선소가 있으며, 해안에는 약간의 초막이 있을 뿐이요, 촌락과 경작지의 흔적은 보이지 않더라고 하였다.

조선 반도 동해 방면의 지리가 명백해지기는 19세기 말 러시아의 연해주 경영에 말미암은 것이니, 1853년 이래로 그 동 시베리아 총독 무라비요프의 명에 의하여 해군 중장 푸티아틴(EuFemi Vasilievietch Putiatin) 휘하의 프리깃 배, 팔라다(Pallada) 함장, 해군 대령 운코프스키(Unkovski), 기주함(汽走艦) 보스톡(Vostok) 함장 코르사코프(Rimski Korsakov)는 마미야 해협으로부터 대마도 해협에 이르는 연안을 정밀하게 측량 제도하여 이 방면의 항해가 비로소 안전함을 얻었다.

조선 동안(東岸)에 송전만(松田灣)을 라사료프 항, 영일만을 운코프스키 만이라고 이르는 등 러시아 명칭이 많음은 이때의 명명 때

6 Frigate함은 전함의 일종으로 한국에서는 호위함으로 불린다.

문이다. 울릉도와 그 부속 섬은 1854년에 팔라다가 재발견하여서 라페루즈의 실측 결과를 수정하였다.

16. 동남 제도 개척사 전후

울릉도 수토는 국가에 큰 일이 있지 않으면 꽤 성실히 계속되어 오더니, 고종 황제 이후의 수토행에서 일본인의 잠입 밀탐한 행적이 연속 발견되다가, 고종 18년(1881)에는 다수의 일본인이 대나무와 목재 벌채에 종사하는 것이 탄로났다.

이에 정부의 신설 외무 기관인 통리기무아문으로부터 엄중히 금지해 달라는 뜻으로써 서계를 만들어 일본 외무성에 송치하는 동시에, 이 섬을 빈 채로 둠이 국방상 염려할 바가 있을 것을 감안하여, 우선 5월에 부호군 이규원을 울릉도 검찰사로 임명하여 빨리 다녀와서 그쪽 사정을 살펴 경영 방침을 알아오게 하였다.

이즈음은 병자 수호 조규 이래로 일본인의 국내 잠행이 점차 많아져서 그네들에 대한 경계가 한참 긴박해지는 참이었다. 이규원이 울릉도에 이르러 잠입한 일본인을 내쫓고, 그 다음해 6월에 돌아와서 일본인이 임시 집을 짓고 나무를 벌채하는 폐단이 조금도 달라지지 아니함을 보고하거늘, 정부에서 다시 엄중한 항의를 일본에 제출하였었다.

또 1882년 8월에 울릉도에 도장(島長)을 두어서 언제든지 규찰을 담당하게 하고, 또 그 다음해인 1883년 3월에는 참의 교섭 통상사 김옥균을 동남 제도 개척사 겸 관포경사로 하고, 백춘배를 종사로 하고, 또 울릉도의 관리를 첨사(僉使)로 하여 여러 각도로 울릉도 경영을 적극화하려 하였다.

김옥균의 개척 사업은 미처 일이 잘 되어 가기 전에 갑신정변으로 말미암아 좌절해 버리고, 이 북새통에 일본인의 울릉도 침략이 점점 공공연해 갔다. 1885년에 일본 범선 반리마루(萬里丸)가 울릉도로부터 다량의 목재를 반출하다가 발각되어서, 서리독판 교섭통상사무 서상우가 일본국 임시 대리공사 곤도 모토스케(近藤眞鋤)에게 문책을 하였고, 실어 갔던 목재를 고베 항에 압류하게 하였더니, 이 사건으로 말미암아 서상우가 전권대신이 되고 고용한 독일인 묄렌도르프(PG von M llendorf)가 부대신으로 일본에 파견되어 가매, 그 외무성과 담판하여 벌금과 벌주는 일을 의논하여 정하고, 향후의 폐단을 보장케 하고 돌아왔었다.

이러한 일본인 침략의 세력이 도도하여 막을 수가 없으며, 한편으로 울릉도의 관리 혹은 백성과 결탁하여 목재를 실은 배 한 척당 돈 백 량을 받고 수출을 묵인해주거나, 일본 물화를 가져다 매각할 때에 구전(口錢) 100의 2를 받아서 밀무역이 공공연히 행하기에 이르렀다.

1890년 윤2월에 이원일(李源逸)이 강원 감사로 부임하려 하매, 왕이 특별히 하교하기를,

> 영동(嶺東)은 거리가 매우 먼데, 울릉도로 말하면 더욱 멀고 궁벽한 곳이어서 외국 사람들이 서로 몰래 들어와서 나무를 베고 있다. 이것도 판도(版圖)에 실려 있는 땅인데 어찌 이럴 수 있단 말인가? 일찍이 월송 만호(越松萬戶)에게 도장(島長)을 겸차하여 단속하게 했는데, 이렇게만 할 것이 아니라 또한 별도의 검찰하는 조치가 있어야 할 것이다. 내려가거든 검찰하고 신칙하여 종전과 같은 폐단이 없도록 하라.

해서 보낸 일도 있었다. 이규원이 검찰사로 다녀 온 후에는 일본인의 잠입이 전과 같지 못해진 대신, 강원도인이 앞을 서고 경상도인이 뒤를 이어 들어가서 차차 집도 짓고 화전도 붙이기 시작하여 얼

마 아니하여 여기 저기 촌락을 형성하였다.

다만 당초에는 쥐의 피해가 매우 심하여 곡식을 남겨 두지 아니하므로 도민의 식량이 항상 부족한 것을 걱정하더니, 도장(島長) 서경수의 보고에 의하여 영의정 심순택의 임금께 올린 상소로 인하여 삼척 · 울진 · 평해 3군의 환곡 중의 300석을 나누어 주어 도민을 진휼한 후로 사정이 완화되고 울릉도의 백성들이 이로부터 번식하였다. 심순택은 갑신 이후로 갑오년까지 영의정의 지위에 있었으며, 이 동안의 일이지마는 어느 해의 일인지 분명치 아니하다.

17. 구한말의 울릉도

광무 초년에 일본인의 함부로 벌목함이 점점 심하고 주민과의 사이에 금전 관계로 말미암아 분쟁이 쉬지 아니함으로써, 광무 3년 9월에 내부로부터 우용정을 시찰 및 조사 위원으로 파견하여 일본 공사와의 예비 회담을 마치고, 그 다음해인 4년 5월에 부산에서 해관 세무사 독일인 라포르테와 일본 부영사 아카츠카 마사스케(赤塚正輔) 등을 회동하여 울릉도에 배로 도착하여 6월 1일로부터 울릉도의 모습과 형편을 시찰과 함께 한일간의 교섭 사항을 조사하여 밝히고 5일 만에 돌아온 일이 있는데, 당시의 복명서에 의거하건대,

임오 · 계미년 개척 이래로 지금까지 주민이 400여 가구이고 남녀 인구수는 1700여 명이 된다. 이 땅은 비옥하여 파종하는 곡식의 열매를 풍부히 거둘 수 있다. 심는 곡식은 보리와 밀, 콩, 고구마 등인데 집집마다 식량하기에 풍족하다. 물이 풍부하면 콩이 제일이며 심지어 목화, 삼베, 종이류까지 외부에서 가져오지 않아도 자급자족할 수 있다.

혹 흉년이 들면 다행히 명이초와 닭이 있어 기근은 겨우 면할 수 있다. (중략) 수목이 하늘을 가릴 정도인데 규목, 자향단, 박달나무, 감탕나무 등이 빽빽하여 진기한 그릇을 제공한다.

라고 하고, 또한

일본인들이 여러 곳에 흩어져 사는 자가 합해서 57가구이며 남녀 합쳐서 144명이다. 머물고 있는 일본 배는 11척이며 왕래하는 상선들은 그 수를 헤아릴 수 없다. 모두 바닷가에 규목으로 널빤지를 만들어 지붕을 덮고 벽을 둘러싸서 이미 불법으로 벌목한 것을 이루 말할 수 없다. 작년 이래로 몰래 벌목한 것이 71주보다 많으며 그 외에 잡목을 베어 그릇을 만든 것은 역시 일일이 들어 말할 수 없다. 일 년 이내에 감탕목의 껍질을 벗겨서 생즙을 운반한 것이 수천 통이 넘는다. 만약 몇 년 만 더 살게 하면 산에 가득한 수목이 반드시 다하게 될 것이다.

매일 분란을 일으켜 소란스럽지 않은 날이 없으니 반드시 규목으로 몽둥이를 만들기 위하여 나무를 몇 그루 베도록 하면, 그러면 조금은 완화되는데 이렇게 저들이 몰래 벤 나무가 모두 이런 구실을 들이냈다. 심지어 힘을 합쳐 고래를 잡고 그 고기와 기름을 구분하지 않는다. 혹은 남의 안채까지 들어와 부녀자를 희롱하기도 하고, 우리 백성들을 능멸하고 학대하며 거칠 것이 없는 데도 도감은 혼자 맨손이므로 비록 이러한 만행을 금지시키고자 하나 어떻게 할 수가 없다.

라고 하였다. 도감(島監)이란 것은 기미년 이래에 내부로부터 배치하여 울릉도의 민정 처리에 담당하게 한 것이로되 따르는 부하와 시설이 없어서 권위를 말할 것이 없더니, 금번 시찰의 결과로 말미암아 겨우 체면을 유지할 정도의 기구를 만들고, 또 주민의 힘을 보태어 본토 통항선 설비와 향약에 의한 자치제 실시 등이 강구 실시되었다. 그리고 이 회보에 의하여 이 해 10월에 칙령으로써 울릉도를 울도군으로서 개칭하고 도감을 군수로 개정하여, 울릉도가 처음으로 지방 행정의 분명한 한 단위를 이루었다.

18. 러시아 세력의 진출

이런 과정에서 일본인의 몰래 벌채하거나 밀무역에 일대 타격이 다닥뜨려 왔다. 그것은 고종이 갑오경장의 반동으로써 기미년 겨울로부터 러시아 공사관에 파천해서 약 1년 체재하는 동안에 서양인의 이권 갈취가 성행하였는데, 그 중의 러시아인 관계는 건양 원년(1896) 4월에 함경북도 경원 · 종성의 광산 채굴권이 니스첸스키에게, 동 9월에 무산 · 압록강 유역 및 울릉도 벌목권이 브르너에게로 돌아갔다.

여기 기인하여 광무 3년(1899)에 러시아 공사 마튜닌(N. Matiunin)이 우리 정부에 조회하여 일본인 벌채자의 강제 퇴거를 청구해 오

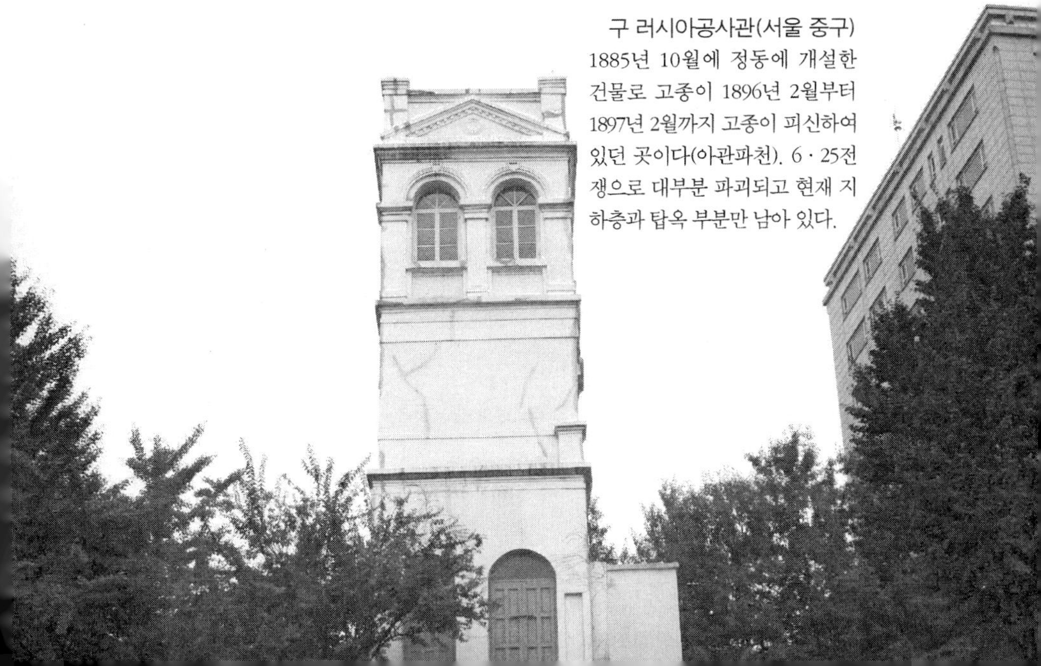

구 러시아공사관(서울 중구)
1885년 10월에 정동에 개설한 건물로 고종이 1896년 2월부터 1897년 2월까지 고종이 피신하여 있던 곳이다(아관파천). 6 · 25전쟁으로 대부분 파괴되고 현재 지하층과 탑옥 부분만 남아 있다.

니, 광무 3~4년의 울릉도 실정 조사는 실로 이러한 충동에서 유도된 일로도 볼 수 있다.

동해의 외로운 섬이 이제 러일 세력의 각축장으로 변하매, 다년에 걸쳐 오는 일본인의 횡포도 국제적 압력에는 어찌하는 수 없어서, 광무 4년 이래로 주민과 시설이 차례차례로 쫓겨나고 말았다. 그와 동시에 러시아는 기사 · 병사 등을 파견하여서 점령에 유사한 행위를 취하고, 울릉도의 남서에 해당하는 남양동을 출포구로 하여 벌채한 목재를 블라디보스토크 방면으로 수출하였다.

광무 3년에는 또 러시아인 헨리 케레링이 경상도 울산포 · 강원도 장진포 · 함경북도 진포도를 포경(捕鯨) 근거지로 하는 권리를 얻어 가서 '브르너'의 벌목 사업과 함께 한참 동안 우리 동해상에서 러시아인의 활약이 대단하고, 이 세력이 여러 해 계속해 나갔다.

광무 8년(1904) 2월에 러일 전쟁이 발발하여 일본 세력이 한반도를 휩쓰는 가운데, 5월 18일에는 드디어 한국 정부로 하여금 한 · 러 관계의 단절을 선언케 하니, 곧

칙선서(勅宣書)

一, 이전에 한국과 러시아 양국 간에 체결한 조약과 협정은 일체 파기하고 전혀 시행하지 말 것.

一, 러시아 국민이나 회사에 인준한 특허는 아직도 유효하며 그 기한 내에서는 이 이후로 대한제국 정부가 무방하다고 하면 여전히 그 인준을 계속 향유하게 하나, 지금부터 압록강과 두만강 그리고 울릉도에 벌채 특허는 본래 한 개인에게 허락한 것인데 실제로는 러시아 정부가 직접 경영할 뿐만이 아니라 그 외에도 해당 특허 규정을 준행하지 아니하고 멋대로 침략적 행위를 하였으니 해당 특허는 폐지하고 전혀 시행하지 말 것.

이라 하는 것으로서 러시아의 세력이 다른 데서와 함께 울릉도에서도 일소되고, 이번에는 일본 세력이 팽배히 침입하여서 다시 뒷일을 염려하고 꺼리게 되었음은 말할 것도 없다.

광무 9년 5월의 이른바 일본해 해전 때에 러시아 군함 드미트리 돈스코이가 울릉도의 바깥 바다인 4해리의 지점에서 불타 침몰된 것은 곧 울릉도의 새 운명을 세상에 외치는 신호로도 볼 것으로서 이 이후의 일은 너절하게 쓸데없이 긴 말이 필요치 아니할 것이다.

다만 울릉군이 본디 강원도의 소속이다가 교통상 관계로부터 융희 원년(1907)에 경상도로 편입되고, 왜정 시대인 1914년에 다시 경상북도로 편입된 것을 여기 부기해 두겠다.

19. 독도=독섬의 개관

울릉도의 주변에 대소 10여 개의 부속 섬이 있으니, 북의 공암, 동북의 관음도(엽정도), 동의 죽서도(일본인의 죽도란 것은 아니다)는 가깝게 있는 주요한 섬이요, 동남으로 훨씬 떨어진 해상에 두 개의 섬과 여러 작은 섬들이 바닥에 깔려 있는 것이 있으니, 이것은 우리 고대에 가지도(可支島)라 하고 근세 부근 거주민의 사이에서 섬 모양이 독[甕]과 같다 하여 보통 '독섬'이라고 부르는 것이다(울릉 본도의 아주 측근에도 또 별개의 독섬이 있다).

근래 '독도'라는 것은 독의 취음일 뿐이요, 독(獨)의 글자 뜻에는 아무 관계가 없는 것이다. 일본인은 특히 그 메이지 연간으로부터 우리 '독섬'에 대하여 문자상에는 죽도(다케시마)라는 말을 쓰되, 일본 어민의 사이에는 리양코 섬이라는 이름으로 알려져 있다.

대저 일본인은 처음 울릉 본도에 대하여 혹 송도 혹 죽도라는 이름을 섞어 쓰다가, 울릉도를 원명대로 부르게 된 뒤에는 죽도라는

독도
울릉도의 부속 섬으로 동도와 서도의 두 개의 조그마한 바위섬으로 이루어져 있다. 우리나라 가장 동쪽에 위치하고 있다. 섬 모양이 독 같다 하여 '독섬'이라고 불리웠다.

이름은 옮겨서 지금 우리 '독섬'으로 가져갔다. 울릉도를 일본인이 죽도(竹島)라 칭한 이유에 대하여는 대나무가 울릉도의 특산품이기 때문이라 하기도 하고, 또 어떤 이는 무릉(武陵)의 무(武)자를 일본 훈(訓)으로 읽은 것이라 하는 이도 있거니와(坪井九馬三 씨) 다 자세치 아니하며, 더욱 지금 독섬을 죽도(다케시마)라고 부르는 이유는 울릉 본도처럼 산물 관계로 볼 수 없는 만큼 더욱 해석을 붙이기 어렵다.

대저 죽도란 이름이 울릉도 부근에만 여러 군데요, 일본측의 오키 열도 중의 치부리 섬(知夫里島) 동북에 있는 한 작은 섬에도 죽도라는 이름이 있는 터인즉, 섬을 죽(竹)으로써 부르는 것은 이 근해의 한 가지 통례에 속하는 듯하며, 울릉도를 죽도라 칭한 이유와는 별개로 지금 독섬을 죽도라고 이름한 출처가 있지 아니할까 하고, 내켜서 우리는 일본인의 '다케'란 것이 조선 명칭인 '독'과 음이 비슷한 데서 나온 것 아닌가를 생각하고 싶다.

여하간 울릉도와 그 부속 도서는 오래 공광 정책을 썼던 관계로부터 기억의 역사적 실제와 비교해 보면 차이가 있다. 혹 명칭은 같으나 실제는 다르거나, 실제는 같은데 명칭은 다른 경우가 종종 있어 서로 뒤섞이고 혼란스러움이 있음은 울릉도 관계 사실을 역사적으로 증명하는 데에 커다란 어려움이 있음을 주의해야 하는 것이다.

독도가 세계 해도상에 처음으로 기록된 이름은 리앙쿠르(Liancourt)니, 리앙쿠르는 1849년에 비로소 이 독도를 발견한 프랑스 포경선(捕鯨船)의 명칭이라 한다. 일본 산음 지방 어민 사이에서 사용하는 리양코는 곧 이 리앙쿠르의 약칭이다.

1854년 팔라다의 재발견시에는 리앙쿠르를 '메나라이'와 '올리브차' 열도라고 명명하고, 그 다음해인 1855년에 영국의 중국 함대 소속 기주함(汽走艦) 호네트(Hornet) 호의 함장 해군 중령 포어사이드(Charles Codrington Forsigth)는 와서 실측을 새로 한 뒤에 영국 해군성 지도에는 호네트 섬이라고 기재하게 되었다. 일본 해군 수로부의 『조선수로지』에는 예전부터 리앙코루토(リアンコルト) 열암(列岩)이라는 이름을 사용하여 왔다.

서도는 해면상의 높이가 약 157m이니, 그 모양 때문에 '병풍바위'의 별명이 있고, 동도는 약간 낮은데 그 정상에 평탄한 지면이 있으며, 주위의 여러 작은 섬들은 대개 편평한 암석이 겨우 수면에 노출하니, 그 큰 것은 5~6평에 달할 것도 있다.

두 섬이 다 수척한 민둥바위로서 해풍에 들어 나무 한 그루의 수목도 없고 동도에 약간 풀이 났을 뿐이며, 섬 해안은 부드러운 석층이 단애 절벽을 이루고, 기이한 동굴이 많으나 올라갈 수 없으며, 이러한 동굴과 작은 섬들은 바다사자의 무리 서식지이다. 섬에 평지가 별로 없고, 두 섬 간의 양측에 평탄한 자갈밭 2~3군데가 있되 역시 파도에 뒤덮인다.

서도의 남서 모퉁이에 한 동굴이 있고, 그 천장으로부터 물이 방울방울 떨어지는데 양도 적지 아니하되, 빗물처럼 떨어지므로 모아 마시기 어려우며, 이 밖에 산꼭대기로부터 산허리로 내려오다가 여러 곳에 떨어지는 물방울과 솟아오르는 샘이 있지마는, 대개 바다사자의 똥과 오줌에 오염되어서 일종의 악취가 나므로 도저히 음료수로 사용할 수는 없다. 바다사자 사냥이나 또 전복 따려고 들어가는 어민이 이런 물을 떠서 취사용으로 쓰되 음료수는 다른 곳에서 가지고 간다.

독도의 위치는 여러 책에 기록된 바가 약간의 차이가 있으되, 동도의 남쪽 끝은 1908년 일본 해군의 측정에 의거하건대 북위 37도 14분 18초, 동경 131도 52분 33초이었으니, 우리 울릉도로부터 동남동방 약 50해리, 일본 시마네 현 오키 섬 앞으로부터 약 86해리에 해당한다.

리앙쿠르, 곧 독섬은 바다 가운데 하나의 바위섬으로서 사람이 살거나 근접할 조건은 갖추어 있지 않지마는 사람이 살지 않는 대신 바다 짐승들에게는 안심하고 마음 편히 쉬기에 좋은 별천지가 되며, 특히 그 번식기에는 짝짓기하고 새끼 키우는 장소로 이용하려고 사방에서 모여드는 무리가 무척 많았다. 이것이 전복 · 소라 · 미역과 함께 이 방면 이익이 많은 곳이었다.

독섬에 안심하고 마음 편히 쉬던 바다 짐승은 국어로 '가지' 또 '물개'란 것이요, '가지'는 보통으로 해려(海驢; Zalophus lobatus)라고 쓰는 것이니, 숫놈 한 마리가 암놈 여러 마리를 거느리고 사는 동물로 숫놈 한 마리가 암놈 십수 마리를 거느리고 5~6월경에 새끼 한 마리 혹 두 마리를 낳는다. 『문헌비고』 등에 그 특성을 기록하여 가로되,

바다 가운데 큰 짐승이 있는데 생긴 모습은 붉은 눈을 기지고 뿔은

없으며, 무리져서 해안에 누워 있다가 사람이 혼자 가면 해치고 사람들이 여러 명이면 바닷물 속으로 들어간다. 이름은 가지(可之)이다.

라 한 것이요, 유득공의 「이십일도회고시(二十一都懷古詩)」 우산국 조에,

봄바람 고운 비가 돛단배를 돌리고,
바다에는 복숭화 꽃이 고요하게 피었네.
오직 가지어가 해안에 누워 있는데,
다시 사자가 사람을 치러 오는 일 없겠네.

라 한 가지어가 바로 강치 그것이다.

울릉도의 동쪽에 '가지섬'이 있다 함은 우리 국가적 문헌에도 보이는 바니, 가지섬이 지금 어디겠느냐 함은 상세한 고증이 필요할 것이로되, 우리는 지금 독섬이 그것이리라 함을 주장하고 싶다. 다른 섬에는 적을망정 사람들이 살지마는, 오직 '가지'만의 서식처요, 그 번식지로 유명한 곳은 독섬이기 때문이다.

『정조실록』(권 40) 18년(1794) 6월 무오조에,

강원도 관찰사 심진현(沈晉賢)이 장계하였다.

"울릉도의 수토(搜討)를 2년에 한 번씩 변장(邊將)으로 하여금 돌아가며 거행하기로 이미 정식(定式)을 삼고 있기 때문에, 수토관 월송 만호 한창국(韓昌國)에게 관문을 띄워 분부하였습니다. 월송 만호의 첩정(牒呈)은 다음과 같습니다.

'4월 21일 다행히도 순풍을 얻어서 식량과 반찬거리를 4척의 배에 나누어 싣고 왜학(倭學) 이복상(李福祥) 및 상하 원역(員役)과 격군 80명을 거느리고 같은 날 미시(未時) 쯤에 출선하여 바다 한가운데에 이르렀

는데, 유시(酉時)에 갑자기 북풍이 일며 안개가 사방에 자욱하게 끼고, 우레와 함께 장대비가 쏟아졌습니다.

일시에 출발한 4척의 배가 뿔뿔이 흩어져서 어디로 가고 있는지 알 수 없었는데, 만호가 정신을 차려 군복을 입고 바다에 기원한 다음 많은 식량을 물에 뿌려 해신(海神)을 먹인 뒤에 격군들을 시켜 횃불을 들어 호응케 했더니, 두 척의 배는 횃불을 들어서 대답하고 한 척의 배는 불빛이 전혀 보이지 않았습니다.

22일 인시(寅時)에 거센 파도가 점차 가라앉으면서 바다 멀리서 두 척의 배 돛이 남쪽에 오고 있는 것만을 바라보고 있던 참에 격군들이 동쪽을 가리키며 '저기 안개 속으로 은은히 구름처럼 보이는 것이 아마 섬 안의 높은 산봉우리일 것이다.' 하기에, 만호가 자세히 바라보니 과연 그것은 섬의 형태였습니다. 직접 북을 치며 격군을 격려하여 곧장 섬의 서쪽 황토구미진(黃土丘尾津)에 정박하여 산으로 올라가서 살펴보니, 계곡에서 중봉(中峰)까지의 30여 리에는 산세가 중첩되면서 계곡의 물이 내를 이루고 있었는데, 그 안에는 논 60여 섬지기의 땅이 있고, 골짜기는 아주 좁고 폭포가 있었습니다. 그 왼편은 황토구미굴(黃土丘尾窟)이 있고 오른편은 병풍석(屛風石)이 있으며 또 그 위에는 향목정(香木亭)이 있는데, 예전에 한 해 걸러씩 향나무를 베어 갔던 까닭에 향나무가 점차 듬성듬성해지고 있습니다.

24일에 통구미진(桶丘尾津)에 도착하니 계곡의 모양새가 마치 나무통과 같고 그 앞에 바위가 하나 있는데, 바다 속에 있는 그 바위는 섬과의 거리가 50보 쯤 되고 높이가 수십 길이나 되며, 주위는 사면이 모두 절벽이었습니다. 계곡 어귀에는 암석이 층층이 쌓여 있는데, 근근이 기어 올라가 보니 산은 높고 골은 깊은 데다 수목은 하늘에 맞닿아 있고 잡초는 무성하여 길을 헤치고 나갈 수가 없었습니다.

25일에 장작지포(長作地浦)의 계곡 어귀에 도착해보니 과연 대밭이 있는데, 대나무가 듬성듬성할 뿐만 아니라 거의가 작달막하였습니다.

그중에서 조금 큰 것들만 베어낸 뒤에, 이어 동남쪽 저전동(楮田洞)으로 가보니 골짜기 어귀에서 중봉에 이르기까지 수십 리 사이에 세 곳의 널찍한 터전이 있어 수십 섬지기의 땅이었습니다.

또 그 앞에 세 개의 섬이 있는데, 북쪽의 것은 방패도(防牌島), 가운데의 것은 죽도(竹島), 동쪽의 것은 옹도(瓮島)이며, 세 섬 사이의 거리는 1백여 보에 불과하고 섬의 둘레는 각각 수십 파(把)씩 되는데, 험한 바위들이 하도 쭈뼛쭈뼛하여 올라가 보기가 어려웠습니다.

거기서 자고 26일에 가지도(可支島)로 가니, 네댓 마리의 가지어(可支魚)가 놀라서 뛰쳐나오는데, 모양은 무소와 같았고, 포수들이 일제히 총을 쏘아 두 마리를 잡았습니다. 그리고 구미진(丘尾津)의 산세가 가장 기이한데, 계곡으로 십여 리를 들어가니 옛날 인가의 터전이 여태까지 완연히 남아 있고, 좌우의 산곡이 매우 깊숙하여 올라가기는 어려웠습니다. 이어 죽암(竹巖)·후포암(帿布巖)·공암(孔巖)·추산(錐山) 등의 여러 곳을 둘러보고 나서 통구미(桶丘尾)로 가서 산과 바다에 고사를 지낸 다음, 바람이 가라앉기를 기다려 머무르고 있었습니다.

대저 섬의 둘레를 총괄하여 논한다면 남북이 70~80리 남짓에 동서가 50~60리 남짓하고 사면이 모두 층암절벽이며, 사방의 산곡에 이따금씩 옛날 사람이 살던 집터가 있고 전지로 개간할 만한 곳은 도합 수백 섬지기쯤 되었으며, 수목으로는 향나무·잣나무·황벽나무·노송나무·뽕나무·개암나무, 잡초로는 미나리·아욱·쑥·모시풀·닥나무가 주종을 이루고, 그 밖에도 이상한 나무들과 풀은 이름을 몰라서 다 기록하기 어려웠습니다. 우충(羽虫)으로는 기러기·매·갈매기·백로가 있고, 모충(毛虫)으로는 고양이·쥐가 있으며, 해산물로는 미역과 전복뿐이었습니다.

30일에 배를 타고 출발하여 새달 8일에 본진으로 돌아왔습니다. 섬 안의 산물인 가지어 가죽 2벌, 황죽(篁竹) 3개, 자단향(紫檀香) 2토막, 석간주(石間朱) 5되, 도형(圖形) 1벌을 감봉(監封)하여 올립니다.'

죽도
울릉도 부속 섬 중 가장 큰 섬으로 대나무가 많이 자생하여 대섬 · 대나무섬 · 댓섬이라고도 한다.

이 첩정을 함께 비변사로 올려 보냅니다."

하니라 한 식년(式年) 수토 기사가 실려 있으니, 이 중에 '가지도'라는 이름이 보였다. 이 기사에 저전동(楮田洞) 전면에 3도가 있다 한 방패도 · 죽도 · 옹도(독섬)라 한 것은 지금의 죽도니 독섬이니 하는 것과는 가당치 않은 것이요, 필시 울릉도의 동북 해상에 세 바위가 기둥처럼 열 지어 서 있는 것을 바위로 이루어진 섬(삼본렵이라 부르는 것)인 듯함은 "세 섬의 거리가 불과 백여 보이고 섬의 둘레가 수십 파(把)이다."고 한 글에 나타남과 같다.

지금 소위 울릉도 소속의 죽도라 하는 것은 울릉 본도로부터 1해리, 주위 2*km*, 높이 129m의 비교적 큰 섬에 속하여, 아무리 목측(目測)에라도 서로 떨어진 거리가 백여 보, 둘레가 수십 파(把)라고 형용될 것 아니다.

그러면 이른바 가지도란 것은 지금 울릉 본도 근동의 죽도라는 것이 아니면, 더 그 동쪽에 있는 지금의 독섬이 될 밖에 없는데, 지금의 죽도에는 비록 1~2호라도 더러 사람이 거주할 만하고 순전히 '가지'만의 서식지를 말하자면 지금의 독섬으로써 생각함이 매우 타당할 듯하다.

또 하나는 『세종실록』 지리지 이하로 이씨 조선 초엽의 문헌에는 울릉도를 무릉 · 우산의 2도로 나누어 기재함이 예를 이루어 오는데, 무릉은 울릉 본도, 우산은 지금 죽도라고 하면 이밖에 '가지섬'에 비정할 섬은 지금의 독섬 이외에 다시 구할 수 없음도 참작할 것이다.

다만 『정조실록』의 기사에는 울릉도 동북단에서 '가지섬'을 다녀온 동안이 분명히 표시되어 있지 아니함을 유감이라 하겠지마는, 통구미까지 회환한 동안이 수일이 걸렸으므로, 가지섬의 거리를 꼭 울릉 본도의 가까운 곳이라고 해야 할 이유는 없다 할 것이다.

'가지'가 서식하는 곳이므로 '가지섬'이라고 이름함은 마치 사할린 북쪽 시레도코 반도 남방 해상의 한 작은 섬을 물개의 유식지인 까닭에 해표도(海豹島)라고 부르는 것과 같은 유형이라 할 명명 심리에 속하는 것이다.

일본인이 서양인의 리앙쿠르란 명칭에 인하여 리양코 섬이라고 부르기 훨씬 전에, 조선에서는 섬의 특징에 맞는 고유 적절한 섬명을 가졌다 함은 교통 차단 때문에 '가지섬'이란 이름을 잊어버린 후에도 섬 모양이 독과 같다 해서 '독섬'이라는 새 이름을 지어 쓴 사실과 함께 크게 주의를 요할 점이다.

20. 국제 소매치기 범행

리앙쿠르 섬, 곧 지금 독섬의 소속이 어떻게 되었더냐 하는 문제는 조선 편으로 볼 때에 그것이 있을 까닭이 없다. 조선에서는 그 전부터 알기도 하고 기록도 하였는데, 일본 편에는 근래에 와서야 비로소 알게 되지 아니하였는가? 또 울릉도와의 거리는 오키 섬과의 거리보다 장리 이상이 더 가깝지 아니한가? 그런데 일본은 한국의 관리력이 이 방면에 소홀한 틈을 타서 턱없는 야욕을 부려서 타일 분규의 종자를 떨어뜨렸다.

그것은 종전 항해자의 사이에 리양코 섬이라는 이름으로 알려져 있을 뿐이던 이 바위섬들이 희한한 어로 활동에 큰 이익이 있음을 알게 됨에서 유발된 일이었다. 우리 광무 7년(1903)에 백기주 곧 돗토리 현(鳥取縣) 도하쿠 군 사람 나카이 요사부로(中井養三郎)란 자가 리양코 섬이 바다사자의 집단 서식지임을 발견하고 그 포획업을 기도하니, 보병 중사 고하라(小原)가 이에 찬동하여 폭 8척, 길이 4칸의 한 어선을 출범할 수 있도록 장비를 갖추고 필요한 어부를 싣고 그 해 5월에 바다를 넘어 리양코 섬 곧, 우리 독섬에 이르러 함부로 일본기를 꽂고 바다사자를 잡아 가지고 돌아갔다.

이번의 성공이 소문나서 다음해의 고기잡이 시기에는 경쟁자가 여러 명 나와 남획의 걱정이 생겼다. 이에 나카이는 그 해의 고기잡이 시기가 종료한 뒤에 도쿄로 가서 수산국장 마키 보쿠신(牧朴眞)에게 이런 경과를 진술하고 한국에 교섭하여 대하(貸下)를 맡아 달라는 알선을 청하였다.

마키는 그럴 것 아니라 해군 수로부에 가서 그 소속 관계를 따져 보라고 해서, 나카이는 수로부에 문의한대, 수로부에서는 확답을 주지 못하고 다만 일본인이 사업을 시설하고 있는 바에는 일본령으로 편입할 수도 있을 것이라는 의견을 말하였다 한다. 물론 무책임하게 함부로 말한 것이었다.

그러나 나카이는 여기서 망상을 내어 가지고 9월 29일에 내무·외무·농상무의 3대신에게 「리양코 섬 영토 편입 및 대하원(貸下

願)」이란 것을 제출하였다. 일본의 각 부에서는 한국의 영토로 추정되는 곳을 마구 처단하는 수 없어서 오래 간직하고 있더니, 나카이는 몇몇 유명인의 후원을 얻어 가지고 영토에 편입해도 그대로 통과될 정세를 역설하면서 동분서주하였다. 주되는 이유는 이때 한창 러일 전쟁이 진행하고 이 일대가 해군의 제압 하에 있으며, 아무 짓을 해도 관계치 아니하리라 함이었다.

그래도 일본 정부는 신중한 태도를 취하며 내각 회의에 제출하여 이를 토의한 결과로 중앙 문제로 하는 것보다 지방 사실로 함이 사람의 이목을 피하는 좋은 계획이라고 해서, 리양코 섬의 가장 가까운 지역인 시마네 현으로 하여금 아는 듯 모르는 듯하게 하나의 고시를 현청의 문전에 게시하는 형식으로써 영토 편입을 결행하기로 결정하였다. 이 방법에 의하여 그 다음해인 광무 9년(1905)에,

시마네 현 고시 제40호

북위 37도 9분 30초, 동경 131도 55분, 오키 섬으로부터 서북쪽으로 85해리에 있는 섬을 죽도라고 칭하고 이제로부터는 본현 소속 도사의 소관으로 한다.

메이지 38년 2월 22일

시마네 현 지사 마쓰모토 다케요시(松本武吉)

이라는 것으로써 교활하게 또 간단하게 타국의 영토를 집어먹어 버렸다. 이때의 한국은 러일 개전 후 수차의 협약으로써 이미 일본이 마음대로 놀리는 정세 하에 놓여 있었다.

이 뒤 3개월 만에 러일전의 결승 국면이라 할 이른바 일본해 대해전이 이 독도 주변의 바다에서 행해지고, 5월 28일에 러시아의 전투함 니콜라이 제1세, 전투함 이리올, 장갑 해방함 세니야윈, 동 아브리세신 등이 리앙쿠르 섬 앞에서 항복하였다 함은 당시 도고

(東鄕) 사령관의 공보에 나타났음과 같다. 내무 계통에서는 죽도라는 명칭을 붙인 뒤이지마는, 해군 계통에서는 의연히 리앙쿠르의 이름을 쓰고, 이때뿐 아니라 오래도록 변함이 없는 사실에 주의할 것이다.

21. 뻔뻔스러운 일본 정부

일본이 독섬을 훔친 것은 요약하건대 권력의 그늘 밑에 행한 국제 소매치기적 행위이던 것이다. 편의한 기회가 있어서 한때 간계를 수행했다 할지라도 세월이 흐르고 사물이 변한 뒤 이것을 백일하에 내어놓고 정당한 소유권을 입에 올려 말하는 것은 뻔뻔스러움을 지나서 어이가 없어 말이 안 되는 일이다.

해방 후의 한국인이 국토 의식의 앙양과 함께 독섬에 대한 권리를 회복하려 함은 극히 당연한 일로서, 거기 털끝만큼도 의심이 있을 리 없다. 최근의 신문지상에는 무조건적 항복 상태를 벗어나서 일본인이 별안간 독섬에 대한 권리 주장으로 내달아 와서 종종의 분규를 일으키고 있다는 사실이 보도되어 있는데, 지난 7월 14일의 도쿄 발행 『마이니치신문』 석간 제1면 토픽에 「죽도는 일본령, 외무성 견해를 발표, 즉각 퇴거를 요구, 미 · 영에 중개 의뢰도 고려」라고 대서특필한 제목 아래 다음과 같은 기사가 실려 있다.

정부는 12일 시마네 현 죽도에서 일어난 한국 관헌이 우리 해상 경비 순시선에 대한 발포 사건을 중시하고, 13일 오후 9시에 외무성으로부터 구진서(口陳書)로써 재일 한국 대표부를 통하여 한국에 항하여 엄중한 항의를 발하였다. 동 항의서에서 우리 편은 죽도가 역사적으로 일본 영토인 사실을 밝히고, 12일 이래 지금까지도 동 섬에서 불법 영토

침해를 계속하고 있는 줄로 보이는 한국 어민과 관헌이 즉각으로 동 섬에서 퇴거하기를 요구한 것 같다.

지난 5월 28일에도 한국 어부가 동 섬에 상륙한 일이 있어서, 이에 대하여는 6월 23일에 한국 정부로 항의를 보냈는데, 한국 측은 불법하게도 동 섬을 한국 영토라 하여 우리 편 항의를 무시하고, 그 후에도 가끔 이러한 영토 침해를 되풀이했던 모양인데, 한국 측이 이번 두 번째의 일본 측 항의에도 성의로써 대답하지 아니하면 사태는 점점 중대하게 되려니와, 경비선 정도의 장비밖에 가지지 아니한 해상 보안청에서는 실력으로써 한국 관헌에 대하여 대항하기가 어려우며, 외무성으로서는 경비대의 실력을 행사하는 일 없이 평화적으로 해결하고자 하는 방침이다.

또 14일 정오에 외무성 정보 문화국에서는 「죽도에 관한 일본 정부의 견해」를 발표하여, 죽도는 의문의 여지없이 일본 영토라고 하고 있다. 또 오카자키(岡崎) 외상, 이시이(石井) 운수상은 14일의 각의에서 죽도에 있는 한국 관헌의 발포 사건에 대하여 보고하고, 오카자키 외상은 해결책으로서 "죽도가 일본의 영토인 사실은 틀림없지마는, 상대가 발포한다고 해서 대항적으로 서로 발사하고 싶지 않다. 금후 한국과 교섭을 진행하고, 그래도 해결되지 않는 경우에는 미국 혹 영국에 중개를 부탁하여 해결하고자 한다."라고 발언하였다.

이어 「역사적으로도 의문점이 없다」라는 별도의 제목 하에,

외무성의 견해는 대체로 다음과 같다. 죽도에 관한 일본 정부의 견해는 덴로쿠(天祿) 6년(1693) 이래 일본과 조선 양국 간에 분쟁이 발생하여, 그 후 정부의 명령으로써 일본인의 출어를 금지한 죽도라 하는 것은 지금의 울릉도가 죽도 또 의죽도라고 부르던 당시인 만력 42년(1614)의 일이요, 금일의 죽도는 아니니다.

또 메이지 14년(1881) 조선국의 항의에 의하여 일본 정부가 고기잡이나 벌목을 하기 위해 섬을 건너가는 것을 금지한 것도 울릉도요, 금일의 죽도가 아니며, 금일의 죽도가 양국 간에서 문제된 사실은 없다. 일방적으로 지금 죽도는 예전의 울릉도의 이름으로써 우리나라에 알려지고, 그 판도의 일부로 생각되었음은 문헌과 고지도 등에서도 명백하다.

이상의 역사 사실은 고사하더라도 죽도가 일본의 영토인 사실은 국제법상으로 보아도 아무 의문의 여지가 없다. 일본 정부는 일한 병합에 앞서서 이미 메이지 38년(1905) 2월 22일자 시마네 현 고시 제40호로써 동 섬을 시마네 현 소속 오키 도사의 소관으로 편입함과 동시에, 나카이 요사부로(中井養三郎)는 일본국 정부의 정식 허가를 얻어서 동 섬에 어부 막사를 짓고 인부를 옮기고 강치 어렵의 경영에 착수하여, 이래로 금차 전쟁 발생 직전까지 일본 국민의 손에 유효적인 경영이 행해졌었다.

이 동안 여러 외국으로부터 동 섬의 일본 귀속에 관하여 문제를 삼은 일이 없다. 종전 후 연합군 총사령부는 일본국 정부에 대하여 1946년 1월 19일자 「각서」로써 일본국 정부가 죽도에 대하여 정치상 또 행정상의 권력을 행사하는 일과 행사하려고 기도하는 일을 정지하도록 지령하였지마는, 결코 죽도를 일본의 영역으로부터 제외하는 것은 아니라는 사실을 명시하였다.

이 해석은 소위 '맥 라인'의 설정에 관하여도 똑똑하게 취해졌다. 평화 조약에 있어서도 일한 병합 전에 일본 영토이던 영토를 새로 독립한 조선에 할양한다는 의미는 전혀 포함되어 있지 않다.

이상의 해석은 당연한 일로서, 평화 조약의 주되는 당사국인 아메리카에서도 행정 협정에 기초하여 죽도가 일본 영토인 사실을 전제로 하여, 동 섬을 미군의 연습장으로 지정한 것이었다. 그 후에 죽도를 연습구역에서 삭제하기를 결정한 것도 동 섬이 일본의 영토라고 하는 사실에 기초한 한계를 벗어나지 않는다고 게재하고 있다.

고 하고 있다.

22. 소위 성명의 근거가 없음

일본 정부의 성명 내용을 보건대, 첫째 역사적 사실로서 1693년(숙종 19) 이래로 문제되다가 일본이 저희 인민의 출어를 금지한 죽도란 것은 금일의 죽도, 곧 독섬 또 리앙쿠르가 아니라 울릉도니까, 금일의 죽도는 문제의 대상이 되지 않는다는 점을 들었다.

금일 내가 문제를 삼는 바는 죽도라는 이름을 가지고 하는 말 아니라, 옛 명칭인 가지도(可之島), 지금의 명칭인 독섬인 실체에 대해서 하는 말이다. 송도니, 죽도니 하는 명칭은 본디 조선에는 아무 관계가 없고 일본인이 마음대로 사용하던 말로서 그것이 울릉도를 가리키기도 하고, 울릉도의 한 부속 섬을 가리키기도 하고, 그리고 독섬, '리앙쿠르'를 가리키기도 함은 다만 일본 편의 이러기도 하고 저러기도 한 일에 지나지 않는다.

그런데 지금 문제 되는 곳은 일본인이 메이지 38년 2월에 저희 견해를 따라서 편의상 죽도라는 이름을 국한해 놓은 리앙쿠르요, 그 일본인의 명칭이 죽도고 송도고 리양코 섬이라고 하는 데는 다 문제 삼는 바 아니다. 따라서 260년 전의 일본인의 죽도라는 것이 지금 울릉도거니 아니거니는 금일 일본인의 죽도라는 리앙쿠르 문제와는 본디 다른 범주에 속하는 일이다.

다만 이번 일본 정부의 잊어 버렸던 것을 깨우쳐 알게 함으로 말미암아서 일본이 금일 리앙쿠르 섬을 일본 영토라고 주장하는 태도가 곧 지금으로부터 260년 전에 울릉도를 저희 소유라고 여러 해 동안 승강하던 입상을 재연하고 있구나 함을 상기할 따름이다.

역사적 이유의 둘째로, 1881년의 한일 양국 간 분쟁 문제이던 때도 역시 울릉도요, 금일의 죽도가 양국 간의 문제된 일이 없다고 하였다. 울릉도를 자꾸 끌어올 이유는 본래 없거니와, 저희 소위 죽도, 우리 예전의 가지도가 이전에는 바다 위에 떠 있는 외로운 한 개의 바위섬이므로 문제가 되려 해도 될 만한 사건이 있지 않았으며, 그것이 문제된 것은 일본인이 강치 포획지로 이용하고 내켜서 저희 국토로 편입함에 비롯된 것이니, 이리 되기 이전에 문제된 일이 있고 없고는 이 문제를 따지는 데에 하등의 증거가 될 이유가 없다. 문제는 저희 메이지 38년 판도 편입 그것이다.

역사적 사실의 셋째로, 독섬이 일본의 영토임은 문헌과 고지도로 분명히 증명이 된다고 하였다. 그러나 우리가 과문한 탓인지 모르지마는, 이러한 확실한 증거가 일본 편에 있으리라고 생각할 사실이 없다. 있으면 구경하고 싶다. 독섬이 일본 영토임을 증명할 자료가 없을 뿐 아니라, 아마 조선 영토가 아님을 반증할 소극성 자료도 있을 것 같지 아니하다. 그것은 소위 겐로쿠(元祿) 연간 울릉도 문제 변쟁(辨爭) 당시에도 떼쓰는 이전의 정당한 이유를 말하지 못했음을 보아서 그 책과 지도 그리고 대그릇의 속을 잘 짐작할 수 있는 일이다.

23. 소위 국제법적 근거

다음 일본 정부의 성명에는 국제법상의 근거라 하여 한일 병합 전인 메이지 38년에 이미 시마네 현의 일부로 편입하였었는데, 이 때까지 일본인이 사업 경영을 위하여 출입하되 어떤 나라도 항의한 일이 없는 점을 들었다.

대저 조선 동해, 곧 소위 일본해의 탐사가 북태평양 탐험의 일부로 각국 항해자 간에 성행된 것이 18세기 중엽 이래의 일이요, 리앙쿠르가 그네들의 도록에 오르기는 19세기 중엽의 일이며, 일본인의 사이에 송도 혹 죽도의 이름으로 알려진 것도 결코 뒤늦어서의 일이 아니다.

그런데 서양인이 이 섬을 조선 소속으로 알았음은 해도에 나타났음과 같으며, 일본인이 아주 최근에까지 조선 국토로 인식하였음은 누구보다도 독섬 영유의 발안자 나카이의 행동에 드러남과 같다.

그런데 이것을 마치 당년의 태평양 탐험자나 근래의 극지 탐험자가 인적이 닿지 않는 땅을 처음 발견하여 기를 꽂는 것으로 영유의 표상을 삼는 것처럼 생각하려 한다면, 이는 무엇보다도 일본인 자신의 국토 주변에 대한 너무나 무식 부주의함을 말하는 수치사라 할 것이다. 그렇게 문헌이고 지도에 소소히 증명되는 명백한 일본 영토를 메이지 38년이라는 뒤늦은 세월에 이르러서 우물쭈물 어름더듬 지방청 고시에 의하는 국토 편입 수속을 취한다는 말인가?

독섬은 남양의 흩어져 있는 섬들이 아니요, 남 · 북극의 처녀 지대가 아니라, 조선 편에서는 기록과 실제 지식으로 벌써부터 잘 알려지고 울릉도의 하나의 부속 도서로서 봉금기 중에도 왕래가 끊이지 아니한 곳이다. 이제 와서 메이지 38년 편입이라는 사실을 들어서 국제법의 비호를 얻을 듯이 생각함은 어리석음도 아주 심한 일이라 할 것이다.

메이지 38년 2월 22일은 일본이 해군의 위압을 배경으로 하여 한국 소속인 독섬을 소매치기한 날을 의미하는 이외의 다른 날이 아니다. 그리고 교활하고 교묘한 기만 수단이 능히 세계의 주의를 피할 수 있고, 또 해륙 양방의 무력적 위압이 한국의 정신을 어리둥절하게 함으로써, 국제 문제로의 발전까지에 이르지 아니하였을 뿐이다. 이제 와서 일본인의 사업이 항상 계속되었었느니, 외국의 시비를 받지 아니하였다느니 하는 말을 자랑삼아 하려 함은, 오직 일본인의 도의심이 이처럼 허무하다는 것을 나타내는 이외의 다른 것이 될 수 없다.

그 다음에 미국이 일본에 향하여 소위 죽도에 대한 정치적 또 행정적 권능을 차단한 것은 그때 이미 독섬 문제가 다각적으로 발생하였음에 참고하여 합리적 해결의 준비이던 것이거늘, 이제 이 사실을 가져다가 미국이 독섬의 일본 영토임을 시인한 표시라 함에 이르러는 왜곡도 심한 일이니까, 군더더기 말을 할 것도 없다. 또 미국의 인정 여부가 이 문제 해결의 열쇠가 아님도 물론이다.

24. 일본을 계몽해 줄 점

일본 정부의 견해란 것이 어떻게 논리도 없고 근거도 없는 것임은 위에서 잘 설명한 바와 같거니와, 우리는 여기 독섬의 조선 속토(屬土)임을 일본인 자신이 언제고 증명해 나온 흥미 있는 한두 가지 사실을 지적하여 일본 정부의 어리석음을 깨우쳐 주고자 한다.

그 하나는 일본의 해군 수로부에서는 메이지 38년의 소위 국토 편입의 전후를 통하여 일관한 태도로써 리앙쿠르, 곧 독섬을 조선 편의 것으로 보고 있음이다. 이 수로부가 동양 수로의 측량 · 제도 · 연구상에 가지는 권위는 여기 번잡하게 말할 것 없다. 그런데 이 수로부에서 조사, 편찬, 간행하는 『조선수로지』에는 예전부터 우리 독섬을 '리앙코루토 열암'의 이름으로써 울릉도에 부쳐서 기술해 옴이 그 전이나 지금이나 다름이 없다.

매우 후일에 이르러는 '리앙코루토' 대신 죽도라는 명칭을 쓰기는 하였으되, 그것을 울릉도에 덧붙혀서 기술하는 태도는 오히려 변경되지 아니하였다. 이제 가까이에 있는 쇼와 20년(1945년, 우리 해방되던 해) 8월 1일 발행에 관계한 수로부의 『간이수로지』 조선 연안 제1권 '조선 동안과 남안'을 펴 볼지라도, 제46~49페이지에 '울릉도와 죽도'란 제목으로써 울릉도와 독섬을 일괄하여 기술하여 있다.

일본 해군의 수로부가 '리앙코루토'를 처음부터 조선 국토로 인정했던 전통이 이제에 이르도록 계속되는 것이요, 그 근거에는 독섬을 조선에 붙여 봄이 가장 타당하다는 지리 실제가 있는 것이다.

또 하나는, 일본 정부가 몰래 처리했던 까닭에 메이지 38년 독섬의 국토 편입이란 사실이 일반적으로 주지되지 못하여서, 상당한 지리학자와 유력한 저술가들의 손에서 나온 메이지 38년 이후의 한국 지리서 중에 오래도록 리앙쿠르를 울릉도에 곁들여서 기술하는 버릇이 그냥 남아 간 사실이다.

이제 번거러움을 피하여 일일이 책 이름을 들어 말하지 않거니와, 이것은 줄잡아도 메이지 38년 이전에는 어떠한 학자 저술가든지 일반으로 리앙쿠르의 한국 울릉도 부속 도서임을 공인했었더라 하는 하나의 증거가 된다.

이 이상의 논변은 필요 있을지 모르지마는, 타일에 미루거니와 이만만 해도 일본 정부의 이 문제에 대한 견해가 얼마나 허무하고 사리에 어그러짐을 나타내고 남음이 있을 줄 안다.

25. 결론

조선에 대한 일본의 전통 정책은 틈사리만 얻으면 파고 들려 함에 있다. 문헌에 나타난 고금의 사실이 죄다 이를 증명하고 있다.

영토 관계에 있어서도 이 태도가 일관되어 있다. 울릉도에 대한 수백 년 이래 갈등과 독섬에 대한 심리의 표현에 벗어지는 것 아니다.

조그마한 벌어진 틈만 있으면 결코 놓치는 일 없이 문득 가시 돋친 손과 독 이빨을 디밀어 오기에 낙자가 없다. 그리함에는 핑계의 있고 없음과 이유의 닿고 닿지 아니함을 물으려 하지 않고 그저 떼를 쓰고 보채고 본다.

울릉도는 이쪽에서 공광책(空曠策)을 썼던 관계로 그네의 몰래 점거함을 불렀다. 독섬은 그 이용 가치를 모르고 등한히 버려둔 동안에 살그머니 덤볐다가 마침내 집어 삼켜 본 것이었다. 설마 문제가 되랴 하였던 일이 의외의 파동을 일으키매, 이유 되지 않는 이유인 줄 알면서 한번 대항해 보는 것이 이번의 성명인 모양이다.

우리는 일본이 장물의 소유권 주장과 같은 어리석은 일을 오래 계속하리라고 생각하고 싶지 않다. 독섬의 울릉도를 합해서의 한일 교섭사는 곧 일본인 국제 불의성의 업경(業鏡)과 같거늘, 스스로 이것을 건드림으로써 그 부끄러운 모습을 드러내고 악취를 풍기도록 일본인의 불총명이 심하리라고는 믿어지지 않는다.

마치 260년 전 옛날에 오래 시끄럽게 굴던 울릉도 변정(辨正)에서 마침내 스스로 반성했던 것처럼, 이번 독섬 문제에 있어서도 역시 정당한 주장 앞에 굴복할 날이 멀지 아니할 것을 우리는 반드시 기대한다.

다만 이번의 일본 정부 성명서를 보건대, 이 문제의 본질에 대하여 그 인식이 어떻게 비뚤어지고 또 부족함을 살필 수 있은즉, 이 점을 계몽하고 시정하는 노력과 시간이 얼마 동안 필요할 듯하다. 다 밝은 세상에 몰래 깃대를 남의 집 담 밖에 꽂아 놓고 그것을 내 땅이라고 떼쓰는 일이 용인되리라고 누가 생각할 것이냐.

독도 문제와 나*

울릉도의 동남쪽 바다 위에 우리나라 사람들이 독섬[獨島]라고 부르는 여러 섬이 있어서 그것이 울릉도의 부속 도서로 내려온 것은 문헌상에도 분명한 증거가 있고, 일본인들도 그렇게 안 까닭에 일본어로는 이 섬을 부르는 명칭도 없었다.

그러다가 19세기 초엽에 프랑스 측량함 리앙쿠르 호(liancourt 號)가 이를 발견하고, 그 배 이름을 따서 독섬을 리앙쿠르 섬이라고 해도에 기입함에 이르러, 일본인이 이것을 듣고 비로소 독섬을 리양코 섬이라고 부르기 시작하였다. 일본인이 이 섬을 안 것이 오래지 않고, 따라서 이 섬에 대한 영토권을 운운할 이유가 없음은 이 한 가지 사실 가지고도 알 것이다.

일본인이 메이지 초년으로부터 정치 개혁 운동이 활발해짐과 함께 죠슈(長州)[1] 방면의 정객들이 정치 자금을 사방으로 구할 때, 리양코 섬의 자원을 이용하려고 여러 가지로 조사하였으나, 이 섬이 조선 영토임을 알고는 침은 흐르되 손을 떼지 아니치 못하였다. 이

* 1954년 12월 『서울신문』에 실린 글이다.

1 죠슈(長州)는 죠슈번(長州藩)을 말하며 사쓰마 번과 '삿초(薩長) 동맹'을 맺어 도쿠가와 막부를 무너뜨리고 메이지 유신을 단행한 세력이다.

때의 조사 기록에는 재미있는 것이 많다.

이 결과는 일본 해군 수로부(水路部)가 발행해 오는 『조선수로지(朝鮮水路誌)』에 채택되어 삽입되었고, 메이지 이후 여러 차례의 출판에서도 리앙코 섬은 울릉도편에 기입하게 되어서 최근까지도 그 전통이 계속하여 나왔다.

그리하던 중에 메이지 34~35년경에 나카이(中川)[2]라는 일본 서해민이 독섬에 가서 어업 활동으로 큰 이익을 얻고 돌아오매, 그 서해의 섬사람들이 이를 모방하여 독섬에 고기잡이 나가는 것이 바로 유행을 이루었는데, 다만 독섬이 한국 영토임으로써 불편하다 하여 여러 가지로 일본의 영토화할 것을 몰래 도모하였다.

그러나 일본 정부에서는 외교 관계를 고려하여 얼른 결행하지 못하더니, 메이지 37년(1904)에 러일 전쟁이 일어나서 일본의 해상권이 강해지고 또 한국에 대해서 압력이 커지매, 메이지 38년(1905) 2월에 이르러 아무도 모르는 중에 리양코 섬을 일본 영토로 편입시켜 버렸다.

그 방법은 시마네 현 지사가 현청 문밖에 한 조각의 게시물을 붙여서 동경과 북위 몇 도의 리양코 섬을 시마네 현에 편입한다고 한 것이니, 이는 실로 중앙 정부에서 하기가 어려움을 고려하여 짐짓 지방 관청으로 하여금 은밀한 가운데 몰래 행하게 함이었다. 이것이 숙종 때에 울릉도를 먹으려다가 뜻을 이루지 못한 일본이, 다시 수백 년 후에 울릉도의 일부 독섬을 몰래 집어 먹은 경과다.

나는 특히 독섬을 일본에게 빼앗긴 사실을 러일 전쟁 이후는 물

2 나카이 요자부로(中井養三郎)를 말한다. 나카이 요자부로는 1903년에 「독도 대하원」을 제출하여 독도에서 강치잡이를 독점하였다. 나카이 요자부로가 오키 도청에 제출한 강치잡이 신고서에 따르면 1905년에만 2천 750두, 1906년 1천 385두, 1907년 2천 94두, 1909년 1천 660두가 포획되었다. 엄청난 수의 강치가 해마다 1만여 마리 이상씩 남획되어 독도에서 강치가 사라지게 되었다.

독도 등대

1953년 일본 독도 수역을 침범하고, 일본 영유권 표시를 하는 일이 발생하자 독도가 우리 영토임을 천명하기 위하여 그 상징물로서 1954년 설치되었다.

론이요 이전의 문헌에 나오는 사실에도 필요한 연구를 다하여 언제든지 문제 만들 기회가 오기를 기다리다가, 해방 이후에 각 방면으로 이에 대한 주의를 환기시켰고, 특히 조사한 역사적 사실의 일부를 작년에 『서울신문』에 게재하였다.

간도와 조선인*

조선 왕조 이래로 인구의 증가가 갈수록 커져서 그 인구를 수용할 곳을 구해야 하겠는데, 북방의 인접지인 두만강 · 압록강 양 유역은 토지가 평평하고 넓으며 또 비워 있고 소속이 대개 명백하지 않음으로써 조선인에게는 극히 자연스럽게 발전해 나갈 수 있는 지역이었다.

그리하여 여진 민족과의 사이에 다소의 마찰을 거듭하면서 조선인의 만주 진출은 아는 듯 모르는 듯 꾸준히 행하여졌다. 문헌상에 분명히 고려촌(高麗村)이라고 나오는 것은 물론이거니와, 그렇게 표면에 드러나지는 않지만 실제로는 조선인의 자손과 그네들로써 성립한 부락이 만주 여러 곳에 생각보다 많았을 것이다.

명나라 말기에 요동 지방의 호족으로 위엄과 명망을 떨친 철령위의 이성계 세력이 그 두드러진 하나의 예이다. 청나라가 중국으로 들어간 후에 만주에는 봉금 정책(封禁政策)을 쓰고 압록강 밖의 일정 지역에 공광 지대(空曠地帶)를 두어 조선 유민(流民)들의 침입을 막았다.

* 1943년 『반도사화와 낙토만주』에 실린 글이다.

그렇지만, 홀연히 왕래하면서 산에서 산삼을 캐는 무리와 몰래 들어와 숨어 살면서 공터에 농토를 일구는 사람들을 하나하나 금할 수가 없었으므로, 이른바 범월 문제(犯越問題)는 3백 년간 조선과 청나라 사이에 큰 말썽거리가 되는 외교 문제였다. 이와 같이 조선인의 만주 이주 역사는 언제가 그 처음이라고 말할 수 없음이 사실이다.

한편으로는 우리의 만주 진출에는 역사적 고향으로의 귀환이라는 의미도 붙어 있어서, 심리적으로도 머뭇거리거나 아무 거리낌이 없었으므로 그 대단한 형세를 거의 막을 무엇이 없었다.

더욱 두만강 밖의 땅으로 말하면, 조선 선조의 발상지요, 그 원주민인 올량합(兀良哈)은 고려 때부터 수백 년간 우리에게 예속 관계에 있던 부족이었으므로 그들이 살고 있던 지역은 당연히 우리의 소유가 되어야 할 이유가 있었다. 건주위니 모련위이니 하는 올량합 여러 부족이 온통 몰려서 서방으로 이동하여 가서 만주에 청 제국을 건설한 다음에는 그 주인이 없이 넓게 비워 있는 토지가 우리나라에서 토지가 없이 고생하고 있던 농민들에게는 대단한 유혹이 아닐 수 없었다.

그리하여 두만강 건너의 연해주로부터 하이란강변의 이른바 간도 일대에는 언제 어디서부터인지 모르게 조선인의 토지 개척이 끊임없이 진행되었다. 더욱 고종 기사년(1869)에 함경도에 크게 흉년이 들어 유량민이 와짝 그리로 몰려 들어가서 간도의 조선색이 더욱 농도를 더하였다.

청나라가 우수리강 이동의 땅 곧 연해주를 러시아에게 할양하고 급히 변방을 개간하여 튼튼히 하려는 실변 정책(實邊政策)을 세워 1881년에 오대징(吳大澂)으로 독판변무를 삼아서 두만강 동북의 땅을 가서 살피게 하였다. 그는 텅 빈 땅으로만 알았던 곳이 이미 조선인의 식민지가 된 지 오래거늘, 한편 놀라고 한편 응급 수단으로

백두산 정계비

1712년(숙종 38) 조선과 청국 사이에 백두산 일대의 국경선을 표시하기 위해 세운 비석이다.

그네들을 변발시키고 복장을 바꾸어 입혀서 청나라의 편호(編戶)에 넣으려 하였다.

그러나 조선인이 이를 받아들이지 않아 다툼이 생기고, 3년 후인 고종 16년(1883)에 우리가 어윤중(魚允中)을 서북 경략사로 삼아 러시아를 막을 방법을 힘쓰게 하였다. 어윤중이 경원에 서북 경략사 사무실을 두고 국경 관계 사실을 조사 연구해 보니 1712년(우리 숙종 38년, 청 강희 12년)에 백두산 분수령에 세운 정계비에 동에서는 '토문강'이 양국의 경계라 하였는데, 종래 청국에서는 토문강이 곧 두만강이라고 말하여 왔으나 두만강이 아닌 토문강이 따로 있으며 그 안에 들어 있는 간도 지방은 당연히 조선의 영토라고 주장하여 이에 한·청 경계 문제가 일어났다.

이로부터 이른바 국경 감계 회담이 여러 번 행하였으되 대한제국 말기까지 각각 자국의 주장을 고수하여 아무 결론을 내지 못하였다. 그러나 한국의 외교권이 일본으로 양도된 후인 1909년에 안봉선[1] 개축 문제의 교환 조건으로서 주권은 청에 있고 거주는 한인

1 안봉선(安奉線)은 안동(安東; 현재의 단둥)에서 봉천(奉川; 현재의 선양)까지

이 자유로 하는 이른바 간도 협약이 성립하여 일시적 해결을 보게 되었다.

이런 가운데 조선인의 용감한 개척적 발전은 벌써부터 간도에서 벗어나가서 한편으로는 동만주로부터 북만주에 이르고, 한편으로는 남만주로부터 서만주 곧 동몽고를 향하여 사방으로 씩씩한 발걸음을 내디디었다. 일찍이 간도를 조선화하듯 장차 만주를 간도화하려는 기세를 보여 왔다.

돌아보건대 고종 기사년(1869)이래 70년간의 우리의 만주 진출사는 정부의 지도와 보호는 막혀 있었고, 궁핍하고 어렵기는 이를 길 없는 심혈과 눈물의 점철이었건마는, 이 중에서 오히려 작게는 간도 인구 도합 636,917명 중에 조선인이 474,382명으로(1937년 1월 조사) 곧 약 8할을 점하고, 크게는 백만의 큰 무리가 만주 전체를 내 집처럼 여기는 성과를 거두었으니, 그 활발한 발전력이 과연 놀랍지 아니한가?

이제 비바람 몰아치고 어둡고 컴컴했던 만주는 오족(五族)이 서로 협력하여 낙토로 새 출발을 하고, 자비로운 햇빛과 은혜의 이슬이 조선 민족 위에 보급되고 골고루 혜택을 누리게 되나니, 이 신천지에 있는 금후 조선인의 발전은 진실로 측량하지 못할 것이 있게 되었다.

의 철도로, 과거 지명에 따라 붙여진 이름이다. 이 철도는 한반도로부터 만주로 병력과 군수 물자를 나르던 중요한 보급로 역할을 하였다.

제3부

지리

조선의 산수*

소서(小敍)

말에는 더욱 부족함으로써 강연 같은 것은 힘써 피하지마는, 라디오 생긴 뒤에 이렇다 저렇다 하여 졸리고 끌려 나감이 예사가 되다시피 하였다. 이왕이매 아무쪼록 조선 정신과 조선 문화의 계몽상으로 제목을 취하여 이에 힘써 따르기는 그윽이 작은 의도를 가졌던 것이었다.

그러한 초고가 십수 년간에 꽤 수북해지고 그 중에는 계륵(鷄肋)의 정이 붙는 것도 없지 아니하니, 이번에 원고를 출판사에 넘기는 『조선의 산수』가 그 한 예이다.

급히 변해가는 세계의 움직임에 대한 암시를 강산 푸념에 붙여 말한 것인데, 겹겹의 검열에 삭제하거나 고친 데가 많아서 원형에서 멀어진 것도 있지마는, 이제 와서 보면 이만큼이라도 이야기할

* 1942년 7월 14일부터 7월 18일까지 강연한 내용을 묶은 것으로 1947년에 출판되었다.

수 있었다는 것이 오히려 하나의 기적이다.

말은 부족하였으되 세상의 듣는 귀들이 밝아서 기대했던 이상의 반향이 있었음은 지금 생각하여도 유쾌한 일이다. 이제 이것을 활자로써 다시 물음은 그때를 잊으시지 않는 여러분의 열망에 대답하려 함이지마는, 이 내용이 적어도 국토애를 고무 발전시키는 데 도움이 되리라는 자신도 있어서이다.

당시의 초고 그대로 하여 한 자의 가감을 더하지 아니하매 지금 보기에는 우스운 구절이 더러 있지마는, 피차 당시를 기억할 거리 삼아서 용서하여 보아주시기를 바란다.

1947년 6월 20일 북한산 아래 소원(素園)에서 적는다.
때에 50일 이상 가문 끝에 한 보지락 비가 내려서 문앞 논의 못자리 마르던 것이 새 정신에 고개짓을 하였다.

1. 이조선(裏朝鮮)[1]의 명산

"순간적인 생각이나 마음을 없애 버리면 더위는 스스로 시원해진다."라고 한 말이 있지요마는, 우리네 보통인 중생은 역시 더운 때에는 서늘한 맛을 산수지간에 찾으려 하는 것입니다. 천지가 온통 뜨거운 뙤약볕 가운데에 있건마는 뜨거운 뙤약볕 중에서도 서늘한 구석을 찾는 것이 어리석은 대로 인정이겠지요.

삼천리 조선 반도는 옷깃을 모조리 바다에 잠그고 있으니까 푸른 파도 넓은 바다 중에 그지없는 천풍을 쐬기도 어려운 일 아니

1 북에서 남으로 향하는 큰 산맥을 경계로 하여, 동쪽의 함경도 · 강원도 지역을 이조선(李朝鮮)이라 하고, 서쪽의 평안도 · 황해도 · 경기도 · 충청도 · 전라도 · 경상도 지역을 표조선(表朝鮮)이라 한다.

지마는, 그보다도 더 편리하고 쉬운 것은 소나무 피리와 시냇물 거문고를 짝지어 오는 산바람이나 계곡 바람의 시원한 맛입니다. 왜 그러냐 하면, 조선은 온 땅덩어리가 그대로 한 커다란 산의 몸뚱이로 생겨서, 눈을 떠서 보이는 곳과 손을 들어 가리키는 곳과 발을 내밀어 거치는 곳이 죄다 산 또 산 이외에 다른 것이 없기 때문입니다.

평원 · 광야라고 하는 것도 산속의 좀 편평한 바닥이요, 장강 · 대하거니 하는 것도 즉 불과 산 틈으로 흐르는 개울물일 따름이니까, 여남은 뾰족하고 우뚝하고 꼬리 펴고 날개 벌려서 보기에부터 산악 봉우리들로 생긴 것은 이르도 말 것입니다.

얼른 말하면 백두산이라 하는 거룩한 산왕님이 대륙 동방에 고개를 우뚝 쳐드시고, 한편 팔과 한편 다리를 북으로 내미신 것은 만주요, 다른 한편의 팔다리를 남으로 뻗으신 것은 조선 반도올시다. 백두산의 왼편 수족이 기운차게 뻗쳐 나오는 등허리가 곧 소백산 · 간백산으로, 관모봉 · 백운산으로, 철령 · 추지령으로, 금강 · 설악 · 오대산으로, 태백 · 소백 · 육십치로 지리산으로 하늘을 뚫고, 한라산으로 바다를 눌러서 이른바 금수강산 삼천리를 지은 것입니다.

이 큰 줄기가 뻗어 나가 중간에 힘줄도 불끈 서고 혹도 툭 불거지고 사마귀 · 뾰루지도 다닥다닥 돋은 것들이, 관북에서는 칠보산일세, 관서에서는 묘향산일세, 해서에서는 구월산일세, 호서에서는 속리산일세, 영남에서는 가야산, 호남에서는 월출산입니다. 경성 하나를 에둘러서는, 북에는 삼각산, 남에서는 관악산이라고 하는 것 같은, 비단 바닥의 여러 가지 무늬에 견줄 명산 승지들입니다.

조선이란 데를 넓다고 하시거니 좁다고 하시거니 제각끔 생각하실 탓이어니와, 이러나 저러나 간에 불과 백두산의 한편이요, 그 주름살 틈에 도회와 촌락이 박혀 있고, 인간과 중생이 생사 성쇠의 연극을 되풀이하고 있을 따름입니다. 비유컨대 조선 사람이 백두산 속에 있음을 잊어버린 것은 물속의 고기가 물을 잊어버리는 것 같다 할까요.

백두산이 조선과 만주와의 경계점이 되어 있음은 새삼스레 일컬을 것 없는 일이지마는, 옛날 조선과 만주가 한 나라이던 시절에는 그것이 일국의 중앙에 있어서 배꼽과 같던 일을 우리가 항상 생각함이 좋을 것입니다. 요사이 선만일여(鮮滿一如)라는 말이 어떠한 동기에 나온 것은 별 문제로 하고, 구원(久袁)한 약속 하에 있다 할 조선과 만주의 일체화는 언제든지 백두산을 거멀못으로 해서 실현될 것이 물론입니다.

백두산은 이렇게 과거의 긴 역사상에서뿐 아니라, 장래 무궁한 동방 역사에 대하여도 한결같이 중대한 임무를 짊어지고 있습니다. 백두산의 상상봉이 표고 9,050척으로서 세계에는 이보다 높은 산이 허다히 많음이 사실이지마는, 동대륙(東大陸)의 가장 오랜 역사와 함께 세상에 이름을 나타내어서, 그 이후 수천 년간에 줄곧 세계 일방에 있는 허다한 민족의 최고 숭배를 받고, 여러 왕조와 제국을 길러내기를 백두산처럼 한 신성한 산악은 아무 데서도 유례를 볼 수 없습니다.

물론 다른 데도 성산(聖山)이란 것이 많이 있지요. 그러나 대개는 종교적 의미의 것들입니다. 혹시 역사적으로 큰 의미를 가지는 것도 없지 않지요. 그러나 그 어느 한 나라 또 한 민족에 대한 관계에 그침이 통례입니다. 그것들에 비하여 백두산은 고금을 일관하고 피아(彼我)를 초월하여 일방 역사의 추진력, 전환 창조점 노릇을 하는 점에서 독특하고 뛰어난 가치를 가지고 있습니다.

백두산의 높이를 옛날에는 이수(理數)로 표현해서 200리라고 하였습니다. 꼭 그렇습니다. 대저 백두산이라는 산은 오른다는 이보다 들어간다고 함이 옳을 만큼 전체가 편평 민틋하게 생겨서, 약간

손질할진대 산의 상상봉까지도 자동차를 몰고 올라가기가 어렵지 않지마는, 여하간 산기슭에서 배를 타고 가슴을 허위고 이마를 더듬어서 정수리까지 이르는 동안이 한 200리 되는 것만은 사실입니다.

20년 전 조선 편으로부터 내가 백두산 오를 때에는 산중에서 사흘 밤을 한둔해 자고 나흘째 되는 아침에 상봉으로 올라갔었는데, 올해에 만주 편으로부터 올라갔던 이의 말을 들으매 역시 수삼일 한둔을 했었더라 합니다. 이 모양으로 어디로서 올라가든지 수백 리 노정이 되기는 매한가지입니다. 뚫고 나가는 동안 수백 리씩 되는 펀한 바닥이 산의 사방에 쭉 둘려 있어서 이것을 천리천평(天里天萍)이라고 이릅니다.

천리라 하면 퍽 먼 듯하고 이러한 큰 벌이 산중에 있다 하면 거짓말 같을지 모르지마는, 사실은 백두산의 주위가 겨우 천리뿐 아니니까 천평의 실제 이수는 결코 천리에 그치지 아니함이 물론입니다.

이 한 점으로써 백두산 덩어리가 어떻게 엄위함을 짐작할 것입니다. 아실 바와 같이 백두산은 지중(地中)으로부터 불끈 솟아서 생긴 화산이요, 화산에는 민틋벋버스름한 오지랖이 커다랗게 형성되는 법인데, 백두산에서는 이것을 천평 - 하늘이 만들어 놓으신 벌판이라고 예부터 이름지어 오는 것입니다.

산중에 평야가 열려 있다는 것이 많이 있고, 지리산 같은 데는 옛날에 운봉이라는 한 고을이 그 한 골짜기 속에 들어 있은 예도 있지마는, 백두산의 둘러맨 치맛자락 속에는 커다란 나라가 몇씩 숨어 있음이 예사이던 것입니다.

산이라 하면 착 달라붙은 골짜기가 겹지겹지 서로 막히고, 위태위태한 바윗돌이 얼른하면 이마빼기를 마주 때리려 하는 광경을 곧 연상하기 쉽지마는, 백두산의 산 됨됨이는 그런 따위 좁상스러운 산들하고는 근본 구성이 워낙 딴판입니다.

고개를 높이 들어 구름을 뒤집어쓴 것은 영웅의 늠름한 기상이요, 가슴을 훨쩍 풀어 헤쳐서 티끌만큼 숨김이 없음은 대장부의 당당한 태도요, 누구보다 높으면서도 올라가는 이로 하여금 더위잡기 어려운 생각을 가지지 않게 하고, 한없이 크면서도 남의 기를 지르는 빛이 조금도 없음은 대성인의 하늘 같고 바다 같은 도량이라 할까요. 잔말 제치고 "거룩할사, 백두여!" 하는 수밖에 없는 지대한 존재입니다.

백두산은 물론 고산이니까 그 높은 부분은 기온이 매우 낮습니다. 양력 7월 보름께부터 8월 보름께까지의 약 1개월 동안이 여름이요, 그 나머지는 이른 봄 늦은 가을이 약간이요, 대부분이 겨울이라 해도 과언이 아닙니다.

매년의 백두산 등척은 대개 7~8월에 걸쳐서 행함이 이 까닭입니다. 우리의 경험으로 볼지라도 8월 초생, 하계로 말하면 중복 허리, 한참 쇠가 녹는다는 더위의 마루턱에 백두산을 오르는데, 낮에 볕이 났을 때에는 덥기가 별로 하계와 틀리지 않는 성싶지마는, 구름이 볕을 가리기만 하면 벌써 서늘한 기운이 얼굴을 스쳐갑니다. 흐린 날이면 가을 날씨와 같으며, 밤에 한둔을 할 때에는 두꺼운 담요나 털가죽을 뒤집어쓰고 자도, 밤이 드는 대로 으스스하여지다가 새벽머리에는 "에이 추워." 소리가 저절로 나오며, 양치질하고 세수한 후 밥을 짓자면 샘물이 얼음과 같아서 손을 담그기 어려울 만합니다.

조선에 고산이 많다 하지마는 우리는 백두산중(白頭山中) 이상의 더위를 완전히 잊어버리게 할 곳, 아니 여름에도 겨울 맛을 알게 할 곳은 다시 없으리라고 생각합니다.

백두산 올라가는 중턱이 채 되지 못하는 곳에, 삼지(三池)라고 하여 커다란 늪이 셋이 느런히 놓이고, 멀리는 고봉 준령이 기세

있게 둘리고 가까이는 키가 작은 나무들이 밀림이 아늑하게 휩싸고, 늪가에는 백사장이 지고 늪 속에는 기암괴석이 재미있게 벌여 있어서, 웅대한 중에 따뜻한 깔개를 겸하고 넓고 먼 속에 아담을 담은 일대 아름다운 경치가 솜씨 있는 큰 화폭처럼 펼쳐 있습니다. 이 시원 씩씩한 풍경이 산속에 전개하였기 때문에 더욱 신기합니다.

또 여름이 겨울 같은 백두산중이지만, 삼지의 물은 결코 차지 아니하여서, 아침에 일어나서 보면 김이 무럭무럭 올라오고, 벌거벗고 들어가서 목욕을 하면 차도 덥지도 않은 것이 가장 기분을 상쾌하게 합니다.

이것은 대개 부근에 온천이 솟아서 이리로 흘러 들어와서 섞이는 까닭이겠지마는, 백두산 풍경의 또 한 가지 신기한 조건입니다. 여하간 이 온천 줄기를 찾아서 따로 탕욕의 설비를 하고 영산(靈山)에 상응한 경건한 산장 같은 것을 지어 놓을 것 같으면, 안으로 국민 심신의 단련 도장으로 쓰기에나 밖에 대해서 스웨덴 이외의 일대 관광지로 세계 사람을 끌어오기에나, 다 짝할 말 없는 요소가 구비하여 있습니다.

나는 이것을 20년 전부터 말하고 있거니와, 조만간 반드시 그 실현을 볼 줄 확신하는 바입니다. 백두산 꼭대기에 천지(天池)라는 큰 늪이 있어, 옛날에는 주위가 200리라 하기도 하고 근래도 세상에서는 80리라는 말을 많이 믿지마는, 실측한 결과로 약 30리 내외 됨을 알았습니다.

옛날 백두산이 화산이요, 화산에는 화구호(火口湖)란 것이 따라다니는 것을 분명히 알지 못할 때에, 이 산상의 대택(大澤)이 어떻게 신비적으로 생각되었던지 진실로 상상 이상이었습니다.

그러나 내가 장군봉 머리에 서서 독특한 파란 빛을 띠운 휘우듬한 천지 물을 굽어볼 때에는, 일찍이 대지의 누를 수 없는 노염이

싯뻘건 불길이 되어 북받쳐 나오던 입이, 다시 오는 뒷날까지의 침묵을 지키느라고 짐짓 재갈을 물고 있거니 하는 느낌을 금치 못하였습니다. 이 생각을 할 때에 몸서리와 함께 염통과 쓸개까지가 써늘해짐을 깨닫지 못하였습니다. 그리고 어느 해의 삼복염천에라도 그때를 돌이켜 생각하면 아무러한 더위라도 그만 사라지는 경험을 하고 있습니다.

백두산의 천지가 동으로 쏟아져 두만강이 되고, 서로 흘러서 압록강이 된다고 하지마는 이것은 사실이 아니며, 다만 북으로 넘어가서 송화강 되는 것만이 사실인데, 이 넘어가는 몫이 750척 긴 폭포가 되어서 서늘한 맛이 대지를 덮을 만하다 하겠지마는, 이것은 만주 쪽의 일이매 여기 모르는 체 할 밖에요.

백두산 줄기로 내려오는 동안에 이야깃거리를 삼을 만한 산악이 허다히 있지마는, 여기에는 명천의 칠보산 하나를 돌아보기로 하십시다. 함경도가 반도 남방의 사람에게 별세계와 같이 생각되어, 모든 사정이 캄캄할 시절에도 칠보산의 이름만은 국중의 어디도 다 소문나고, 요새처럼 금강이란 이름이 남용되지 아니할 그때에도, 칠보산은 관북의 금강이라는 것이 칠보산을 본 이들 사이의 정평을 이루었습니다.

백두산 장군봉
2,750m로, 백두산에서 가장 높은 봉우리이다. 북한 영역에 있다.

칠보산은 백두산맥의 한 가지가 동해 쪽으로 뻗어 나가면서 화강암과 백두암(알카리 조면암)이 바람에 깎이고 물에 부대껴서, 높은 대와 뾰족한 봉과 기기괴괴한 바윗돌을 무수히 드러낸 일대 경승지입니다.

다른 데 바위 색은 희거나 검은 것이 보통이지마는 칠보산의 돌은 현무질 조면암에 특유한 얼룩덜룩한 빛이요, 게다가 바탕이 만만한 것 아니라 푸석푸석하게 생겼으므로, 마찬가지 기암괴석이라도 칠보산의 그것은 결코 금강산이나 남방 다른 바위산에서 보는 그것이 아닙니다.

또 한편으로, 칠보산은 기이하고 가파르게 생겼으면서도 북방 화산성 대지의 통례를 말미암아 산의 본체는 본디 넓적 무뚝한 덩어리이기 때문에 전체로는 무뚝하고 부분으로는 뾰족한, 말하자면 모순성의 조화 - 어울리지 못할 것이 서로 어우러진 특이한 취미를 가지고 있습니다.

칠보산에서 회상대(會像臺)라고 하는 부분은 금강산으로 말하면 만물초에 비할 경치로서, 천지 만물의 형상이 거의 다 들어 있어서 이름을 회상대라고 한다는 곳이로되, 우리가 회상대를 보는 맛과 만물초를 대하는 느낌은 아주 온통 딴판입니다.

글쎄요, 볕발 쨍쨍한 남창 앞에서 신선한 과실을 씹으면서 진채색 화초 그림을 보는 것이 만물초라 할 것 같으면, 으늑한 골방 속에서 쓴 차를 마시면서 수묵 산수도를 조용히 대하는 것이 회상대라고 할련지요.

매한가지 암석이지마는 금강산은 의장(意匠)을 내어 가지고 조각한 것 같은 느낌이 있음에 비하여, 칠보산은 봉우리 하나 바위 뿌다귀 하나, 이것 하나 저것 하나를 그때그때 생각나는 대로 기이하게 만들어서 이 바닥에다가 무더기무더기 모아 놓은 것 같은 느낌이 납니다.

그래서 금강산에 비하면 칠보산은 더 한층 천재적 섬광이 보인다고 말할 수 있습니다. 또 조선에 있는 다른 산악의 경치가 죄다 한 종류로 돌아가게 됨에 대하여, 칠보산 하나는 유독 다른 종류에 붙이는 점이 있습니다. 칠보산의 경치가 반드시 어디보다 더 좋고 어디하고 서로 견주리라는 말을 할 것은 아니지마는, 그 풍경의 구성 요소와 표현 형태가 남의 뒤를 좇아 따르기를 허락하지 아니하는 독특한 점을 가진 것은, 칠보산의 가치를 한없이 무겁게 함이 물론입니다.

이렇게 칠보산은 최고급인 대표적 명산의 반열에 들기도 하지마는, 거기 물로 생긴 경치가 심히 부족함은 일대 결점이 아니랄 수가 없습니다. 물론 산중에는 골도 있고 샘도 있고 또 산 전체가 어랑천이니 보촌천이니 하는 큰 내를 끼고 있기는 하지마는, 다른 명산에서와 같은 천폭 연담의 경치는 거의 볼 것이 없다 할 수 있습니다.

이 점으로써 말하건대 칠보산은 대개 여름철에 당한 명산은 되지 못한다고 할 듯합니다. 그러나 칠보산은 덜미에 대륙의 용마름이요 조선의 알프스라 할 소장백산맥을 짊어지고, 앞에 동해인데 동해의 동쪽에는 다시 동쪽이 없다는 넓고 넓은 큰 바다를 안고 있음을 생각하시오.

어느 한 봉우리의 위에 앉든지 어느 한 바위 모에 기대든지, 시원한 바람이 옆구리를 들먹이지 않는 곳은 결코 없을 것입니다. 서늘한 맛은 본디 물에서만 나는 것은 아니니까요.

칠보산은 함경선의 고참역(古站驛)에서 동남으로 30~40리쯤에 있으며, 상봉이라 할 옥대봉의 표고는 2,500척 남짓하니까 그리 높다고는 못할 것입니다. 지금 일컫는 봉우리 명칭에 천불 · 만사 · 나한 · 우산 · 교의 · 탁자 · 노적 · 종각 등이 있음으로써 그 산형의 대개를 짐작할 것입니다.

함경도 땅이 원래 오랜 동안 여진 민족의 속에 들어 있었고 이조 이후에야 완전히 조선 강토로 들어온 까닭에 산과 우리 민족 생활과의 관계가 비교적 열고, 전에 남방에서는 왕래가 편하지 아니하여 명산인 분수로는 일반의 인식이 매우 부족하였지마는, 이제는 철로 연변에서 멀지 않은 곳에 있게 된 여기를 소홀히 대접한다 하면, 이만한 경승지를 지닐 자격이 없다는 말을 들을련지도 모르겠습니다.

붙여 말씀할 것은, 칠보란 이름은 금강이나 한가지로 역시 불교에서 나온 문자입니다. 옛날에는 산중에 큰 절이 많았던 모양이로되 지금은 개심사(開心寺)라는 자그마한 절 하나 밖에 가히 손꼽을 만한 곳이 없어서, 탐승상에는 약간 불편이 없지 아니한 모양입니다.

조선 반도의 지형은 대개 경원 철도의 선로 골짜기로써 남과 북의 두 부분으로 나누입니다. 대개 경원선은 이렇게 지형이 변화하는 틈서리를 이용하여 생겼던 재래 남북의 교통로를 따라서 부설한 것입니다.

백두산으로부터 내려오는 척량 산맥이 함경 · 평안 양도의 경계를 지으면서 동남으로 달리다가, 원산 바다를 당하여 방향을 정남으로 돌려서 강원도의 동해안으로 내려가니, 여기서부터 태백산맥이라고 부릅니다. 장백산맥이 태백산맥으로 꺾이는 어름에 철령이라는 높은 고개가 있습니다. 지금 원산으로 통하는 삼방 골짜기의 길은 지금으로부터 200년 좀 더 이전에 비로소 개통된 것이요, 그 이전에는 서울서 북도를 가자면 철원 · 평강 · 회양으로하여 철령을 넘어서 안변으로 들어가던 것입니다.

백사 이항복이 북청으로 귀양을 가면서 "철령 높은 고개 쉬어 넘는 저 구름아 운운"한 유명한 시조가, 그때의 북행하는 노정을 나타내는 것입니다. 철령으로부터 시작하여 강원 일도로 내려가는

필운대(서울 종로)
백사 이항복이 살던 집터이다. 이항복은 북청으로 귀양가면서 철령을 넘을 때 유명한 시조 한 수를 남겼다.

태백산맥은 중부 조선에 있는 대표적 산악 지대로서, 강원도를 영동이니 영서니 하는 것이 물론 이 영을 추축으로 하여 하는 말입니다.

그런데 이 태백산맥에는 곳곳에 커다란 단층선 - 땅에는 격지격지가 있는데 한데 붙었던 격지가 가다가 무지러져서 푹 빠져 내려가는 곳 - 이 종횡으로 섞바뀌어서, 봉우리는 빼어나고 골짜기는 으늑하고 웅덩이는 소(沼)가 충충하고 낭떠러지에는 폭포가 쏟치는데, 바람은 바위를 아로새기고 구름은 봉우리를 수놓고 천고의 밀림은 기이한 새소리에 한가하고, 대소 무수한 사찰들은 새벽 쇠와 밤 북에 들먹거리는 경승지와 영험한 곳을 만들어 가졌습니다.

다만 조선뿐 아니라 이미 세계의 자랑이 된 금강산, 금강산 턱밑에 있기 때문에 억울하게 제 값을 찾지 못하게 된 설악산, 금강산과 설악산에 비하여 독특한 경관을 구성해 가진 오대산 등은 그 중에도 특출한 것들이요, 이 밖에 제2급 제3급에 붙이는 명산은 이루 손을 꼽지 못할 것입니다. 그 모든 것이 이미 일반의 상식화한 금강산의 풍경을 새삼스레 어디는 어떻고 무엇은 어떻다고 하면 듣는 이가 응당 싱거운 사람도 본다고 웃으실 것입니다.

그러나 금강산이 옛날에는 경치로보다도 신앙상으로 더 갸륵하게 숭상된 사실은 아직도 모르는 이가 적지 아니할 줄 압니다. 조선 인민은 옛날에 태양을 하느님으로 알고 태양이신 하느님의 자손이 인간에 내려와서 나라를 만들어 세상을 다스리시는데, 하늘에서 인간으로 내려오는 길이 높은 산꼭대기에 있다고 믿었습니다. 그래서 그네들이 사는 지방의 산중에서 가장 높은 산을 하느님 계신 곳으로 하여 거기 가서 치성을 드리고, 특별히 동방 해상에 임한 명산은 신성한 처소라 하여 모든 지방 사람들이 공통으로 숭배하였습니다.

반도 남방에 있어서는 금강산이 정히 이러한 위치에 해당하고 겸하여 경치가 뛰어남으로써, 이야말로 하느님의 특별히 만드신 대궐쯤으로 생각하여 신앙의 정성이 더욱 도타우며, 국가로나 개인으로나 이 성지로 참배하는 것이 의무를 이뤘습니다.

마치 지금 기독교인이 예루살렘에, 이슬람교인이 메카에 순례하는 것과 같은 의미이지요. 신라 시절에는 화랑이라는 신앙 단체가 있어서 일정한 조직으로써 국내에 있는 성지에 순례함이 그 주요한 수행이었었는데, 그네의 순례하는 최고점이 진실로 금강산이던 것입니다.

이를테면 신라의 서울 경주에서 떠나서, 북으로 북으로 올라가면서 명산 승지를 두루 들러서, 마지막 금강산에 들어가서 그 상상봉에서 하느님께 예배를 행하고, 신비한 노래와 춤으로써 찬미하는 정성을 다하는 것이 그네 순례의 클라이막스이던 것입니다.

지금도 금강산의 가장 높은 한 봉우리에 영랑봉이란 이름이 있고, 금강산에 가까운 삼일포에 영랑이니 술랑이니 하는 이들의 지나간 자취가 있고, 또 바로 영랑호라고 이르는 호수도 그 순역로에 있습니다.

이 영랑이니 술랑이니 하는 이는 신라적 신앙 단체의 중심 인물인 화랑이라는 무리 중에서 가장 유명한 사람들입니다. 금강산과 그리로 가는 노상에 이렇게 화랑의 이름이 붙어 있음은, 곧 그네들이 금강산으로 예배하러 다니던 자취를 머무른 것입니다.

한 민족 생활에 있어서 그 국토를 존경하는 감정은 심히 소중한 것이요, 그 존경하는 태도는 신앙적 · 종교적으로까지 가야 비로소 든든한 것입니다. 옛날 우리의 조상네들은 신앙적으로 높이는 성산에 들어갈 때에는, 반드시 대소변을 받아가지고 나올 그릇을 가지고 가서 행여나 신성한 몸뚱이를 더럽힐까 조심을 하고, 또 산중에서도 소중하다고 생각하는 곳에 이르러서는 큰소리로 지껄이지도 않고 마구 몸을 가지지도 아니하여, 행여나 산신령을 성나게 할까 보아서 극진극진히 조심을 하였습니다.

그러므로 우리의 옛말에는 소중한 산이라 감히 오른다 하지 못하고 반드시 산에 든다고 하였습니다. 요사이 철 부족한 사람은 혹시 이것을 어리석은 일로 돌리고 코웃음칠는지 모르지마는, 산악과 산천, 강과 바다를 통해서의 그네의 국토에 대하여 그네들이 이렇게 경건하고 엄숙한 마음을 가진 것을 나는 그네의 총명 예지로써 못내 탄복합니다.

이 거룩한 전통이 어느새인지 없어지고 요새 와서는 외국으로부터 수입된 방자한 사상에 물들어서, 얼른하면 자연을 정복한다는 둥 산악을 정복하였다는 둥 하여, 천지조화를 제 재주 제 힘으로 정복하느니라 하는 턱없는 건방진 마음을 가지는 버릇이 갈수록 늘어감은 진실로 한탄할 일입니다.

자연에 대한 우리의 태도는 다만 믿고 따르는 것과 융합이 있을 뿐이요, 온전히 그 은혜를 받고 못 받느냐는 문제가 있을 뿐입니다. 무궁무진한 천지조화의 중에서 전기를 좀 끌어다 쓰는 것이 무슨 자연의 정복이겠습니까? 숨이 턱에 닿아 어느 봉우리 위에 발을 좀 붙인 것이 무슨 산악을 정복한 것입니까? 이런 것을 정복이라고 생각한다면 그는 다만 그렇게 생각하는 이의 철없고 염치없음을 나타내는 이외의 아무 것도 아닐 따름입니다.

어머니 품속에 기어들어가 안기는 듯한 공손으로써 산에 들고, 산에 올라도 산이 반드시 나에게 순할지를 기필하기 어려운데, 당초부터 돌파니 정복이니 하는 괘씸한 생각을 가지고 꺽죽대는 이에게 가끔 쓰라린 채찍이 산에서 옴을 어떻게 원통하다 하겠습니까?

근래에 등산열이 성해짐과 함께 참혹한 희생도 그대로 느는 경향이 많은데, 그 주요한 원인은 산에 대하여 경건하지 아니함, 등산의 태도가 엄숙하지 아니함, 산을 업신여기고 제가 잘난 체하고서 필요한 조심을 하지 아니함에 있음을 나는 통절히 느낍니다.

우리는 대산 고봉에 오를 적마다 매우 조심을 하노라 하면서도, 산중에서 날이 저물고 길을 잃어서 하늘에 뜬 구름장이 늘었다 줄었다 함을 내 생명의 심벌로 하여 안타까운 밤을 새기를 여러 번 하였습니다.

홑산이요, 깊을 것도 없는 양주의 도봉산, 광주의 무등산에서도 이러한 위험한 지경을 치르고, 제주의 한라산에서는 길을 인도하는 사람을 데리고서도 오를 적 내릴 적에 다 길을 잃어서 깜깜한 밤, 추운 새벽에 운명을 하늘에 맡겨 보기도 하였습니다.

그러나 지난 뒤에 생각해 보면 이러한 때에는 반드시 공연한 억지를 쓴 과실이 있음을 발견합니다. 산악은 언제든지 엄숙하게 대할 것이요, 결코 무례하고 거만하게 하지 못할 것임을 그때 족족 새로 깨닫는 동시에, 옛 사람의 산에 대한 종교적 태도를 다시 한

번 감탄합니다.

말이 좀 곁길로 버스러졌습니다마는, 산을 말씀함에는 이 점을 빼고 싶지 아니함이 나의 노파심이요, 또 금강산을 가시는 이가 다만 유흥적으로 어뜩비뜩하지만 말고 우리 조상의 마음으로써 금강산을 대하여, 우리 생명 의식의 깊고 깊은 근원에까지 다닥뜨리시기를 못내못내 축수하는 바입니다.

조선 고대 종교의 영장(靈場)이던 명산 승봉들은 뒤에 불교가 들어옴에 미쳐 차차 불교도의 손으로 들어가게 되었습니다. 옛날 하느님께 예배하던 자리에 절이 이룩되고 큰 절에는 작은 암자가 달려서, 온 산이 차차 불교의 면목을 뒤집어쓰는 동시에, 예부터 내려오던 이름이 또한 불교의 문자로 바꾸이게 되었습니다.

금강산은 본디 지단산(枳栢山)이라 하던 것이요, 설악산과 오대산도 각각 본 이름이 있던 것인데, 다 불경에 나오는 영산의 이름을 빌어다가 지금과 같이 금강이니 설악이니 오대니 한 것입니다.

신도(神道)로부터 불교로 옮아가기는 하였으되, 마찬가지로 종교인의 손으로 들어갔기 때문에 산악의 신성한 뜻은 더럽혀지지 아니하였습니다. 도리어 불교인의 공덕 사상으로부터 길을 튼다, 터를 다듬는다, 다리를 놓는다 등의 새 노력이 더해졌습니다.

또 불교의 인연을 따라서 반도 일방에 있던 산악의 이름이 해외 타국에 널리 소문나기도 하였습니다. 이를테면 금강산의 갸륵한 말은 고려 시절에 불교 관계로써 원나라에 들려서, 그곳으로부터 예배하러 오는 이가 발꿈치를 뒤대게 되고 그 이름이 차차 멀리 전파한 것입니다. 지금 세상에 돌아다니는 "고려국에 태어나서 친히 금강산 보기를 원하노라."하는 글귀도 아마 이때에 생겼을 것입니다. 이 글귀는 이미 『태종실록』(권 8, 4년 9월 기미조)에도 나옴으로써 그 유래가 먼 것을 짐작할 수 있습니다.

또 이조 5백년 동안 불교가 사회적 지위를 잃고 산림으로 몰려

들어가 있었던 것은, 저절로 승려들로 하여금 산악과 수림의 철저한 보호자가 되게 하여, 조선의 산악에 대한 불교의 공적은 절대로 큰 것이었습니다.

시대가 변천함과 함께 사람의 산악에 대한 존경심이 갈수록 사라지고, 더욱 최근에 광산 개발에 필요해서 어떠한 파괴라도 어려워하지 않게 됨에 이르러서는, 산악의 학대가 극도에 다다랐다 하겠습니다. 그리하여 산을 못살게 굴고 수림을 박박 깎아 버린 벌은 필경 사람이 당하고 말 것을 생각하면, 인과응보의 분명함을 모르는 것보다 더한 어리석음이 다시없을 듯합니다.

설악산은 인제 · 양양의 사이에 있는 태백산맥의 위에 생긴 일대 승지입니다. 전일에는 인제 쪽은 한계산이라 하고 양양 쪽은 설악산이라 하여 한 개의 산에 두 가지 이름이 있었지마는, 본디 이유 있는 일이 아니매 마땅히 유래가 먼 설악이란 이름으로 통일할 것이겠지요.

설악산은 또한 커다란 석산 덩어리로서 그 외 경치는 대개 금강산에 견준다고 하면 얼른 짐작이 될 것입니다. 산세가 웅대하고 기이한 봉우리가 무더기 무더기 높이 빼어나고, 골이 깊고 숲이 짙고 큰 소(沼)와 급한 여울과 맑은 시내와 긴 폭포가 여기저기 변화 있게 배치되어서, 사람으로 하여금 홀연 기이함에 놀라고 홀연 시원함을 부르짖게 하는 점이 대체로 금강산과 같습니다.

탄탄히 짜인 상은 금강산이 더욱 아름답다고 하겠지마는, 너그러이 펴인 맛은 설악산이 도리어 뛰어난다고도 하겠지요. 금강산은 너무나 드러나서 마치 길거리에서 술 파는 색시 같이 아무나 손을 잡게 된 한탄이 있음에 비하여, 설악산은 절세의 미인이 그윽한 골속에 있으되, 고운 모습은 물속의 고기를 놀래고 맑은 소리는 하늘의 구름을 멈추게 하는 듯한 뜻이 있어서, 참으로 산수 풍경의 지극한 취미를 사랑하는 사람이면 금강보다도 설악에서 그 구하는 바를 비로소 만족케 할 것입니다.

근래에 교통이 편리해짐과 함께 금강산의 세속화가 점점 줄달음질을 할수록 우리의 설악산에 대한 그리움은 그대로 깊어감이 또한 사실입니다. 옛날에도 참으로 산수의 사이에 몸을 맡기려 하던 이는 김시습(金時習), 김삼연(金三淵)네와 같이 그윽한 집을 다 이 산중에 얽고 지낸 것이 진실로 우연한 일이 아닌가 합니다.

금강산과 설악산이 누가 나으냐 못하냐 하는 문제는 얼른 대답하기 어렵고 또 아무래도 금강산이 나으리라 함이 보통이겠지마는, 설악산에는 분명히 금강산에서 볼 수 없는 경치가 많이 있습니다.

첫째 산의 입구인 갈역(葛驛; 박성원의 『한설록』에는 '加歷'이라 하였다)으로부터 시작하여 물을 거슬러서 올라가는 70리 길이의 긴 계곡에 바위 벼랑과 돌바닥이 깊은 골로서 흘러나오는 시냇물을 데리고 굽이굽이 갖은 재주를 부려서, 토막토막 소도 만들고 폭포도 드리우는 일대 필름은 금강산은 고사하고 조선의 어느 명산에고 다시 없는 장관일 것입니다.

하나하나를 따로 떼어서는 청룡담 · 황룡담 · 제폭 · 황장폭, 무엇무엇하지마는 온통 합하여서는 곡백담(曲百潭)이라고 부릅니다. 해주의 석담, 청주 보은의 화양동, 안의의 서상동 · 북상동 등을 다 한데 연접해도 그 길이나 그 기이함이나 다 설악의 곡백담을 따르지 못할 줄을 나는 생각합니다.

수렴동(水簾洞)이란 것이 금강산 · 설악산에 다 있지마는, 금강의 수렴은 오막살이집 쪽들창에 친 발쯤 된다 하면 설악의 수렴은 경회루 넓은 일면을 뒤덮어 가린 큰 발이라고 할 것입니다. 칠폭 · 십이폭 등 무더기 폭포가 여기저기 많음도 한 특색이거니와, 산성 골짜기로 쏟쳐 떨어지는 대승폭포는 두 동강을 합하면 길이가 수백 척이어서 반도 안에서는 가장 긴 폭포가 됩니다.

이 밖에 옥련을 늘어 세운 듯한 봉정과 석순을 둘러친 듯한 요새와 같이, 봉우리와 골짜기가 유달리 기이한 것도 이루 손을 꼽을 수 없습니다.

이와 같이 설악의 경치를 낱낱이 세어 보면 그 기이하고 장대함이 결코 금강의 아래 둘 것이 아니건마는, 워낙 이름이 높은 금강산에 눌려서 세상에 알리기는 금강산의 몇 백천 분의 일도 되지 못함은 아는 이로 보면 도리어 우스운 일입니다. 그러나 큰 실상을 가지고 세상에 소문나지 아니한 것이 설악산 하나만은 아니겠지요.

설악산의 다음에는 강릉의 오대산이 있어서 문수보살의 영장으로 유명하고, 그 줄기가 강원도 · 경상도의 경계에서 태백산이 되어서 신라 이래로 국민 신앙상의 중요한 지위를 가질 뿐 아니라, 두 산이 다 금강산 · 설악산과 같이 석산이 아니라 순전한 토산이면서도, 봉우리가 중첩하고 골짜기가 그윽하고 깊어서 각각 일방의 명산 됨에 부족함이 없습니다.

태백산에 이르러서 척량 산맥이 다시 한 번 향방을 서남으로 틀어서 대체로 경상도 · 전라도의 경계를 지으면서 달음질해 내려가니 이 부분을 소백 연맥이라고 부릅니다. 충청도의 속리산, 경상도의 가야산 등이 이 산맥 가운데 생긴 것이요, 그 끝이 반도 남단에서 바다를 당하여 여러 천리 내려오는 기운을 한데 뭉쳐서 우뚝 솟은 것이 지리산입니다.

지리산은 주위가 700~800리나 되어 그 가장자리에 옛날에는 함양 · 진주 · 구례 · 남원 이하 무릇 아홉 골이 있었다 하며, 여러 10리씩 되는 긴 골짜기가 사방으로 있고 게다가 순전한 육산으로 생겨서 살이 두꺼운 까닭에, 산중 산상 아무데고 씨만 뿌리면 거두어 먹을 수 있도록 인생에 대한 공헌이 가장 큽니다. 이렇게 이용 가치의 많은 산은 아마 다른 데서 보기 어려울 줄 압니다.

지리산 노고봉
천왕봉 · 반야봉과 함께 지리산 3대봉의 하나로 높이 1,507m이다. 예로부터 제단을 만들어 산신제를 지냈던 영봉이다. 노고단이란 도교에서 온 말로, '할미단'이라고도 한다.

그러면 지리산이라는 산은 볏담불이나 받아서 잘 먹고 살만 찐 촌부자 늙은이 모양으로 다만 텁텁뻑뻑하게만 생겼느냐 하면 그런 것은 아닙니다. 6,000척 내지 5,500척의 사이에 있는 천왕 · 반야 · 노고의 세 상봉이 높이 구름 밖에 솟아서, 올라가면 반도의 동서남 세 쪽 바다를 한 눈 아래 거두어 볼 수 있는 통쾌한 맛도 말할 수 없거니와, 청학동 · 화개동 · 덕산동 · 악양동 · 마천동 · 백무동 등의 깊은 골과 줄기찬 시내와, 가다가 기이한 바위와 맑은 소와 굵은 폭포가 생겨서, 노는 이의 눈을 기껍게 할 만한 요소는 결코 다른 데에 지지 아니할 만합니다.

악성 옥보고가 거문고 곡조를 만들었다는 데도 여기요, 시선(詩仙) 최치원이 죽지 않는 목숨을 감추어 있는 곳도 여기라 하는 것처럼, 반도의 신선이란 이는 대개 여기 모여 지낸 모양임을 보아도, 이 산이 결코 평범한 산이 아님을 넉넉히 짐작할 것입니다.

불일폭의 강하고 장대함과 용유담의 신비함 등 한번 구경한 이의 눈에서 길이 사라지지 아니하는 뛰어난 경치는 물론 한둘에 그치지 아니합니다. 그리고 꽃도 있고 열매도 있다 할 지리산은 분명히 일대 특색을 가진 명승지입니다.

내가 일찍 비행기의 위에서 반도의 지세를 굽어보매 대소 무수한 산악 봉만이 수천 리 바닥에 도툴도툴하게 깔린 것이, 마치 허허 바다에 물결이 일락 꺼질락 하는 것과 같았습니다. 이 좁쌀알 헤진 듯한 것이 죄다 명산 명승지야 아니지마는, 여러 가지 이유로 예부터 대표적 명승지로 치는 산악 이야기를 대강만 하자 해도 그는 결코 용이한 일이 아닙니다.

이번의 내 이야기는 이 이상 더 내킬 여유를 가지지 못하였거니와, 나는 이 기회로써 여러분과 함께 산이 많은 조선에 난 것을 부질없게 돌리지 말고, 산악을 본위로 하는 특수한 문화의 창조와 산악을 대상으로 하는 최고 윤리의 발양과 같은, 산악 지대 주민으로의 영광스러운 의무를 저버리지 말기를 깊이 반성하고 싶습니다.

또 조선의 산악은 하늘이 우리에게 맡기신 일대 재산인 동시에, 조상으로부터 전승해 내려오는 글씨 아닌 역사임을 생각하여, 거기로부터 오는 행복과 교훈을 받아쓰기에 좀 더 정성을 다하여 잊어버렸던 것을 깨우치고 싶습니다.

2. 표조선(表朝鮮)의 명산

근년에 조선으로부터 만주 내지 북중국 지방을 드나드는 기회가 잦아져서, 그 때마다 조물주의 천지 배포가 사람의 좀때기 생각과는 아주 다른 의도에서 나온 것을 곰곰 생각하고 다닙니다. 통틀어서 말하면 조선은 치우쳐 명랑한 세계거늘, 만주와 북중국은 침울한 세계라고 할 것입니다마는, 그 여러 가지 이유의 중에는 두 지방의 지형상 차이가 가장 큰 조건이 아닐까 합니다.

조선 반도로 말하면 가고 또 가도 산과 산으로 생기고, 그 사이에는 아늑한 골짜기와 소담한 들과 깨끗한 흙과 맑은 시내가 어울려서 오붓한 세간살이를 만들어 가지고 있는데, 발이 한번 압록강을 건너서 조선적 풍경의 태 밖으로 나서면, 정다운 산과 껴안고 싶은 물은 간다 보아라 하고 뿌연 흙의 끝없는 들이 덥석 들이덤벼서, 우리를 모가지로부터 발꿈치까지 꿀떡 집어 삼키고, 그래도 부족하다는 듯이 우리의 산수 풍경에 대한 과거의 기억까지를 다 사라뜨리고야 맙니다.

이 이른바 만주 평야의 속에는 우리 조선 반도가 온통으로 두서넛 들어갈 만하니까 얼마나 넓은 것인지 짐작되지 않습니까? 거기 대하여 조선 반도는 면적 22만 ㎢ 중에, 북방에서는 1,000m 이상 남방에서는 500m 이상의 산악만을 세어도 3,000여 봉우리가 있다고 하니까, 보통 하는 말로 삼천리강산이라고 함에 분배하면 매 1리에 높은 산 하나씩 있는 셈이 됩니다.

도대체 하느님께서는 무슨 까닭에 들은 죄다 만주 저쪽으로 집어 내어던지시고, 그 반대로 산이란 것은 죄다 반도 안으로만 집어 들이뜨리셨는가, 거기는 필연 깊은 의미가 있지 않고는 안 되겠지요.

말을 만들자면 하고 싶은 말이 적지도 않습니다마는 그것은 여기서 건드리지 말기로 하십시다. 다만 반도로 하여금 지질펀펀 심심 무맛인 존재가 되게 하지 않고, 이 산 저 산이 발을 맞추어 걸음 걷고 팔을 맞잡아 춤추는 것이 색채가 되고 무늬가 되어서, 삼천리에 길게 펴진 금수강산 하나를 만들어낸 것만은 분명한 사실이 아니겠습니까?

세계에는 산 많은 나라도 적지 않습니다. 티베트와 같은 데는 넓은 국토가 온통 백두산 꼭대기보다 훨씬 높은 곳에 있고, 거기 히말라야 · 트란스 히말라야 · 캐라코람 · 쿤룬 등 무시무시한 태산준령이 겹겹이 둘러막고 있습니다.

유럽에서도 스위스는 온 나라가 알프스 산의 품속에 들어 있고, 북방의 덴마크, 남방의 스페인은 다 산악국으로 유명합니다. 그러나 산이 좋다 해도 턱없이 높고 커서 땅과 사람이 항상 그 위력에 눌려 있다든지, 그렇지 않으면 나라가 온통 산속에 있어서 모든 것이 산이라는 옥중에 갇혀 있다든지 하면, 세상에 귀찮은 것이 산일밖에 없을 것입니다.

또 어떤 이는 말하기를, 스위스는 산수 풍경이 세계에 뛰어나서 각국의 유람객들이 모여들어 돈을 끼얹다시피 하니 그 아니 좋으냐고 합니다. 그러나 한 나라의 살림살이를 외방 사람의 주머니 속에다 맡겨 두고, 국민 전체가 나그네를 쳐서 그 대궁을 얻어 먹고 산다는 것도 결단코 칭찬할 일은 아니라고 나는 생각합니다.

이런데 견주어 보건대, 조선과 같은 데는 산악국이기는 하면서도 그래도 사이사이에 들도 열리고 강도 흘러서 농사지을 데는 농사, 공업 일굴 데는 공업, 온갖 생업을 무엇이든지 하고 싶은 대로 할 수 있어서, 우리의 부지런과 솜씨와 슬기를 먹고 살게 마련된 것이 진실로 큰 다행입니다.

조선 사람에게 있어서는 산악이란 팔아먹고 사는 상품이 아니라 국토를 장식하는 보배요 신심을 수련하는 도장이요, 또 사람과 하느님, 소아와 대아, 현실의 생활과 이상의 생명을 통일 합치시키는 신앙의 표상입니다.

신성하기 백두산 같은 것이 있고 기묘하기 금강산 같은 것이 있고 웅장하기 지리산 같은 것이 있지마는, 조선 사람은 아직까지 이것을 물건으로 팔아서 거기 솥을 걸겠다는 치뜬 생각은 하지 아니합니다.

오랜 옛날의 전설에는 역내에 있는 이러한 고산 대악은 죄다 하늘과 인간이 교통하는 사다리 비스름한 것으로서, 우리의 조상이 처음 하늘로부터 인간에 내려오시기도 산꼭대기로 하셨고, 우리

만인간(萬人間)이 인간 생활을 마친 뒤에는 또한 산꼭대기를 디디고서 우주의 큰 어머니 품속으로 돌아가 안기는 줄로 믿어 왔습니다.

또 하느님께서 인간에 일을 시키실 양으로 그 거룩하신 아드님을 내려보내실 때에는, 또한 하늘에 가까운 높은 산에 하늘의 출장소를 베푸시고, 거기 와서 인간 일을 보살피게 하셨다는 옛날 이야기를 가지고 있습니다. 이렇게 반도에 있는 산악은 지극히 신성한 것, 우리 심령의 고향으로서 마음과 정성을 다하여 받들어 모시고 지내는 소중한 존재이십니다.

잠깐 곁길로 나가는 말씀입니다마는, 요새 사람들은 무람이 없어 그러한지 염치가 없어 그러한지, 혹시는 방자한 서양 사람 흉내를 내는 탓인지 모르거니와, 높은 산악에 올라가는 것을 정복한다고 해서, 심하면 요사이 신문지상에도 어느 무슨 학생단이 백두 영봉을 정복했다는 제목을 서슴지 않고 쓰는가 봅니다마는, 이것은 우리의 아름다운 전통 가운데서는 꿈에도 없던 일이요, 그네들 말마따나 백두산이 과연 신령하신 봉우리일 것 같으면 이런 버릇없는 주둥이를 놀리는 무리에게는 무슨 벌이라도 주실 것입니다.

나는 이런 글자를 볼 때마다 대신 황송하고 죄스러움을 억제하지 못합니다. 허위단심 죽을 둥 살 둥 하고 다행히 좋은 날씨나 만나야 겨우 올라갔다가 내려오는 것이, 아무리 생각한들 정복이란 것이 합당하더란 말입니까?

그 말씀은 더 길게 말고요, 백두산 다음으로 반도 안에서 가장 먼저 역사에 나타나고 또 가장 깊이 인심에 뿌리를 박은 산은 평안도의 묘향산입니다. 보통으로는 영변의 묘향산이라고 하지요마는, 묘향산은 실로 백두산의 서쪽 지파 중 가장 큰 자손으로서 한 편의 가문 어른쯤 되시는 어른이니까, 영변이라는 작은 골에 붙어 있는 것은 물론 아닙니다.

백두산을 꼭지로 하여 반도에서는 평안 · 함경 양도의 어름과 만주 저편짝까지에 걸쳐서 우뚝하게 솟아 있는 높다란 지대를 지리학상에 개마 고지라고 이르니, 개마란 것은 오랜 옛적에 이 지방에 개마국이 있고 개마국의 산지를 개마 대산이라고 부른 일이 있었기 때문입니다.

개마 고지를 세로 타고 나오는 것이 낭림산맥이란 것으로서 평안도와 함경도의 분계가 되고, 평안도 쪽의 서부 개마 고지에 세 줄기 산맥이 서남간으로 엇비슷하게 뻗쳐 나갔는데, 그 가장 남편짝의 한 줄기가 청천강과 어울려서 평안도를 남북 양부로 가르고 있습니다. 이 줄기의 주되는 산이 묘향산임으로써 이것을 묘향산맥이라고 이름합니다.

그러나 묘향산은 다만 이 줄기에서만 주되는 존재일 것 아니라, 백두산 이남의 개마 산지 전부를 통틀어서 우렁차고 덜퍽지고 빼어나고 그윽하고, 이렇고 저렇고 한 온갖 점으로 가장 거룩하게 생긴 것이 실로 이 묘향산입니다.

가령 말하여 조선 사람이 아득한 옛날에 대륙으로부터 반도로 진입하였다고 할진대, 그야 압록강 방면으로 행진하였거나 이동하였거나 간에, 내려오며 내려오며 어느 산이 거룩하신고 하고 주의하여 살필 때에, 요구하는 모든 조건을 만족히 구비한 묘향산을 만나서, 옳다 만나 뵈려 한 신성한 산악님이 여기 계셨군 하고, 아마 감격에 넘친 눈물을 흘렸으리라고 나는 생각합니다. 그리하여 이 산 앞에 납죽 엎드려 절을 하고 인하여 거룩한 신령님으로 예배하기 시작하였을 것입니다.

그런데, 그때 사람들은 하늘과 높은 산은 서로 연락 있는 것으로 생각하는 동시에, 자기네의 조상은 하늘로서 높은 산을 디딤으로 하여 인간에 내려온 줄로 믿었습니다. 할아비와 손자, 아비와 아들이 두고두고 예배하는 동안에, 옛날 어느 때 하늘에서 내려오셨다는 우리의 할아버지께서 처음 어디로 내려오신고 했더니, 다른 데

묘향산
평안북도 영변군 · 희천군과 평안남도 덕천군에 걸쳐 있는 산으로 우리나라 4대 명산의 하나이다. 필자는 백두산 다음으로 가장 먼저 역사에 나타나는 산이라 하였다.

가 거룩한 이 묘향산 밖에 하느님이 보내신 우리 할아버지의 인간으로 내려오셨을 데가 또 어디 있겠느냐 하는 생각을 하였던가 봅니다.

그렇습니다. 반도 안에서 가장 먼저 열린 지방이 지금 평안도요, 평안도 지경 안에서 하늘하고 붙잡아 맬 만한 거룩한 산악을 찾는다 하면 묘향산을 내놓고는 다시없을 것입니다.

이러구러 묘향산은 옛날 사람들이 조선이란 나라를 배포하신 단군이란 어른이 하늘로부터 내려오신 곳이라는 신념이 생겼습니다. 여기서 이 말씀을 자세히 할 것이 없습니다마는, 묘향산을 이야기하자면 이 대문을 빼는 수는 물론 없습니다. 묘향산의 옛 이름은 태백산이요, 태백산에 단군이 내려오셨다는 것은 누구나 아는 바와 같습니다.

지금도 단군굴이란 깊다란 바위 구멍이 묘향산의 중턱에 뚫려 있어, 가서 보는 이로 하여금 느꺼운 생각을 자아내게 합니다. 이 이야기가 어떻게 생겼는지는 물을 것 없거니와, 이미 이러한 신앙이 붙어 있는 바에 이 산의 지위가 다른 데보다 극히 소중할 것은 진실로 당연한 일 아니겠습니까?

서산 대사
1520(중종 15)~1604(선조37). 조선 중기의 승려. 서산 대사란 이름은 서도의 묘향산에 계셨다 하여 붙여진 이름이다.

그러나 묘향산은 홑으로 풍경만 하여도 어디보다 못하지 않은, 아니 누구보다도 우뚝 솟아날 큰 가치를 지니고 있습니다. 조선 중엽에 서산 대사라고 부르는 고승이 있는 줄은 다 아시지요. 사명당이란 어른의 스승으로도 유명하신 그분입니다. 그 어른은 이름이 휴정이요 당호는 청허라고 하는 분인데, 서도의 묘향산에 계셨다 해서 보통으로 서산 대사라고 일컫는 것입니다.

그런데 이 어른은 본디부터 묘향산에 계신 것 아니라 안주에서 나서 지리산에 가서 중이 되고, 애써 공부를 한 뒤에 국중의 산을 두루 밟고 금강산에 들어가서는 오래 지팡이를 머무르고 지내다가, 마침내 묘향산으로 들어가서 불도(佛道)를 닦다가 세상을 떠나셨으니까, 말하자면 조선의 산수에 대하여는 널리 알고 깊이 맛보고 또 공평히 평할 만한 자격을 가지셨다고 할 만한 이입니다. 그런데 이 어른이 반도의 대표적 명산 넷을 뽑아서 논평한 말씀에

금강산은 빼어났지만 웅장하지를 못하고
지리산은 웅장하지만 빼어나지를 못했다

구월산은 빼어나지도 못하고 웅장하지도 못한데
묘향산은 빼나기도 하고 웅장하기도 하니라

한 것이 있습니다. 이 어른의 소견에는 조선 명산의 중에도 꽃등 가는 명산은 누구누구 할 것 없이 묘향산이니라 함이요, 그렇기 때문에 묘향산을 마지막 몸담는 곳으로 고르신 의미도 나타내신 모양입니다. 나도 처음에는 이 평이 좀 개인의 사정이 있는 말 아닌가를 의심하였습니다마는, 묘향산을 가서 보고는 미상불 그럼직하다고 항복을 하였습니다.

묘향산은 언저리가 400여 리가 되고 그 주위에 희천 · 영변 · 영원 · 덕천의 큰 고을 넷이 기대고 있으니 큰 산이 아니겠습니까? 상봉인 비로봉은 6,300척이나 쑥 뽑혀 올라가서, 북으로 낭림산 하나만 빼고는 눈 아래 그득한 산악이 죄다 무릎들을 꿇고 있고, 더욱 서쪽으로 바다를 건너 중국의 저쪽은 내다볼수록 납작하여 고개들을 땅에 대고 다만 어여쁨을 비는 듯하니 높지를 않습니까?

또 봉우리 전체가 무시무시한 험한 기를 훨쩍 벗고 바위 색이 새하얘서 완연히 은으로 부은 듯 옥으로 깎은 듯하며, 아침 볕발 저녁놀에는 멀리 보기엔 눈이 부실 듯하니, 거룩하게 보자 하면 한량이 있겠습니까?

비로봉이 내원골이라는 긴 계곡을 끼고서 좌우로 팔을 벌려서, 북서로 원만봉 · 석가봉 · 관음봉 · 아난봉 · 지장봉 · 시왕봉 · 향로봉 · 법왕봉 등이 되고, 남서로 칠성봉 · 만궁봉 · 시위봉 · 문필봉 · 왕모봉 · 아육봉 · 탁기봉 등이 되어 나오는 것이, 마치 천군만마가 지쳐 나오느라고 칼과 창이 숲처럼 늘어선 것 같고, 천부금탕(天府金湯)을 만드느라고 금성철벽이 울을 지은 것도 같은데, 이 두 날개가 곱닿게 싼 가운데 천년 고찰이요, 일방의 웅장한 사찰인 보현사가 기왓골의 검은 비늘을 백일 아래 반짝거리고 있습니다.

옛날 기록에는 묘향산 중에 360암자가 있었다고 적었으되 지금 남아 있는 것이야 그리 많지 않겠지요. 그러나 보현사 하나만 하여도 갸륵한 부처님 나라를 짓고도 남음이 있을 것입니다. 이러한 사이에 새벽에는 북이 두리둥둥 울고 밤중에는 종이 뎅뎅 소리를 하니 작히 신령스럽습니까?

그나 그뿐인가요. 인호대를 더위잡고 법왕봉 골짜기를 더듬어 들어가면, 상원이라는 암자를 중심에 두고 덜미에는 천신폭이 은하수가 구천에 떨어지는 것을 실지로 보여주고, 오지랖에는 용린폭 · 산주폭 두 폭포가 넓적한 석벽의 한 짝씩을 무대로 하여 재주다툼, 기운 다툼을 하고 있습니다.

반도에는 폭포도 많고 그 유명한 것을 나도 적지 아니 구경하였습니다마는, 한 자리에 앉아서 이렇게 기이하고 장대한 세 폭포를 한꺼번에 구경하기는 다른 데서는 듣도 보도 못한 일대 장관이었습니다.

폭포 말씀을 하자면 묘향산에도 역시 만폭동이 있습니다. 금강산의 만폭동과 비교하여 어느 것이 어떠하냐 하게 되면, 깊고 큰 골짜기 전체로는 금강산의 만폭동이 더 훌륭하다 하겠지요마는, 깊고 큰 골짜기의 물이 한데로 모여서 골 밖으로 나가는 토막으로 말하면, 묘향산 만폭동의 끝이 마지막 무릉폭포가 되어서 결이 있게 인간으로 내닫는 광경은, 금강산의 만폭동보다도 오히려 한 재미를 더했다고 말할 것입니다.

묘향산이라 하면 보통은 비로봉 이서를 말하고 말지마는, 참으로 묘향산의 심원하고 웅박한 뜻을 알려 할진대, 도리어 비로봉의 동북 곧 그 덜미녘을 들어가 보아야 한다는 것입니다. 서산 대사의 계시던 곳으로 유명한 금선대도 이 덜미 쪽에 있고, 이 밖에도 허다한 명승지가 그 쪽에 널려 있다고 합니다.

만일 금강산처럼 샅샅이 경치 있는 것을 뒤져내어서 이름을 짓

묘향산 만폭동
평안북도 향산군 묘향산 향로봉 남쪽에 있는 명승지로 크고 작은 수많은 폭포가 연이어 있다 하여 이러한 이름이 붙여졌다

고 길을 낸다 치면, 묘향산의 명소를 주워 섬기기에 숨이 찰 지경일 것입니다. 묘향산 이야기로만 판을 짤 것 아닙니다마는, 이만큼 하여도 아까 소개한 서산 대사의 묘향산 제일론이 턱없는 객담이 아닌 것은 대강 짐작되실까 합니다.

옛말이 우리에게 일러 주는 바를 따르건대, 맨 처음 묘향산으로 내려오신 단군은 도읍을 평양에 정하고 나라 이름을 조선이라고 하시다가, 뒤에 도읍을 구월산 밑 당장평(唐莊坪)으로 옮겨서 전후 합해 1,500년 동안 인간을 다스리신 다음, 마지막 구월산에 들어가 신령님이 되셨다고 합니다. 이로부터 오늘날까지 누천년에 구월산은 단군님 신령을 모신 곳으로 조선 산악 중에 특수한 지위를 가지고 내려옵니다.

반도의 문화가 어느 지방에서 가장 먼저 열렸느냐 할 것 같으면, 대동강을 중심으로 하는 지금 지리학상의 말로 낙랑 평원이라 하는 땅에서 조선이 역사 첫 장을 펴기 시작한 것은, 전설과 유물이 일치하여 우리에게 증명하는 바입니다. 낙랑 평원의 중심은 물론 평양이지마는, 옛날의 평양은 지금과 반대로 대동강의 좌안에 있어서 평안도보다도 황해도 방면으로 더불어 교섭이 더 많았었습니다. 말하자면 역사의 중심이 차차 남으로 이동한 것입니다. 이러한 대세를 따라서 그네의 제일 소중하신 단군을 위하는 산도 세상에 나오시던 묘향산으로부터 하늘로 돌아가셨다는 구월산으로 옮아오게 된 것입니다.

구월산은 황해도의 서녘에 마치 황해의 바람과 물결을 막으려는 듯이 해변 가까이 세로 장성을 쌓은 이른바 구월 산맥의 주산입니다. 북에는 대동강의 하류인 "제량 바다"를 짊어지고 서에는 황해가 너부러져 있고, 동과 남 두 짝으로는 황주의 긴 등성이, 재령의 나무리벌 등을 껴안고 있어서, 내다보면 창파가 만경, 돌아다보면 옥야가 천리, 나아가 취함에는 운수 · 교통의 편이 있고, 들어 앉아 살기에는 곡식이 무진장인 형세를 가졌습니다.

그리하여 생활 조건이 편리한 것을 찾아드는 옛날 백성들이, 부르는 이 없이 사방에서 모여 들어서 반도에 가장 오랜 나라가 이 바닥에 생겨났던 것입니다. 다만 육지로만이 아니라 해상으로도 많이 들어오고, 다만 내지로서만이 아니라 해외로서도 많이 떠들어와서, 너요 나요 다 같이 잘 살자 할 때에 누구에게고 목표된 것이 이 구월산이었습니다.

육지로서 오는 이는 구월산 기슭을 어머니 앙가슴으로 알고, 해상으로서 들어오는 이는 구월산봉을 아버지의 부르시는 손으로 알고서 구월산 구월산 하고 모여든 것입니다. 누구든지 구월산 언저리를 한번 휘돌아 보시면 곧 아실 일이어니와, 신천 · 문화 · 안악 · 장련 · 은률 · 송화 등 여러 고을이 구월산 기슭으로 뺑 돌아가면서 고인돌이란 것이 경성드뭇이 깔려 있습니다. 고인돌이란 것은 그 말과 같이 밑에 두 쪽 혹 세 쪽의 굄돌을 놓고 그 위에 널따란 뚜껑돌을 얹어 놓아서 책상이나 밥소반 모양으로 생긴 돌집입니다.

조선 민간에서는 "마고할머니"의 앉는 자리라고 하는 속설이 있지마는, 실상은 인류학상에서 돌멘이라 하는 것으로서, 세계 어디든지 다 있는 석기 시대 인물의 유적인 것입니다. 대개 그때 사람의 무덤이나 제사터일 것이라고 합니다. 그 소용은 무엇이든지간에 그것이 석기 시대의 것인 것만은 의심이 없는 바로서, 조선 반도 안에 이보다 오래 된 유물은 물론 없을 것입니다.

그런데 석기 시대의 확실한 유적이 특별히 구월산을 끼고서 많이 깔려 있는 것은, 별수 없이 구월산이 석기 시대에 이미 다수한 인간이 의지해서 살던 곳임을 나타내는 것입니다. 반도 안에는 간데마다 고인돌이 있기는 합니다마는 구월산만큼 총총히 있는 데와, 구월산 근처의 것처럼 유착하고 완전한 모양을 가지고 있는 것은 다른 데서 다시 볼 수 없는 바입니다. 이 고인돌은 마치 이집트의 피라밋이나 잉카의 거석 건축에 견줄 만한 귀중한 유적으로서, 구월산 부근이 역사적으로 오랜 지방임을 소리쳐 증명하는 것입니다.

구월산은 다른 데 비하여서 큰 산도 아니요 또 높음을 자랑할 산도 아닙니다. 병풍같이 길게 둘러막기는 하였지마는, 홑산이요 또 아리잠직한 봉우리가 느런히 벌여 서 있는 것에 불과합니다.

그러나 이쯤 되는 산으로서 그렇게 재미있게 생긴 산은 또한 드물다 할 만합니다. 신천 · 안악으로부터 걸음걸음 가까이 들어가면서 보십시오. 멀리서는 정다워 보이고 가까이 가면 은근하고, 온통으로 보면은 듬쑥하고 따로따로 보면 상큼하고, 빼어나지 못했는가 하면 옥으로 깎은 연봉 같은 아사봉이 있고, 웅장하지 못한가 하면 일출봉 · 광봉 · 주토봉 등이 여기저기서 주먹들을 부르쥐고, 천만인이라도 덤벼라 하는 기개가 바로 시퍼렇습니다.

홑겹이라고 업신여기지 못할 것이, 4,000여 보의 석축 산성이 그 허리를 두르고 있습니다. 만만하다고 못할 것이, 명종조의 유명한 반역자 임꺽정이 여기를 웅거하고 있으매 서울서 의주 가는 길이 그만 끊기고 일국의 인심이 들썽들썽한 일도 있었습니다.

그러면 경치로는 어떠하냐고요? 패엽사 · 월정사 · 묘각사 등 예로부터 대찰 있는 깊고 큰 골짜기는 말하지도 말려니와, 우선 산성의 서녘 등성이로 비스듬히 내려가면서 새벽달 · 저녁 해에 긴 휘파람을 휙휙 불면, 100척 200척의 늙은 솔들이 골바람에 활개를 치고, 긴 가락 짧은 가락을 다투어 화답하는 재미가 어떤 것을 짐작하시겠습니까?

그만한 경치는 어디든지 있으리라고 하시겠지요. 그렇고도 안 그렇습니다마는, 나는 다시 성의 여러 골물이 서편 쪽 아가리로 쏟아져 내려가서 시원 씩씩한 긴 폭포를 매단 경치는 어떠시냐고 묻겠습니다. 그런 것도 대흥산성의 박연폭포 같은 데가 있지 않으냐 하신다 하면, 나는 다시 정곡사 뒷골의 고요소(高要沼)를 끄집어낼 밖에 없습니다.

10리 긴 계곡이 으늑할 대로 으늑해 들어가다가, 홀연 마른 하늘에 천둥소리가 땅을 들먹하는 곳에, 골이 막다르고 벼랑이 곤두서면서 어디로서 나오는지 모르는 큰 물줄기가, 가로 퍼져서는 수정발이 걸리고 꺾질러 떨어져서는 옥방아공이가 쿵쿵 바들폭포를 짓찧는데, 근처에 높은 봉이나 긴 석벽, 짙은 숲이나 큰 나무 따위 아무것도 없음이, 도리어 물 하나의 기세를 마음껏 발보이고 폭포 하나의 서슬을 극도까지 발휘시키는 조건이 되었습니다. 여기만큼 무더기 물이, 여기만큼 기승스럽게 떨어져 물빛 · 물소리밖에 다른 아무것을 조금도 용납하지 않는 데를 나는 다시 못 보았습니다.

그런데 폭포 쏟아져 생긴 소의 충충하고 야단스럽고 신비스러움이 또한 유난스럽습니다. 예부터 이 속에 용이 있다고 일러 오는데,

만일 용이 있기만 하면 이런 데를 내어놓고 편안히 들어 앉았을 데가 없겠지요.

우선 여기 이름이 무슨 폭포가 아니라 '고요소'입니다. 소(沼)라고 함을 보아도 폭포보다 소가 주인임을 얼른 짐작할 것 아닙니까? 나는 폭포를 쳐다보고 소를 굽어보고 폭포와 소를 아울러서 눈으로도 보고 귀로도 보다가, 처음 보는 이 폭포가 어째 보던 것 같은가를 의심하였더니, 언뜻 생각이 나는데 아메리카의 나이아가라 폭포를 작게 줄이면 만주의 경박호(鏡泊湖) 폭포가 되렸다, 경박폭포를 다시 한 번 줄이면 옳지 고요소가 되겠군 하고 무릎을 탁 쳤습니다.

이 말이 맞는가 아니 맞는가는 고요소 실지에 가서 시험해 보십시오. 이만하면 구월산 경치가 또한 무던하다 못할까요.

그래도 시무룩하시다면 마지막 상봉인 사황봉(954m)을 모셔낼 밖에 없습니다. 사황봉은 1,000m가 못되는, 높아도 낮은 봉이지마는, 한번 그 절정에 올라가 보면 대해와 장강, 중봉과 광야, 이 여러 가지 풍경 요소를 한눈 아래 거두어 가지는 위대한 경관을 대하시고는, 아무든지 구월산이여, 너도 또한 절대 독특한 물색의 소유자로구나 하고, 못내못내 감탄하실 것을 장담하겠습니다.

황해도에는 특별히 높고 큰 산악은 없는 셈이지요마는, 세로 닫는 산맥 넷과 가로 뻗친 산맥 셋이 바둑판 무늬로 엇걸려서 지형이 꽤 복잡하고, 그중에는 가끔 심상치 아니한 명산 명승지가 생겨 있습니다.

근래 황해선 철도의 개통 이후로 황해 금강이란 이름으로 와짝 일반에 선전된 재령의 장수산 같은 것이 그 하나입니다. 장수산은 멸악산맥 - 서흥의 멸악산이 한일자로 건너가서 장산곶을 만들고 황해로 들어가는 황해도 내 제일의 긴 산맥 - 의 중턱에 생긴 백석규암의 석산으로서, 사방에 단층이 에둘려 있어 독립한 한 지괴를 형성하였습니다.

이렇게 산 전체가 돌 한 덩어리로 생기고 이 돌이 바람과 비에 깎여 조화의 손에 공교로운 새김질을 베풀어, 푹 빠진 데는 깊은 골이 되고 쑥 솟은 데는 뾰족한 봉을 이루되, 골 속에 봉이 있고 봉 사이에 골이 있고 여기 개울이 흐르고 소가 괴고, 거기 붉은 꽃 누른 잎사귀 내지 사시장청의 송백나무가 그림자를 담그고 이 전체의 위에 흰 구름이 긴 치맛자락을 끌고 그윽한 새가 기이한 노래를 화답하매, 이 풍경 구성의 요소는 미상불 금강산 그대로인 것이 사실입니다.

다만 체적(體積)도 작고 키도 작고 따라서 깊고 큰 골짜기 천 폭이 수효로나 물색으로나 다 작은 것은 어쩔 수 없습니다. 반도 안에 기묘한 산수 치고 무슨 금강, 무슨 금강 하는 데가 많지요마는, 장수산만큼 그 이름을 더럽히지 아니할 '조각 금강', '소꿉 금강'이 또 없을 줄 압니다.

그리고 장수산과 금강산과의 특징을 꼬집어낸다고 하면, 금강산은 일어선 장수산, 장수산은 앉은 금강산이라고 함이 나는 적절하다고 생각합니다. 장수산에는 남북에 걸쳐서 세 줄기 단층이 있어 그 기이한 경승은 이 때문에 생긴 것입니다. 그 중의 두드러진 것이 12곡이란 것이니 흩산에서는 드물다 할 만한 10리 긴 골짜기가 열두 구비로 꺾이고, 꺾이는 족족 산광석태와 송뢰계운(松籟溪韻; 소나무 피리 물장구)이 면목을 달리하는 것이 마치 솜씨 있는 큰 그림책을 펴보는 것 같습니다.

조선 안에 계곡미를 자랑하는 곳이 적지 않습니다. 이를테면 안의의 서상동, 북상동 · 보은의 화양동, 장수산 가까이는 해주의 석담구곡 등이 다 한 가지씩 특색들을 가지고 있지마는, 가장 변화가 많고 가장 풍운(風韻)이 넘치기로는 장수산의 12곡이 첫자리를 차지할는지 모릅니다. 욕심을 말하면 개울물이 좀 더 윤택하였더라면 할 뿐입니다.

12곡의 북쪽 작은 골에 높다란 바위 끝에 위태로운 집 한 채를 짓고 이름을 현암(懸庵; 매단 집)이라고 한 것이 있어, 금강산의 보덕굴로 더불어 아슬아슬한 맛을 다투려 하는 것도 구경은 구경이요, 이짝으로 나가서 샘과 폭포의 볼 것이 더러 있지마는, 이것들은 장수산 경승의 구도 중에 있어서는 즉 불과 한 곁가지일 따름입니다.

장수산의 시원한 재미를 보려 하면 모름지기 상봉인 보적봉 머리에 올라서야 합니다. 보적봉은 표고가 747m이므로 아주 높다고야 하겠습니까마는, 고래 노는 물결을 보자면 황해가 눈 아래 있고 용 올라가는 들을 보자면 극성(棘城) 벌이 발밑에 있습니다.

그러나 이것만이면 이미 구월산에서도 배불리 구경한 것이지마는, 좌로는 관음봉, 우로는 보장봉의 두 날개를 쫙 벌리고 날개마다 서릿발이 도는 하얀 석봉이, 옹긋도 하고 쫑긋도 하고 갸웃도 하고 벋버스름도 하게, 갖은 자태를 다하고 벌여 서 있는 그 장관은 금강산 말고는 오직 장수산에서만 보는 바입니다.

그러나 이것은 오히려 전체의 대관이라 좀 얼떨떨할는지도 모릅니다. 이리로부터 지팡이를 내리 짚고 산성(석축 8,915척)에도 들르고 채진암이란 절도 보고, 곧장 벽암계라는 개울을 끼고서 한 모롱 또 한 모롱 소나무 등성이와 돌벼랑을 지나 내려오면, 산이 거의 다하려 하는 곳에 눈이 번쩍 띄어지는 경계를 만납니다.

먼 봉은 떡 버티고 가까운 봉은 주춤하여 옷깃을 이어 둘러싼 중에, 바닥을 만나선 소가 되고 턱이 져서는 여울이 되고 떨어져서는 폭포가 되고, 구비치다간 거품을 뿜는, 맑으나 맑은 시내가 영산회상 같은 긴 풍류 한판을 고루고루 아뢰는 마당입니다.

봄꽃과 가을 달이 제각기 아름다움을 의탁하고, 푸른 가지 누른 잎이 번갈아 세월을 기록하는 저 물만 해도 이미 갸륵한데, 고개를 들어 쳐다 보자 기차게 뽑혀서 구름을 찌르는 저 봉우리, 유착하고 질뚠하고 편안히 엉덩이를 붙인 저 바위, 노장님이 가사를 걸치고 도솔천 저쪽을 바라보는 것은 삼불암, 차곡차곡 돌이 얹혀서 백보(百寶) 장엄한 높은 자리를 이룬 것은 칠성대, 이 모든 배치와 늘여 놓은 것을 한 손에 휘어잡고 볕발과 구름 그림자로써 오색 영롱한 각광을 쏘이고 앉은 것이 환희봉, 아마 조물주가 별마춤으로 하나 장만하신 것이 이 아름다운 동산인가 봅니다.

여기가 어디냐 하면 묘음사라는 옛 절이 들어 앉은 큰 도국 거기로서, 장수산의 경치는 여기를 클라이맥스로 하여 구경하는 이로 하여금 겨우 숨을 돌리게 하는 대문입니다.

이만하면 무슨 폭포, 무슨 바위, 무슨 굴 하는 데를 더 구경 아니 할지라도, 또 예부터 일러 오는 도원동이란 데가 어딘 것을 자꾸 찾아다니지 아니할지라도, 우리가 장수산에 향하여 기대한 바 산수 미관은 거의 만족했다 할 것입니다.

황해도에서는 또 하나 해주 수양산도 더듬어 보고 싶습니다. 그보다도 평안도의 묘향산, 황해도의 구월산, 단군이 나시고 돌아가신 성지를 순례하고 오는 걸음이니까, 해주쯤서 잠깐 배를 타고 건너가기만 하면 되는 강화도로 들어가서 단군께서 하늘에 제사하시던 마니산까지를 말씀할 것 같으면, 단군 관계의 산은 수미가 일관하여 조선 명산 순례의 어느 한 편을 끝막는 셈이 되겠습니다마는, 이번에는 이보다 더 번거로운 말씀을 여쭐 겨를이 없습니다.

대체로 보건대, 조선의 명산을 이야기하는 이가 얼른하면 금강산이니 설악산이니, 오대산이니 태백산이니 하여 동부 조선의 것만을 들추어 말함이 거의 통례지마는, 무엇보다도 산악의 부자인 조선, 수로 많으면서 또 질로도 훌륭한 조선의 산은 서부 조선에도 어디만 못하지 아니한 명구역 명승지를 만들고 있습니다. 더욱 우리 정신생활의 뿌리에 중요한 관계를 가진 신성한 산악은 서부 조선 방면에 더 많이 벌려 있음을 알아야 합니다.

사람의 일이 하루를 멀다고 변환하는 것을 모르는 체하고 억천만 년에 줄곧 푸르고 그냥 우뚝한 것이 산입니다. 이렇게 우리에게 미더움과 든든함을 주는 산은 동시에 우리의 절대 영원한 생활 기록입니다. 산은 결단코 무지한 돌덩어리가 아니요, 입 없는 벙어리가 아닙니다. 산을 눈으로만 보지 말고 귀로 보고 마음으로 볼진대, 우리는 거기서 뜻하지 아니한 큰 교훈과 많은 지혜를 받을 것입니다.

3. 조선의 강하(江河)

조선은 삼면이 바다에 둘려서 이른바 반도로 생기고, 그다지 넓지 아니한 바닥에 강이란 이름을 듣는 큰물이 12개나 되고, 또 그 사이사이에 시내가 있고 늪이 있고 소도 있고 샘도 있어서, 조선에는 많은 것이 산뿐 아니라 물도, 물로 생긴 경치도 어디보다 못한 것이 없습니다.

바둑판 금같이 얼크러진 산맥은 힘줄이 되어 울근불근 기운을 쓰고, 칡덩굴 같이 뻐드러져 나가는 수계는 혈관이 되어 신선한 영양소를 공급하는 중에 씩씩한 조선, 튼튼한 조선, 생명에 담겨 있는 조선이 있는 것입니다.

조선 반도의 미는 진실로 높은 산과 고운 물이 날이 되고 올이 되어 짜낸 비단 무늬에 한계를 벗어나지 아니한 것입니다. 가만있는 산과 움직이는 물, 높아진 산과 멀려는 물, 흔들리는 일 없는 산과 막혀지지 않는 물, 그렇게 빼어난 산과 그렇게 아름다운 물이 겸하여 있는 곳에 비로소 원만 충족한 풍경미를 찾아보는 것입니다.

산만 많다든지 물만 좋다든지 들만 터졌다든지 바다만 에둘렀다든지, 설사 그 모든 것이 죄다 있을지라도, 치우치고 기울어져서 알

맞은 조화를 가지지 못함과 같은 절뚝발이 경치, 일그러진 경치가 아니라, 참말로 뚜렷, 의젓, 또 어우러진 만점적 경치는 세계가 넓지마는 결코 많지 못한데, 그 많지 못한 중에도 특별히 어깨를 으쓱 쳐들고 있는 것이 진실로 조선 반도입니다. 예로부터 산고수려(山高水麗)라 하고 금수강산이라 하여, 산과 물을 반드시 짝지어 들추어 옴이 과연 그저 일이 아니던 것입니다.

조선의 산을 말함에 백두산을 먼저 쳐들어야 하는 것처럼, 물 이야기를 한다 해도 역시 백두산에서부터 더듬어 나와야 합니다. 산하 대지의 지꺼분한 것을 살라 버리려고 불길의 입을 벌렸던 백두산이 노여움을 그치고 기운을 거둔 자리에는 커다란 늪이 충충히 괴어서 위엄스러운 침묵을 담아 가지고 있으니 그 이름이 천지입니다.

말하자면 파랗다 하겠지마는 파란 그 속에 오색이 다 들어 있는 그 물빛, 얼른 보기에는 수면이 잔잔하여 흙손질한 이보다 더 반드러운 모습이지마는, 자세히 보면 이 구석에서부터 저 구석까지 굼실굼실하는 잔금이 고루 깔려 있어서, 한금 한금마다 무엇인지를 하소연하고 있는 그 물결, 세상에 신비란 것이 없으면 모르려니와, 있다고 하면 아마 백두산의 천지야말로 온전한 신비 그것이라 하기에 가장 적당할 것입니다.

아프리카의 원시림에 들어선 찰스 다윈이 어리둥절하여 "에고, 하느님!"하였다는 것처럼, 나는 천지의 신비를 언뜻 접하면서 문득 "에구, 어머니!" 소리치던 일을 언제든지 잊어버리지 못합니다. 천지를 들여다볼 때에 거기 구원한 큰어머니의 얼굴을 발견함은 누구든지 다 마찬가지일 것을 나는 믿습니다. 무엇이 어떠해서 그러하냐 하는 이가 있다 하면, 나는 대답하기를 "이렇다 저렇다 못하겠기에 신비라는 것이 아니오?" 하겠습니다.

그런데 천지는, 나는 신비하니라 하고 가만히 있는 것 아니라, 그

쑹화강
중국 동북의 지린성 · 헤이룽장의 두 성을 관류하는 하천으로, 만주 전역의 대동맥이라 할만한 강이다.

신비를 스스로 날라다가 하계 인간으로 내려 보내기를 생각하여서, 우선 북으로 한 줄기 흘러 나간 것이 만주 전토의 대동맥이 되는 쑹화강입니다. 쑹화강의 원명인 '숭가리 울라'는 만주어로 천하(天河)란 뜻으로서, 이것이 그네의 사이에 신앙적으로 존경하고 숭배됨을 나타내고 있습니다.

전체 길이가 1,866㎞(약 4,000리), 만주의 흥복부를 두루 축여 주면서 마지막 헤이룽강과 합하여 미루어 헤아리기 어렵게 동해로 들어가는데, 이 유역에 부여국이 있었고 고구려국이 생겼고 발해국이 번성하여, 뒤에 이르러서는 남의 것 같아졌지마는 역사적 조선의 범위에서는 분명히 우리 뒷개울이던 것입니다. 그러나 오늘날 정치 지리적으로는 조선에 넣어서 말할 것 아님은 물론이지요.

천지가 바로 흘러 나가는 것은 아니지마는 천지를 둘러싼 동편 쪽 산의 밖에서 나오는 물이 모여서는 두만강이 되고, 서편 쪽 산의 밖에서 나오는 물은 모여서 압록강이 되어서, 본디는 조선의 허리띠 쯤 되는 것이 지금은(500년 이짝으로는) 머리 동여맨 수건이 된 셈입니다.

정치적 국경은 본디 인위적 억지인만큼, 반드시 민족 생활의 자연한 발전을 막지 못하는 것이어서, 두만강 밖에는 북간도, 압록강 밖에는 서간도라는 것이 조선의 연장과 같은 형태를 나타낸 일은 새삼스레 일컬을 것 없거니와, 조선의 북쪽 국경인 이 두 큰 강이 바로 조선 사람의 생활력을 징험하는 온도계의 영점이 되어서, 두 강의 이쪽에서 오비작거리고 저쪽으로 뻗어 나가는 분수가 그대로 우리 생활력의 왕성하고 퇴축하는 정도를 표시하는 것만은 우리가 알아둘 일입니다.

“두만강 물은 말을 먹여 다 없앤다.”라는 글귀는 우리네 대륙 발전의 의기와 함께 언제까지고 전해져 읊조리며 내려가려니와, 실상 두만강이란 것은 이름난 분수만큼은 변변하지 못한 한탄이 있습니다. 전체 길이가 521*km*, 조선 제3위의 큰강이지마는, 수량이 비교적 적고 급한 여울이 많아서 배로 운반하는 부분이 전 유로의 6분지 1도 못되는 터입니다.

함경선을 타고 북으로 회령에 다다르면 여기서부터 종성의 상삼봉까지 꼭 두만강을 끼고 올라가는데, 기차 창에서 보기에는 수풀 사이로 숨었다 드러났다 하는 작은 개울 하나에 그칩니다. 온성 지경에 이르러 동남으로 유로를 늘리면서 만주국 측의 여러 지류를 합하여 물도 불고 경원 · 경흥의 군계에서 S자형으로 굼틀어지는 동안에 혹 깎아지른 해안 절벽이 생기고 혹 장정(長汀) 곡포(曲浦)를 이뤄서 볼 만한 풍경이 더러 있으며, 마지막 서수라에 다다라서는 창망한 큰 바다(슬해)가 하늘까지를 집어삼켜서 시원함이 이를 길 없지마는, 그래도 두만강은 결코 경치로 볼 것은 아닐 줄 압니다.

그보다도 거기 얼크러지고 휘감겨 있는 허다한 역사적 감흥이야말로 진실로 두만강의 두만강 되는 소이이겠지요. 아득한 옛일은 모르는 체할지라도, 윤관의 9성, 김종서의 6진, 여기저기 있는 통군정과 수항루(受降樓), 두만강 천리 물이 주야 없이 읊조리는 소리는 조선 남자의 팔뚝 힘줄을 불끈 서게 하는 사실뿐입니다.

숭무사(경북 칠곡)
조선 후기 무신 신류(1619~1680) 장군을 모신 사당이다. 신류는 1658년 청나라의 원군 요청으로 조총병 200여 명을 거느리고 나선 정벌(羅禪征伐)에 참가, 헤이룽 강까지 원정하였다.

효종조에 청나라의 청을 받아서 앞서는 북우후 변급(邊岌)과 뒤에는 혜산 첨사 신류(申瀏)가 번번이 북변 9읍의 소총수 수백 명을 거느리고 두만강을 건너 어제강 · 모단강을 지나 쑹화강과 헤이룽강이 합하는 후통강상에서 그때 말로 나선(羅禪), 지금 러시아의 침략 부대와 싸워 그를 섬멸시키고 러시아로 하여금 한참 동안 동방 진출의 예봉이 꺾이게 했던 장쾌한 일을 사람은 많이 잊어버렸을 법하되, 그때 그 땅에 그대로 흐르는 두만강 물소리에는 아마 그 영광을 노래하는 가락이 처져 있을 것입니다.

철종 11년(1860)에 우수리 강 이동의 땅, 지금 연해주란 것이 청국으로부터 러시아로 할양됨에 따라서, 200년 전에 우리 손으로 물리쳤던 러시아의 검은 손이 청국의 인도로 조선 땅에 닿고, 경흥의 저쪽에 블라디보스토크(海蔘威)를 중심으로 하는 범의 굴이 생겨서, 우리로 하여금 덜미의 근심을 놓을 날이 없이 한 한탄도 아마 두만강의 목멘 소리 가운데 섞여 있을 것입니다.

바로 지금부터 2년 전에 피로 물들였던 장고봉(張鼓峰)을 조상하고[2] 조산포에 이르러 포세트만 저쪽의 검은 구름을 바라다 보면서, 두만강 한 줄기가 상하 천추에 조선 땅을 지키기에 꾸준하게 애를 쓰는 모든 일을 못내못내 느껍게 생각한 일이 있습니다.

이씨 조선의 조상님네는 두만강 저쪽의 알동에서 자손을 키우셨으며, 청 태조 누루하치는 두만강 이쪽의 지금 회령에서 힘을 길렀었습니다. 이리 굼실하여 한 왕조를 태우고 저리 휘우듬하여 한 제국을 만드는 두만강을 누가 적다 크다 하겠습니까? 더구나 구구한 경치는 두만강에서는 찾지 말아도 좋겠지요.

천지를 사이에 두고 두만강과 등을 지고 흐르는 것이 압록강입니다. 구불구불 800*km*, 배질할 수 있는 동안이 약 700*km*, 골에서는 개울이 되고 웅덩이에서는 소가 되고, 부딪쳐서는 여울이 되고 내리질려서는 폭포가 되면서 올지 갈지, 컸다 작았다 만 번이나 꺾이다가 끝내 바다로 들어가는 압록강은 조선에서는 물론 제1위요, 옛날 중국에서는 황허 · 양쯔강과 아울러서 천하 3대수로 치던 것입니다.

당나라 사람의 시에 흔히 어디 무슨 물이 '압두록(鴨頭綠)'이라 하는 구절에서 압록이라는 글자가 나온 것처럼, 그 이름이 이미 시적이거니와 압록강의 역사와 그 풍경미는 과연 강 전체 그대로 일대 시축(詩軸)인 관을 나타내었습니다. 조선 외교사의 맨 첫 장에 이미 그 이름이 나타나서, 이래 누천년 동안에 조선 역사의 커다란 파란은 거의 다 이 강의 허리를 타고서 생겼다 할 만큼 압록강의 역사에 대한 관계는 심히 깊습니다.

한민족과 조선 민족의 세력을 다투는 줄다리기는 언제고 이 강

2 두만강 너머의 장고봉을 두고 1938년 소련과 일본이 전투를 벌여 많은 사상자를 내고 일본이 패퇴한 사건을 애달파한다는 뜻이다.

을 가운데 두고 나갈락 물러서락 하던 것이요, 왕년의 대국 고구려는 본디 이 강가에 있던 작은 촌이 자라서 된 것이요, 동방 문화 교류사상에 있는 일대 성국인 발해국과 당나라와의 교통은 실로 이 강으로써 통로를 삼았었습니다.

이러구러 압록강의 역사는 조선 역사의 대부분을 차지한다 할 만하니까, 짧은 시간에 이 강을 붙들고 역사를 말하려 함은 도리어 철없는 일이겠지요. 그런데 압록강에서 그 지리적 자격과 역사적 지위를 빼앗을지라도 그 빼어난 풍경만으로 넉넉히 천하에 곤대짓할 수 있음을 아는 이는 아직 세상에 적습니다.

압록강 길이를 발원지로부터 입해구까지 직선으로 재어 보면 400㎞도 되지 못하는데, 그 물 흐르는 길이는 그 갑절이 훨씬 더 됩니다. 그러면 그 실제의 거리만한 동안 이리저리 꼬불거린 셈입니다. 초산과 위원 사이와 같이 굴곡이 심한 곳으로 말하면, 물이 산을 끼고서 뱅그르르 돌아서 두루주머니 모양을 이쪽에서도 만들고 저쪽에서도 만들고 나가기도 합니다.

이런 데서는 육로로 한쪽으로만 가려 하면 공연한 길을 여러 십 리씩 돌아야 하므로, 길가는 이는 대개 조선에서 만주, 만주에서 조선, 이쪽저쪽으로 건너다니면서 두루주머니 목장이를 타고 넘어 갑니다.

이렇게 강물에 빙돌린 곳을 조선에서는 '굽이'라 하고, 만주에서는 '초(哨)'라고 하는데, 이 굽이진 곳의 내리질리는 물을 마주 받는 쪽에는 흔히 언덕이 무질려서 절벽이 지고 거기가 참돌로 생긴 단단한 곳이면 바윗돌이 물발과 쌩이질을 하여 긴 세월에 기기괴괴한 형상을 조각해 냅니다.

이러한 곳에는 알기 쉽게 말하면 만물초(萬物肖)도 생기고 해금강도 생기고 석구(石茍) 옥련(玉蓮)이 모 부은 듯이 무더기졌습니다. 그리고 물발이 정 오래 부딪친 두루주머니 아귀는 견디다 못하여

보천보 면사무소

양강도 보천군 남서부에 있는 읍으로 보천선 철도와 신의주~우암간 도로가 지난다. 백두산까지는 약 108㎞이고, 압록강을 끼고 발달한 지역이다.

잘룩한 모가지로부터 끊어져 나가고 물이 바로 그리로 솟쳐 나가게 되기도 하는데, 이러한 곳에는 혹 물거품이 용솟음하는 급한 여울도 지고 허연 비단이 쫙 펼치는 곤두선 폭포도 떨어져서 보는 이의 가슴을 설렁하게 합니다.

대저 압록강이 백두산에서 발원하여 보천보로 혜산진으로, 나난보로 신갈파진으로 중강진까지 내려오는 수백 리 동안은 대개 좁다란 협곡 틈, 화강암 바닥 위로 흐르는 관계로써 빼어난 봉우리와 아로새긴 돌과 짙은 숲과 꼬부라진 흐름이 서로 어우러져서 진실로 계곡미의 일대 화첩을 펼쳐 놓은 감이 있는데, 그 중에도 나난보(삼수) 좀 상류에 있는 만주의 계관납자(鷄冠拉子), 중강진 좀 상류의 조선측의 갈전협 같은 데는 미상불 드물게 보는 절승 강산 아니랄 수 없습니다.

2,000리 동안의 긴 필름을 낱낱이 감상함은 진실로 용이한 일 아니거니와, 삼수의 세검정, 위원의 진북루(근래 또 세검정), 초산의 삼

송정, 의주의 통군정 같은, 예부터 일방 풍경의 촛점으로 치는 곳에 올라서서, 멀리는 관산 만첩에 연기와 먼지가 자욱함을 바라보고 가까이는 장강 일곡이 풍월에 잠겨 있음을 굽어보면, 조선의 장강, 조선의 라인인 압록강이 풍경으로도 얼마나 탁월함을 깨달을 것입니다.

내가 일찍 쑹화강 상에 화륜선을 띄우고 자무쓰(佳木斯)로 삼성(三姓)으로, 우창(五常)으로 하얼빈으로 밤을 지내면서 거슬러 올라가 본 일이 있습니다. 천리 평야 우거진 갈잎 사이로 해가 지고 달이 뜨는 것을 보고, 바위 구멍과 사람의 집 처마 기슭을 찾지 못하여 강변의 흙비탈에 벌의 집 같은 구멍을 파고 깃들어 지내는 제비 떼가 수백 수천 마리씩 물결 사이로 날아다님을 보고서, 대륙의 강상 풍광이 또한 호탕하고 장대하구나 하였었습니다.

그러나 보천보에서 떼를 흘리고 신갈파에서 프로펠러선을 옮아타고서, 좌로 보내고 우로 맞이하는 끝없는 훌륭한 경치 속에 시정(詩情)과 화취(畫趣)와 내지 역사적 감흥을 마음껏 관상하던 재미에 비하매, 봉산 참배 먹던 입이 장마통 외를 씹는 것 같아서 흥이 그만 사라짐을 금할 수 없었습니다.

압록강에는 대소 무수한 지류가 조선 · 만주 두 쪽으로서 흘러들어 와서 압록강을 더욱 크게 만듭니다. 그 중에 갑산의 허천강과 장진의 부전강은 벌써부터 흐름을 막고 저수지를 만들어서 함경도 일대의 공업화가 그 덕에 실용된 것은 누구나 아는 바와 같습니다.

또 압록강의 본류를 가로막아서 어마어마한 전력을 내는 수풍댐이 다년의 어려움 끝에 갓 낙성되어 수력 발전으로 세계의 제2위를 차지하고 앞으로 며칠 뒤에는 광명과 활동력을 조선 · 만주 양 지방에 펴 주리라 함은 요사이 신문에 보도되는 바와 같습니다. 이렇게 압록강은 한갓 꽃노릇만 하는 것이 아니라, 다시 열매로써 동방의 대중에게 은혜를 끼쳐서 그 위대성은 더욱더욱 위대하게 되었습니다. 찬송할 것이 압록강이 아닙니까?

압록강으로부터 평양 대동강까지 이르는 500리 동안은 조선 반도에 있는 역사의 싹이 트던 곳으로서, 북으로서 내려온 부여 민족이 서쪽으로 들어온 한민족으로 더불어 전후 천여 년 혹 수천 년 동안 이 땅에서 피와 땀의 싸움을 계속한 끝에 부여 민족의 후손인 조선 사람이 여기와 전반도의 주인이 되었습니다.

그리하여 이 동안의 일산(一山), 일수(一水)에는 어디든지 항쟁의 역사가 깊이 새겨져 있으며, 그 중에는 우리로 하여금 호기가 길길이 나게 하는 영광스러운 책장도 물론 적지 아니합니다.

청천강 같은 것은 그 두드러진 한 페이지겠지요. 청천강은 개마고대의 백산(희천)에서 발원하여 낭림산 · 적유령 두 산맥의 사이로 흐르면서, 안주 · 박천의 일대 충적 평야를 만들고 서쪽의 바다로 들어가는 강의 길이가 200㎞입니다. 평안도가 한 도로 있던 옛날에 이미 청천강을 사이에 두고 청남 · 청북이라는 구분이 있었고, 후에 남북도로 나누기를 역시 이 강으로써 하였음을 보아서, 이 강이 일방의 표준될 만한 위치에 있음을 짐작할 것입니다. 다만 수량이 심히 적고 배질할 수 있는 동안도 매우 짧아서, 지금 와서 강 그것으로의 가치는 썩 대단하다 할 수 없겠지요.

그러나 조선 반도에 침노해 들어온 제일 큰 외적은 수나라 양제라는 이가 천하의 힘을 기울이고 백만 대병을 조발하여 요동으로부터 고구려 서울 평양을 향하여 몰아 들어오던 것인데, 일대 명장 을지문덕이 수나라의 주력 부대를 꼬임꼬임 끌어들여다가 요기쯤이 알맞으리라고 말머리를 돌려서 전격적으로 섬멸해버린 데가 곧 이 청천강이었습니다. 말하자면 수나라 군사의 댕케르크이던 것입니다.

고려 말 시인 조준(趙浚)이란 이의 글에,

살수의 퍼런 물이 하늘을 잠갔는데
수나라 백만군이 고기밥이 되단말가
한가한 촌늙은이 이야기감 삼지마는
칼 찬 대장부야 한 번 웃고 말 일을

한 것이 이 일을 읊은 것입니다. 살수라 함은 고구려 때에 청천강을 부르던 이름입니다. 남의 백만 군사를 전멸한 것이 설마 한 번 웃음거리 밖에 못 된다 하겠습니까마는, 당시 고구려 남아의 의기는 미상불 그까짓 것쯤은 가소롭게 집어치운 것이라 하여도 과언이 아닐걸요.

강변에 칠불사가 있어 그 때에 신통력을 내어 고구려 군사를 도와준 은덕을 갚느라고 이룩한 것이라고 전합니다. 설사 당시의 살수는 지금과 같이 가물 때에는 발 벗고 건널 만한 지경은 아닐지라도, 이 강물의 덕이나 사람의 힘만으로야 어찌 그런 불가사의할 위훈을 세웠겠느냐 하는 심리가 아마 칠불 전설을 만들었겠지요.

강가를 눌러 지은 백상루는 규모의 웅장함이 이미 큰 싸움터를 치장할 만도 하거니와, 눈 밑의 백사장에는 당시의 말굽 자리가 거의 비슷하게 남아 있는 듯하여 저녁별 새벽달에 옛일을 조상하는 등림객(登臨客)으로 하여금 배회 주저하여 발길을 돌리지 못하게 하는 맛이 있습니다. 하마터면 압록강의 웅장함과 대동강의 화려한 두 틈에 끼어 안색이 없을 뻔한 청천강이 그래도 강산 풍광에 한몫을 보기는 오로지 이 덕입니다.

조선에 있는 강산의 경개를 말하는 이는 평양의 대동강에 엄지가락을 꼽음이 진실로 고금 내외를 통해서 모든 사람의 일치하는 바로서, 강으로 대동강은 산으로 금강산처럼 움직일 수 없는 정가가 붙은 모양입니다.

강상에 절벽이 둘리고 절벽 위에 장성이 둘리고, 강 밖에는 긴 수풀, 숲 밖에는 넓은 들, 들 밖에는 아리잠직한 산이 차례차례로 둘려서, 경치가 아름답고 빼어나며 넓고 멀며 웅대를 겸한 풍경 구성은 미상불 많이 볼 수 없는 미관 장관입니다.

고려 때 김황원(金黃元)이라는 시인이 연광정 위상에 올라서 종일 글을 굽다가, 겨우 "긴 성 한쪽으로 질펀하게 흐르는 물, 큰들 동쪽으로는 여기저기 흩어져 있는 산"이라는 한 구절을 짓고 기운이 지쳐서 뒤를 대지 못하여 통곡하고 내려왔다는 말이 예로부터 전하여, 정말이니 거짓말이니, 글도 되었거니 아니되었거니 말들이 분분하거니와, 들이 탁 터지고 산들이 중긋중긋 둘렸는데 편한 큰 강 위에 기다란 성곽이 떠 있는 평양을 이 한 귀 글이 붙잡은 것은 사실이겠지요.

연광정에는 예부터 '제일강산'이라는 현판이 붙어 있는데, 이르기를 명나라 사신 주지번(朱之蕃)이란 이가 연광정에 올라서 둘러보고 미칠 듯이 좋아서 문득 '천하제일강산' 6자를 써서 붙였더니, 병자호란 뒤 정축년에 청 태종이 돌아가다 보고 "중원에 금릉과 절강이 있는데 어떻게 천하제일이 된다는 말이냐."하고 톱으로 천하 2자를 켜서 버리고 "제일강산"만을 남겨 두었다고 합니다.

청 태종이란 이는 아직 만주에서만 있고 금릉 · 절강을 구경도 못한 사람이니까 둘을 비교하여 말했다는 것이 본디 종이 없거니와, '천하' 두 자가 없다고 제일강산의 격이 낮아질 것 아님도 물론입니다.

평양의 풍경은 그 역사와 함께 이미 온 사람의 상식이어늘, 새삼스레 부벽루일세 능라도일세 하고 잔사설함은 물론 군더더기입니다. 다만 강물의 길이가 439*km*의 대부분이 오직 조선 역사뿐 아니라 실로 전 동양 역사의 장편 필름처럼 평양을 클라이맥스로 하여 전개되어 있음을 대동강에 노는 이에게 깨우쳐주고 싶습니다.

단군의 옛 대궐을 알 수 있거니 없거니, 기자의 끼친 무덤이란

연광정(조선고적도보)
평양직할시 중구역 대동문동에 있는 조선 시대의 정자로 주변의 아름다운 경치와 어우러져 예로부터 관서팔경의 하나로 알려졌다. 대동강변에 있는 대표적인 정자이다.

것이 참말이거니 거짓말이거니는 죄다 그만둘지라도, 낙랑의 옛 무덤이 동양 문화의 최고 금자탑인 것은 사실이지요.

고구려의 황성과 고려의 서경 같이 반도 내부의 일은 말할 것도 없거니와, 거란이고 여진이고 몽고고 명이고 청이고 간에, 무릇 동양 사상에 나타난 큰 민족 큰 왕조치고 그 역사의 한 부분을 평양에 맡겨 두지 아니한 나라가 하나나 있습니까?

임진왜란과 병자호란, 신미양요, 일청 · 일로 두 전쟁, 동양에 일어난 갈등이 큰 쇄기를 평양에 치지 않은 것이 하나나 있습니까? 마치 낭림산 골짜기의 작은 시내가 마탄(馬灘)을 삼키고 비류강을 아우르면서 서쪽으로 서쪽으로 흘러내려 가는 대로 몸이 불어서, 양각도 · 벽지도를 거치고 절양해(絶瀼海)에 이르러서는 마침내 하늘과 짝하는 바다가 되는 것처럼 평양의 역사도 연대와 함께 관계 범위가 넓어져서, 신미양요 이후에는 마침내 세계로 더불어 호흡을 함께 하게 되었습니다.

그런데 이 온갖 변화가 다 대동강을 무대로 하여 전개한 것입니다. 반만년의 감시자로 모란봉이 대동강상에 우뚝 섰습니다. 시간

청계천
서울의 한복판인 종로구와 중구와의 경계를 흐르는 하천이다. 북악산 · 인왕산 · 남산 등으로 둘러싸인 서울 분지의 모든 물이 여기에 모여 동쪽으로 흐르다가 왕십리 밖 살곶이다리 근처에서 중랑천과 합쳐 한강으로 나간다. 일명 '개천'이라고도 했다.

의 지나감을 상징하는 듯이 대동강 물이 그 앞으로 술술 흘러내려 가고 있습니다.

반만년 조선의 그림자를 잠가 가지고 있는 것이 대동강이라 하면, 5백 년 한양의 꿈을 담가 가지고 있는 것은 한강입니다. 인왕산 골짜기에서 나오는 청계천 개천이 한양성 복판을 바로 뚫고 동으로 오간수 · 왕십리를 거쳐 두모포에서 한강으로 들어갑니다.

이 개천은 물론 한양성 남촌 · 북촌 위아래대의 물이란 물을 죄다 모아 가지고 나가는 유일한 배수(排水)입니다. 성균관 물, 홍천사 물, 동인 · 서인 각 집의 물, 안동 김씨, 여흥 민씨 모든 집의 물이 아침저녁 이리로 몰려 들어와서 향기롭고 냄새나는 모든 자취가 다 평등일미로 돌아가는 것입니다.

이렇게 청계천이 한양 성중의 웃음과 울음, 시와 현실을 잠뿍잠뿍 실어다 주면, 척량 산맥 저리로부터 멀리 오기에 다리도 지쳤을

양수리
남한강과 북한강의 물이 합쳐진다 하여 양수리라 불렀다. 두물머리라고도 한다.

한강은 마다는 말도 못하고, 그대로 그것을 받아 짊어지고 팔미도 바다라는 커다란 쓰레기통까지 허위허위 날라가던 것입니다.

옛날 그때야말로 잘잘못도 있었겠지요. 옳기도 하고 그르기도 하였겠지요마는, 이제는 다한 꿈입니다. 꿈은 모름지기 사라지게 버려두기를 행주 저쪽으로 하염없이 넘어가는 저녁 해와 같이 할 것입니다. 그리고 새 가치와 새 영광을 가지고 오는 희망의 아침빛을 두미(斗尾) · 월계(月溪) 저쪽의 동녘 하늘에 바라볼 것입니다.

한강의 근원은 대개 둘이 있습니다. 남쪽 것은 오대산 우통(于筒)이란 데서 나와서 경기 · 충청 양도의 여러 물을 모아 가지고 차차 북으로 올라오고, 북쪽 것은 금강산 만폭동에서 나와서 강원도 영서와 경기 북부의 여러 물을 모아 가지고 남으로 내려오다가, 양평 · 가평 · 양주 삼군의 교차 지점에서 남북 양강이 합수하여 서쪽으로 경성을 둘러서 교하 오두산 하에서 다시 경기 북부의 물을 모아 가지고 오는 임진강을 아울러 가지고 조강(祖江)이란 이름으로써 서해로 들어갑니다.

전체 물 길이는 514*km*, 배가 다닐 수 있는 구간은 합쳐서 330*km*,

사인암

충청북도 단양군의 남쪽 대강면의 남조천에 면해 있는 기암절벽으로 단양 8경 중 하나이다. 명칭은 고려 말 우탁이 사인(舍人) 벼슬에 있을 때 이곳에서 자주 노닐었다는 사연에 따라 조선 성종 때 단양 군수가 이름을 붙였다고 전해진다.

유역이 또한 광대하여 국경의 양강을 빼고는 조선 제일의 큰 강이 되며, 수량이나 배질하는 동안은 두만강보다도 깁니다. 반도의 허리통으로 흐르고 또 경기의 혈관이니까, 한강의 지리적 또 정치적 중요성은 따로이 말할 것도 없거니와, 이런 이유 말고 다만 경치적 가치로써 말할지라도 한강은 당연히 조선에 있어서 가장 높은 지위를 차지할 것입니다.

발원지인 오대 · 금강 양산은 말할 것도 없고, 북한강에는 신연강(新淵江) · 소양강, 남한강에는 속리산 줄기 · 여강(驪江) 등 지류가 있어 그것들이 낱낱이 허다한 명승지를 가지고 있으므로, 본류 · 지류 전체에 명승지 많기로는 압록강 · 대동강할 것 없이 한강이 조선 제일입니다.

요사이 중앙선이 제천까지 개통함으로 해서 그 이름이 세상에 와짝 선전하게 된 이른바 내사군(內四郡)이란 것도 그 하나입니다. 내사군은 옛날에 남한강이 충청도의 영춘 · 단양 · 청풍 · 제천의 사군에 걸치는 협곡으로 휘돌아 나오는 동안을 가리키는 것으로서, 높은 석벽과 넓은 반석과 기이한 선바위와 아름다운 소가 주줄이 닿아 있는 풍경 지대입니다.

내사군의 중심은 단양인데, 간처녑 같은 산투성이 속에 있어 10리 만한 들도 터지지 않은 대신, 산수 천석(泉石)의 경승에는 특별히 복을 가진 곳이니 이른바 구담 · 도담 · 옥순봉 · 사인암 등은 각각 한 풍경의 촛점인 것입니다.

여기 그 경승의 대개를 말씀할 여유가 없거니와, 이로부터 교통이 편리하여지니까 그 기기 절묘한 실지가 차차 세상에 인식될 것이요, 아무 때고 국립공원 될 자격을 가졌다고 나는 생각합니다. 내사군은 물론 한강 풍경면의 작은 부분입니다.

만일 속리산의 여러 동천과 여강 · 소양강 등의 누대 정각 같은 것을 골고루 소개하려 하면 날을 바꿀지라도 오히려 부족할 것입니다. 나는 일찍 조각배를 흘리저어 한강으로 내려가다가 하류인 조강에 이르러서 높은 산 낮은 산이 겹겹이 둘린 중에, 강도 호수도 바다도 아닌 일대 택국(澤國)이 배포되어 있는 웅대한 광경을 보고, 이러한 명승지가 경성 100리의 땅에 있으되 이 기이하고 장대한 경치가 일찍이 한번도 문인 화가의 붓끝에 오른 일 없음을 깊이 탄식한 일이 있습니다.

경치로는 들리지 아니한 하류에도 말을 하자 하면 이렇게 훌륭한 데가 있는데, 이만한 것쯤은 한강에서는 경치 노릇을 못하여서 무성 무취하게 파묻혔는지도 모르지요.

한강을 경계선으로 하여 그 이남과 이북은 지리상으로나 인문상으로나 서로 특이한 색채를 가지고 있고, 역사상으로는 한강 이북은 조선(협의의) 지역임에 대하여 이남은 한(韓)의 지역이 되어 있은 곳입니다. 한에 3부분이 있어서, 서쪽인 지금 충청 · 전라 양도 지방은 마한에 속하여 뒤에 백제로 들어가고, 동쪽인 지금 경상도 지방은 진한과 변한에 속하여 뒤에 신라로 들어갔는데, 마한 내지 백제 지역의 대동맥을 지은 것이 금강이요, 진한 · 변한 내지 신라 지역의 대동맥인 것이 낙동강이었습니다.

금강은 전라 · 경상 양도의 사이에 있는 덕유산맥의 분수시(장수)에서 발원하여 비틀비틀 갈지자로 북으로 올라오면서 전라도 동북부와 및 충청북도 내의 여러 골의 물을 모아 가지고 경부선의 부강역에서 서쪽으로 꺾어져서 공주에 이르고, 공주에서 남으로 틀어서 부여에 이르고, 부여에서는 약간 동으로 우겨서 논산 · 강경에 이르고, 강경에서 다시 서쪽으로 꺾여서 충청 · 전라 양도의 경계를 지으면서 군산에 이르러 황해로 들어갑니다.

전체 강물 길이가 약 400*km*, 반도 제6의 큰 강이요, 강경까지는 상당히 큰 배라도 자유로이 왕래하고, 부여까지는 밀물을 타고서 백석실이 배가 올라갈 수 있어서, 철로 열리기 전에는 반도의 곡창으로 일컫는 강경 평야에서 생산되는 쌀이 죄다 이 수로로 날라 나와서 각처로 헤어지고, 그 반대로 서해의 해산이 이리로 하여 내륙으로 들어가서 사방으로 먹혔었습니다. 수운의 가치가 크고 생색스러움으로는 이미 반도 여러 강 중에서 금강이 제일이었다고 할 만합니다.

역사를 보건대, 고구려 · 백제 · 신라 삼국이 한강 유역에서 패권을 다투다가 마침내 백제가 밀리게 되매 그는 도읍을 한강 남안인 광주로부터 먼저 공주(그때 웅진)로 옮기고, 더 퇴축하려 하매 다시 부여(그때 사비)로 들어갔었습니다. 공주와 부여는 다 금강 유역에 있는 대표적 요해지인 동시에 유명한 곡물 산지로서 경제 조건이 가장 훌륭한 곳입니다.

백제는 삼국 중에서 세력이 매우 약한 편이로되, 그래도 31왕

680년간의 국가 운명을 유지하여 무척 강한 고구려에 비하여 과히 차등이 없을 만큼 나라를 누리기는 미상불 이 경제적 호조건에 힘입은 것이었습니다.

여하간 금강의 가치는 무엇보다 이 경제력에 있어서 반도 안에서 제일 좋은 생활지란 것은, 대개 금강의 본류와 지류 유역에 있다시피 하고, 공주 일대로만 말하여도 이른바 "일유성, 이경천, 삼이인, 사유구(一儒城, 二敬天, 三利仁, 四維鳩)"라 하는 살기 좋다는 데가 금강 좌우에 서로 바라보고 있는 터입니다.

충청도라 하면 옛날에 사대부 곧 양반이란 이의 굴혈이 되었었는데, 그 한 가지 이유는 경성에 가까운 점에 있었겠지요마는 무엇보다도 큰 이유는 생활 조건이 어디보다도 우월한 것에 있었습니다.

그런데 이것은 거의 다 금강이 제공한 바입니다. 회덕의 송씨, 노성의 윤씨, 연산의 김씨, 그네의 본거가 다 금강의 주머니진 속에 있음으로써 그 대강을 짐작할 것입니다. 노론 · 소론의 시비 같은 갈등도 실상은 금강이 이바지하는 곡식 기운에서 나왔던 것입니다.

금강의 가치를 너무 경제 방면으로만 말하였습니다마는, 그러나 경치의 각도에서 보아도 결코 평범하다 할 수 없음은 물론입니다. 깊숙하고 그윽하기로 말하면 무주의 구천동 같은 데가 있고, 기이하고 장대하기로 말하면 금산의 취병협 같은 데가 있고, 상쾌하기로 말하면 영동의 용연폭 같은 데가 있고, 바로 강안 또 강상에 있는 경치로 말하면 옥천의 채하계 · 구룡계와 공주의 공북루 · 독락정 등이 다 유람하거나 올라가서 내려다보는 명승지로 들렸으며, 석탄을 지나서 부여로 들어가면 부소산 · 낙화암 · 자온대 · 대왕포 이하로 근래에 부여 팔경으로 들린 밝고 넓으며 깨끗한 풍경 한판이 눈앞에 벌어지게 됩니다.

혹은 웅진, 혹은 백마강, 내지 석성 · 가림성(임천) · 주류성(한산) 등 강 연안의 상하의 전 동양사적 옛 전장터를 더듬어 볼진대, 한

부소산
충청남도 부여군 부여읍 쌍북리에 있는 산으로 부여읍의 북쪽에 위치하며, 금강에 연하여 있다. 고란사와 낙화암이 보인다. 백제 멸망의 애달픈 사연이 있는 산이기도 하다.

숨을 쉬고 감개하여 눈물을 지을 마당도 결코 적지 아니합니다. 일찍 쌍수산성 앞에서 가벼운 배를 타고 금강을 저어 내려가면서 느꺼운 대로 시조를 읊어서 여러 십 수를 얻은 것은 언제 생각하여도 깊은 흥취를 느끼는 바입니다.

반도의 물 이야기를 하려하면 이름만 들추자 해도 손쉽지 아니하니까, 약간씩이라도 필요한 설명을 붙여감은 더군다나 장황할 밖에 없는 일입니다. 대표적인 강만 하여도 아직 경상도의 낙동강, 전라도의 섬진강이 남아 있습니다. 저수지와 연못도 말씀하고 시냇물도 말씀하고 폭포까지를 말씀해야 하고, 마침내는 동편의 서수라 끝으로부터 서편의 운향포(運餉浦)까지와 내지 해상에 별처럼 바둑판처럼 펼쳐져 있는 대소 도서까지라도 참견을 해야 할 것입니다. 그러나 다 그리할 겨를이 없습니다.

앞서 산을 말씀하고 이제 물을 말씀하여 조선 반도가 어떻게 풍경적 요소에 가멸함을 약간 소개한 줄 압니다. 옛말에 산이 높다고 갸륵한 것이 아니라 신선이 있어야 신령하니라 한 것처럼, 금수강산이 조선의 자랑도 되겠지마는 이 자랑을 참 자랑이 되게 함에는 오히려 사람에게 기다리는 일이 많습니다. 비단 반도에 꽃을 얹느냐 흙칠을 하느냐 하는 책임을 항상 반성하십시다.

4. 조선의 삼해(三海)

조선이란 이름 대신으로 반도라는 말을 근래는 흔히 쓰는데, 반도라 함은 더할 말없이 삼면에 바다가 둘리고 한 쪽만이 육지에 연접해 있는 - 온통 말고 절반쯤 섬으로 생긴 지형이라 함입니다. 세계에 반도도 많지마는 전 국토 면적의 분수로 해안선이 퍽 긴 데는 반드시 많지 못하구요, 해안선이 긴 반도도 여러 군데이지마는 면적과의 조화가 알맞게 잘 된 데는 서양에서는 이탈리아, 동양에서는 조선의 두 반도가 그것이라 하겠지요.

보십시오, 아라비아 반도, 인도 반도는 크기야 크지마는 면적에 비하여 해안선이 그리 길지 못하고 게다가 넓적펀펀하게만 생겨서 싱겁구요, 말레이 반도, 캘리포니아 반도 등은 해안선이 길기는 하지마는 형체가 호로병 · 수수외처럼 잘죽하게 생겨서 채신이 없구요, 이탓저탓 하여 어느 것이고 다 결단코 반도로의 전형적 미관을 가졌다고 할 수 없습니다.

이렇게 양귀비의 살찐 것과 조비연(趙飛燕)[3]의 여윈 것이 다 흉이

3 후한 성제(成帝)의 애첩으로 제비처럼 가냘픈 몸매로, 황제의 손바닥 위에서 춤을 추었다 한다.

되는 중에 저 이탈리아와 우리 조선만은 뚱뚱도 않고 홀쭉도 않고 키와 몸집과 허리와 엉덩이가 죄다 알맞고 어우러지게 생긴 점에서 과연 맵시 있고 볼치 있는 반도스러운 반도라 할 것입니다.

또 이탈리아와 조선은 거의 비슷한 위도의 위에 놓여 있고 갖가지 지리적 조건도 서로 근사한 것이 많아서, 맑은 하늘, 정다운 별과 보송보송한 공기, 고른 바람 등 인생의 환경으로 짝할 말 없기도 둘이 서로 난형난제라고 하겠습니다.

그러나 지도를 펴놓고 보시면 얼른 눈에 띄실 일이어니와, 이탈리아는 지형이 마치 기다란 다리를 뒤로 쑥 빼어 가지고 뉘 복장이나 한번 걷어차려 하는 자세로 생겨서, 어찌 보면 심술궂기도 하고 어찌 보면 트레바리[4]도 같고 어찌 보면 건방지기도 하여 통틀어 기상이 평순하지를 못합니다.

그런데 조선은 어디까지든지 자좌오향(子坐午向)으로 똑바로 서서 다만 거대하고 다만 온자(溫藉)하고 다만 천연(天然)하여서 춘풍화기에 싸여 있는 군자인의 풍도를 갖추어 가지고 있습니다. 그런 중에도 한 손은 높다랗게 쳐들어서 무슨 소린지를 외치려 하는 것이 과연 사나이답고 기운차 보이며, 발 앞에는 제주도라는 징검다리를 놓고 있어서 고대 한 걸음을 내어 디딜 기세를 나타내고 있는 것이 무한히 진취성이 있어 보입니다.

가만히 보면 조선 반도는 마치 경륜 있는 큰 솜씨가 이상적 반도 하나를 만들어서 아시아 동편 끝에 아늑하게 모셔 놓은 것도 같습니다. 결국 전 세계의 모든 반도 중에서 가장 묘하고 아름답게 생긴 조선이니까, 반도의 최고 대표라는 의미쯤으로 조선을 그냥 반도라고 하는 것이 미상불 까닭이 있다 하겠습니다.

조선의 해안선은 반도만이 약 8,700km요, 해상에 헤어져 있는

---

4 이유 없이 남의 말에 반대하기를 좋아하는 사람을 말한다.

3,300개의 도서까지를 합하면 해안선의 총연장이 약 17,300km에 달합니다. 이것을 토지의 면적에 비례해 보면, 매 3평방 리에 대하여 1리씩의 해안선이 딸린 셈으로서, 세계의 어느 반도에 비하여도 가장 긴 해안선을 가진 지방이 됩니다.

이렇게 긴 해안선의 바깥은 물론 허허바다로서 수평선 밖에서는 해와 달이 나왔다 들어갔다 하고, 수평선 안에서는 산악 같은 고래가 열길 백길 물기둥을 밖에 내뿜고, 육지 가장자리에서는 심술궂은 물결이 언덕 흙을 씹고 있습니다. 이러한 사이에서 용춤 추는 큰 물결과 굼실거리는 작은 물결에는 천광 운영(雲影)과 함께 무량무한한 신비와 기괴와 인사(人事)의 성쇠와 역사의 변천이 떴다 잠겼다 하고 있습니다.

동 · 남 · 서 삼면의 바다는 제각기 특색과 본령을 가지고 있어서 흥미의 초점이 서로 같지 아니합니다. 우선 동해와 동해안을 떼어 가지고 볼 것 같으면, 무엇보다도 독특하고 탁월한 해산 양합의 풍경 구성에 그 진가를 발견할 것입니다.

조선 반도의 등성 마루뼈가 된 백두산 이하의 대산맥은 부쩍 동해안으로 치우쳐서 남쪽으로 남쪽으로 달음질해 내려가고 서쪽으로 서쪽으로 오지랖을 벌렸습니다. 그 때문에 그 잔등이가 된 동해 연안은 대개 무질려서 벼랑이 되고 갈려서 백사장이 되는 동시에, 동해의 해상에는 섬이 거의 없다시피 귀하여 아무 쪽으로도 거칠 것 없는 펀펀만한 바다를 이뤘습니다. 그리고 육지로서는 진흙물이 흘러 들어가지 않고, 바다 자신은 물이 심히 깊어서 깨끗한 물이 새파란 빛을 띠고 있습니다.

서해로 말하면 북중국의 황토와 중부 중국 및 조선 반도의 개흙이 연방 흘러 들어가서 온 바다가 흙탕물이요 그 깊이는 전부가 100m 이하의 얕은 바다이거늘, 동해로 말하면 조선 반도와 소련령 연해주와 사할린 섬 이하 일본 전토가 모여서 뚱그렇게 촘촘한 방죽을 쌓아서 아무 데서도 구정물이 들어오지 않는 중에 그 깊이는 대부분이 평균 1,000m 이상이요, 가장 깊은 곳은 3,000m 이상에 달하는 데도 있는 심해입니다. 이렇게 동해는 아늑하기가 한 호수와 같이 생겼으므로 태평양이나 중국 동해 같은 다른 외양(外洋)의 영향을 받음이 적습니다.

척주 동해비(강원 삼척)
삼척 부사였던 허목이 1661년(현종 2) 동해의 풍랑으로 바닷가에 사는 백성들이 피해를 입는 일이 많아 이를 막고자 동해를 칭송하는 글인 동해송(東海頌)을 짓고, 그의 독특한 전서체로 비문을 새겨 바닷가에 세워서 풍랑을 진정시켰다 한다.

첫째, 조석의 차와 같음이 매우 미소하여 물의 늘고 줆이 얼른 눈에 띄지 아니하기 때문에, 옛날 사람은 '동해무조석'이라 하고 그 이유를 이리저리 생각들 하였습니다. 심지어 허목(許穆)이란 어른이 글을 짓고 비에 새겨 삼척 해변에 세웠더니, 동해의 조수가 물러나갔다는 터무니없는 전설까지 생겨났었습니다.

사실인즉, 미수(眉叟) 선생 허목이 삼척 부사로 갔을 때에 글 자랑 글씨 자랑 겸하여 해변의 밀물이 들어오지 못하는 경계선에 동해를 찬송하는 비를 만들어 세웠습니다. 그래서 비 이름이 이미 '척주 동해비'요, 그 비문의 처음 면에

> 큰바다 끝없이 넓어 온갖 냇물 모여드니 그 큼이 끝이 없도다.
> 동북은 사해여서 밀물 썰물이 없으므로 대택이라 이름했네.

이라 하여, 동해는 모래 바다이기 때문에 조석이 없느니라는 말을

분명히 말씀한 것이니까, 퇴조(退潮) 운운이 본디 어불성설임은 변명할 것도 없겠지요.

동해는 이렇게 주위는 깨끗하고 바닥은 깊으므로 물이 더욱 충충하고 빛이 그대로 새파래서 예로부터 파란 바다라는 이름이 있어 옵니다. 2,000년 전에 이미 창해(滄海)라고 기록한 것이 있고 후세에는 벽해(碧海)라고 쓰기도 하였습니다.

동해의 전 면적은 104만 ㎢니까 넓다 하면 넓다고도 하겠는데, 이만한 해상에 도서 같은 것이 거의 없고 게다가 물이 새파란 빛을 가졌으므로 더구나 안계가 훤칠할 대로 훤칠하여서 한번 내다보면 "넓구나 바다, 크구나 천지"라는 느낌이 저절로 일어납니다. 아무데를 보아도 다만 물과 물 뿐이요, 마지막에는 물결과 구름이 서로 태껸하는 곳에 하늘과 바다가 한데 어우러져서 마침내 커다란 둥우리 하나를 만들고 맙니다.

동해는 어디를 보아도 장관이지마는 아침에 해 뜨는 광경은 장관 중의 장관이요, 동해의 어디서 일출이 보이지 아니하리요마는, 예로부터 양양 낙산사의 등성이를 일출 보는 곳으로 일컬어져 옵니다. 선조조의 대시인 최간이(崔簡易)가

> 굼실굼실하는 무수한 귀신이 모두 불을 머금고
> 황금 수레바퀴를 해 다니는 길로 모셔 나오더라

한 유명한 일출 시(詩)는 실로 여기서 읊은 것입니다. 다만 동해를 가지고만 말할 것이 아니라 천지간의 장관은 일출에 그친다 하겠지요.

절기와 시각과 공기 · 수증기 등 필요 조건이 다 갖추어진 중에, 수선스러운 준비와 거드름 부리는 과정으로서 긴 밤의 깜깜을 깨치고 뚱그런 불거울이 불끈 솟아오르는 광경은 진실로 비할 데 없

는 일대 장관입니다.

하늘에는 구름이 이글이글 타고 바다에는 물결이 부글부글 끓고 황금 화살 천만 가지가 사면 팔방 십륙도로 뻗쳐 나가고, 희고 누르고 붉은 광명의 비늘은 만리 해상에 그득 차서 번득거리는 저 야단법석이 도대체 무슨 큰일을 내자는 것인가. 자칫하다가는 건곤 천지 우주 강산이 큰 불더미 속에 들어서 찬 재 한 줌이 되고 마는 것이 아닌가 하고 보는 사람의 가슴이 두근두근하여집니다.

이윽고 해가 다 올라오자 구름이 따라 헤어지고 높은 하늘과 넓은 바다의 두 사이에 엄위하게 빛나신 햇님이 고요히 발자국을 옮기시게 되면, 천지도 온전하고 강산도 탈이 없고 없어진 것, 쫓겨간 것은 다만 밤 동안의 어둠과 쌀쌀과 무서움뿐이겠지요.

「창세기」의 첫 장을 사실로 보는 것이요, 또 이스라엘 백성의 앞에 구세주가 나타나신 것입니다. 이렇게 바다 밖으로부터 동이 트고 해가 떠오를 때에, 이 반도가 맨 먼저 그 광명에 미역 감는다는 의미로서 조선 - 아침 일찍 환해지는 곳이라는 이름을 지었느니라 하는 것이 미상불 괜한 말 아닌가 봅니다.

그런데 날마다 해가 떠오는 저 바다 밖은 어떻게 생긴 곳인가. 아침저녁 내다보는 수평선 밖이 옛사람들에게 얼마나 궁금하고 갑갑했겠습니까? 이러한 중에서 그네의 지식으로써 빚어낼 수 있는 상상설이 생겨났습니다.

아득한 바다 동편에 부상이라는 커다란 나무가 있어, 닭이 저녁에는 홰를 타고 자듯이 어제 진 해가 바다 밑으로 돌아가서 부상나무에 매달려 쉬다가, 이튿날 새벽에 나무 위로 떠오른다고 생각하였습니다. 부상이란 나무 이름은 뒤에 그 나무 나는 나라의 이름으로 진화하고, 거기는 동왕부(東王父)라는 신선이 임금 노릇을 하고 있다고 말하게 되었습니다.

해 뜨는 나라 부상이란 데가 참말로 있는가 없는가, 있다 하면 지금 어디에 해당할까 하는 문제는 근래에 동서양 학자들이 흥미있게 연구하여 이런 말 저런 말이 나왔는데, 어떤 이는 말하기를 상(桑)은 지금 아메리카니라 하고, 중국의 육조 남제 때에(남제 동혼후 영원 원년, 499년) 부상국을 갔다 왔다는 기록이 있음으로써, 아메리카 신대륙은 콜럼버스(1492)보다 1,000년이나 전에 이미 동양인의 손에 발견되었다고 판단한 이도 있습니다.

또 독일의 동양학자 쉴레겔(Gustav Schlegel)은 부상국에 관한 온갖 자료를 모아서 자세히 연구한 결과로, 부상국이란 그렇게 먼 데가 아니라 지금 사할린을 가리키는 것이요, 그 언어 · 문화와 풍속 제도는 고구려와 공통하고 반도로 더불어 종종 교통이 있는 사실을 논증하였습니다.

부상국이란 것이 객관적으로 실재한 것이건 말건, 동해 저편에 해 떠오는 무슨 국토가 있어서 우리 동해안에서 마주 내다보이는 곳이라 함은 우리 선민들이 오래 믿어 내려오던 바입니다. 그뿐 아니라 그네들의 상상력은 점점 날개를 널리 벌려서 신비한 여러 세계를 동해 저편에 만들어내었습니다. 누구든지 아는 삼신산이란 관념이 또한 그 하나입니다.

삼신산이란 본디 삼신이 계신 산이란 말인지, 또 세 군데 신산이란 말인지 꼭 단정해 말하기 어렵되, 후세에는 동방 해상에 봉래 · 방장 · 영주라는 신성한 산 세 곳이 있어 거기 신선들이 살고 불사약이란 만인이 꿈꾸고 바라는 물건이 있다 하여, 일대의 영웅이던 진시황 · 한무제 같은 이도 이 약을 얻어 먹으려 하다가 협잡군의 놀림감이 되어 천고에 웃음을 끼친 것입니다.

조선에서는 옛날부터 삼신산이 죄다 조선의 해상에 있어서 영주는 지리산이요, 방장은 한라산이요, 봉래는 금강산이라고 분배하기도 하고, 일변 동해를 영주라고 하기도 하여 강릉의 일명을 임영(臨瀛)이라고 부르기도 함은 누구나 아는 바와 같습니다. 더 영절스럽게는 함경남도 홍원군 해상에 진황도(秦皇島; 주위 1,000m)라는 섬이 있어 진시황의 동남동녀가 와서 산 곳이라고 이르기도 합니다.

또 삼신산 말고라도 동해의 밖에는 기이한 세계가 많이 있는 줄로 안 모양입니다. 이를테면 지금부터 약 1,700년 전의 편찬인 『삼국지』에는 위나라에서 우리 함경도 지방 옥저라는 데를 와서 본토 사람에게 들은 바를 기록한 것이 있는데, 그 중에 동방 해중에는 순녀무남의 섬나라도 있고, 목덜미에 얼굴이 또 하나 있는 사람이 사는 데도 있고, 소매 길이 삼장(三丈) 되는 옷을 입는 사람도 있음 등을 전하고 있습니다.

또 당나라 때 단성식(段成式)이 지은 『유양잡저(酉陽雜俎)』라는 책에는 당나라 사람이 신라 사신을 따라 동해중의 장발국(長髮國)으로 들어가니, 그 나라에는 여자까지도 수염이 나서 보기가 싫더란 말이 적혀 있습니다.

이런 것들은 죄다 해외로부터 떠돌아 오는 물건도 보고 해외로 표류했다 온 사람의 바람 낀 소리도 듣고 거기 상상과 과장이 얹혀서 생긴 민간 전설이거니와, 그 근본은 알 수 없는 바다 밖을 신비하게 보는 데서 나온 것입니다.

동해란 바다는 풍랑이 심하고 항만이 귀한 관계로 항해가 대단히 불편하여, 해외에 관한 실제 지식이 열리기 어려운 데다가 아무것도 없던 해상에 가끔 신기루(海市)가 나타나고 깊은 채 속이 들여다 보이는 맑은 물가에는 '가지'(해표 · 수우) 다니는 것이 옛말에 있는 '해인'(海人; 鮫)과 같고 이렇고 저렇고 하여 동해에는 신비의 안개가 끼기 쉽게만 생겼습니다.

한편으로 동해안을 누르고 내리뻗은 화강석질의 산악은 빼어난 봉우리와 깎아 질린 벼랑의 사이에 깊은 골과 맑은 소와 하얀 모래 바닥과 파란 나무숲이 보기 좋게 어우러져서, 이르는 곳마다 웅대하고도 미려한 경치를 이루었습니다.

강원도의 이른바 관동팔경과 금강산 · 설악산 내지 명사십리 등은 말할 것도 말려니와, 경상도로 내려가서는 영해의 관어대, 동래의 해운대, 함경도로 올라가서는 이원의 학사대, 명천의 칠보산과 무수단이 다 자랑할 만한 절승입니다.

그 중에도 영동의 명승지에는 대개 신선 관계의 재미있는 전설도 붙어 있어서 노는 이로 하여금 슬그머니 우화등선(羽化登仙)의 생각을 가지게 합니다. 이와 같이 동해는 어디서부터 어디까지 신선이 사는 성스러운 지역으로 생겨 있습니다.

물론 동해를 다른 각도로부터 관찰할지라도 이야깃거리가 퍽 많습니다. 우선 산업상으로 말하면 동해는 반도 근해에 있는 최대 어장입니다. 적도로서 올라오는 난류와 북빙양으로서 내려오는 한류가 엇걸려 흐르는 통에 어디보다도 많은 어족이 이 바다에서 잡히는 것은 누구나 아는 바와 같습니다.

큰 것은 고래로부터 잔 것은 멸치와, 흔한 것은 미역으로부터 귀한 것은 꼬막과, 남쪽에서는 대구 · 청어로부터 북쪽에서는 명태 · 정어리 등을 합해서 수산물의 연 산출액은 거의 조선 전 산출액의 삼분을 차지하고, 강원 · 함경 여러 도의 경제력이 근래에 와짝 증진하기는 오로지 어업의 발달에 힘입은 것이 사실입니다.

그러나 이러한 방면의 일은 나보다도 잘 아실 분이 많으니까 그에게 미루는 것이 옳겠지요. 비린내의 동해, 돈 모으는 동해 이외에 꿈의 나라, 시의 세계로 동해를 약간 말씀하는 것이 이번 나의 맡은 소임일 줄 압니다.

경상남도 동래의 승두말(蠅頭末)로부터 전라남도의 해남각까지가 남해안이 됩니다. 그러나 반도의 서남부를 어울러서 무수한 도서가 해상에 좁쌀알 같이 깔려 있는 것을 지도의 위에 조선 총도(叢島)라는 이름으로 일괄하여 일컫고, 또 그 해면을 다도해라고 일컫는 관계로부터 보통으로는 알기 쉽게 부산항으로부터 목포항까지

남해 가천 다랑이 마을 해안
조선의 남해안은 '조선식 해안'이라고 명명될 만큼 특별하게 생긴 리아스식 해안이다.

를 남해안으로 보아 버립니다.

이 남해안에는 뿌다구니 많은 반도가 일곱이나 내밀고, 이러한 반도와 반도와의 사이에는 깊은 만이 생기고 그 앞으로는 허다한 섬이 헤어져 있어서 복잡하기 짝이 없습니다. 이렇게 작은 만입(灣入)이 많이 생긴 곳을 지리학상에 리아스식 해안이라고 부르는데, 조선의 남해안은 세계의 다른 리아스식 해안보다도 복잡한 비율이 훨씬 심함으로써, 독일 학자 실레데르씨는 별도로 조선식 해안이라는 이름을 짓고 그 정의를 만들었습니다.

여하간 조선의 남해안은 한 부분을 떼어 놓으면 부처님 손금을 보는 것 같고, 온통을 한데 보면 천수관음(千手觀音)을 뵙는 것 같습니다. 따라서 직선거리의 분수로 보아 해안선의 연장이 대단히 길어서, 동해안과 비교를 하면 직선거리로는 동해안이 남해안의 갑절이나 되거늘, 해안선 연장으로는 도리어 남해안이 3배도 더 됩니다.

이렇게 남해안 부근은 어느 것이 반도요 어느 것이 섬이며, 어디부터가 육지요, 어디부터가 해상임을 분변하기가 어려워서, 19세기 처음의 서양 탐험선들이 이 미궁 속에서 쩔쩔맨 이야기가 많이 있습니다.

그런데 조선 반도가 특별히 남방 해안에 있어서 이렇게 팔다리가 많이 내밀고 있는 것은 무슨 의미를 가졌다 할 것인가요? 인문 지리 내지 정치 지리학자의 명백한 설명을 듣고 싶은 점입니다. 그네야 무어라 하든지 간에 반도 남부의 이러한 지형이 반도인의 생활상에 중대한 영향을 끼친 것은 우리가 과거의 사실에서 많이 징험할 수 있습니다.

남해안의 불쑥불쑥 돌출한 부분은 어찌 보면 권투 선수의 부르쥔 주먹이 바야흐로 누구를 훔칠 양으로 기운껏 뽐내고 있는 것 같습니다. 또 어찌 보면 마라톤 선수들이 스타트 선상에 늘어서서 '땅!' 소리 하나를 기다리고 전 신경과 전 근육을 긴장시키고 있는 것도 같습니다. 여하간 반도의 활동력과 및 발전 방향을 상징하는 씩씩한 자세인 것은 결코 틀림없습니다.

반도가 이 훌륭한 타고난 기품을 얼마나 발휘하였는가는 곧 반도 사람의 생활 의식이 바르고 바르지 못함과 생활 능력이 강하고 강치 못함을 증명하는 사실이 될 밖에 없습니다. 그런데 우리의 아는 범위에서는 반도 사람도 이 점에 대하여 과히 무심 무위(無爲)한 것 같지는 아니합니다.

조선어에 남(南)을 '앏'이라고 하여 한문을 새길 때에도 '앏 남' '뒤 북'이라고 부릅니다. 곧 조선인은 북을 뒤에 짊어지고 남방으로 전진하는 백성임을 의식하고 있는 것입니다. 이렇게 남방을 전면으로 아는 생각으로부터 조선인은 알고 모르는 중에 요구와 희망과 이상을 많이 남방에 붙여서 남방의 신세계에서 만족함을 얻으리라는 관념을 구성하기에 이르렀습니다.

저 오랜 동안 조선 인심에 보금자리지고 나오는 '남조선'이란 것이 곧 그것입니다. 남조선이라 함은 남방 해상에 있는 조선인 줄로 일반이 믿고 있었습니다. 이렇게 우리의 이상 세계가 남방 해상에 있느니라 하는 생각은 진실로 아득한 옛날부터 생겨 내려오는 것이겠지마는, 신라 시대의 문헌에도 남방 사상의 편린을 엿볼 것이 더러 있습니다. 이를테면 『삼국사기』의 신라 진평왕 본기에,

> 대세(大世)라는 귀공자가 있어 어려서부터 큰 뜻을 가졌었는데, 한 번은 가까이 지내는 중 담수(淡水)더러 일러 가로되, "이 신라라는 산곡간에서 일평생을 마친다는 것은 너무도 갑갑하지 아니한가? 우리가 넓은 세계에 났으니 마땅히 배를 바다에 띄우고 오월로부터 천하를 두루 구경하고 마지막은 시원히 세계 밖에까지 놀아 보지 않겠는가?." 하였더니, 담수는 방외인(方外人)이면서도 그리 못하겠노라 하였다.
>
> 그래서 다시 길동무를 찾더니, 우연히 구칠(仇柒)이라는 기개 있는 사람을 만나서 손을 잡고 남산의 절로 놀러 갔다 홀연히 풍우가 닥쳐와서 낙엽이 뜰에 괸 물에 둥둥 뜨거늘, 대세가 구칠더러 이르되, "나는 실로 그대와 함께 해외로 나가 볼 희망을 가진 터인데, 우리 각각 잎사귀 하나씩을 물에 던져 배라고 하고 뉘 배가 먼저 가는 것을 보세."라 하였다.
>
> 이윽고 대세의 잎사귀가 앞을 서거늘, 대세가 웃어 가로되 "내가 앞서 떠나겠군."하자, 구칠이 가로되 "나도 남자거니 그대 하는 것을 내가 못하랴."하는 지라, 대세가 동무 삼음직함을 알고 가만히 속에 있는 말을 다 하자, 구칠이 가로되 "나도 원하는 바로다." 하여 서로 언약을 고쳐하고 남해로부터 배를 타고 떠나서 어디까지 간지를 모르게 되었다.

하는 기사가 있습니다. 이 사실을 옛날 사람은 신선 공부하러 나간 것이라고 해석하였지마는, 그 뼈대를 찾아보면 분명히 남방 해외로 활동하러 나간 것이라 해야 옳습니다.

대저 신라가 해상으로부터 당나라를 교통하는 동안에 항해 기술의 발달과 함께 해상 활동의 기백이 왕성해진 것은 여러 가지 사실의 위에 드러났음과 같습니다. 『삼국유사』라는 책을 보건대 신라에 관한 부분에는 용왕 · 용궁 등과 교통한 이야기가 많이 있는데, 이 중에는 해상 어느 나라와 그 임금을 가리키는 것이 많을 것을 나는 생각합니다.

또 신라 사람이 당나라 왕래하기는 마치 제주 사람이 오사카 · 고베 등지에 왔다 갔다 하는 것쯤 되어서, 어지간한 사람은 다 당나라를 다녀오고, 한편으로 신라 사람의 해상 발전의 자취는 어디고 없는 데가 없었습니다.

반도 남해로부터 황해 · 동중국해, 말하자면 전 동방 해상의 항해권은 신라 사람의 수중에 완전히 장악되어서, 심지어 당나라와 일본과의 교통까지라도 다 신라 배의 신세를 지던 형편이었습니다. 그리고 북은 발해 연안으로부터 남은 푸젠 · 광둥까지와 들어가서 황허 · 양쯔강의 연안 도처에 신라인의 거류지가 조르르 깔려 있었습니다.

지금 보통 생각으로는 남방 해외와의 교통이 매우 힘든 일 같지마는, 그때 신라의 처지로서 보면 다도해를 빠져나서 해남 끝에서 순풍을 기다려 똑바로 외양(外洋)을 건너 주산 열도까지 다다르면 그만이요, 여기서부터는 동중국 해변으로 하여서 어디까지고 남방으로 내려가기가 그리 어렵지 아니하였습니다. 또 동중국해에는 겨울에는 동북풍, 여름에는 서남풍이 철 따라 부는 고로, 이 바람을 이용하여 해상의 교통이 더욱 편리하였었습니다.

이러구러 신라인의 해상에 있는 활동은 과연 일대에 성황을 이뤘습니다. 이 시대의 상징이라 할 것이 흥덕왕 시절에 지금 전라도 완도에 청해진이라는 근거지를 두고 동방 해상에 있는 항해 · 무역의 전권을 잡고서 부와 위세가 한세상을 뒤흔들던 장보고라 하는 위인입니다.

아까 말씀한 대세와 구칠 두 귀공자의 남해로 진출한 것도, 즉 불과 이러한 시대 공기의 속에서 생긴 일일 따름입니다. 신라인이 한참 해상에서 활동하던 시절은 바로 당나라의 항저우 · 취안저우 · 광저우 등 해항에 아라비아의 상인, 곧 아라비아 상인들이 쏟아져 와서 서양과 남양 각지의 산물로써 크게 무역상 활동을 하던 때이었습니다.

최치원(857~?)
당나라에 있을 때에 「토황소격문」으로 이름을 떨쳤다.

아라비아의 기록을 보건대, 당나라 말년에 황소라는 반역자가 광저우를 쳤을 때에 이슬람교도 · 기독교도 · 유태 · 페르시아인 등 합 12만이 살륙을 당하였다 하니, 그네가 어떻게 많이 와서 있었음을 짐작할 것입니다.

그런데 황소가 광저우를 함락하였을 때에 사방의 군사를 모아 가지고 황소의 난을 평정하러 나선 이가 회남 절도사 고병(高駢)이요, 이 고병이 군사 행동을 개시할 때에 구름 같은 천하 인재 중에서 특히 뽑아서 비서관을 시킨 이가 실로 신라의 소년 문사 최치원이었습니다.

최치원이 지은 황소를 치는 격문이 역대 전쟁 문학 중에서도 특별히 빛나는 주옥편임은 세상에서 아는 바와 같으며, 그 중에도 황소의 폭학함을 엮어 수죄하여 내려가다가 마지막 "오직 천하 사람들이 모두 죄인을 죽여 시체를 보여야 한다고 생각지 않는 이가 없으며, 또 역시 땅속의 귀신들도 이미 목을 베어야 한다고 의론을 마쳤다."하는 구절에 이르러는, 황소 자신이 이것을 보다가 그만 앉은 자리에서 뚝 떨어졌다는 말이 있습니다.

생각하건대 억울하게 죽은 해내의 죄 없는 백성과 푸른 눈과 붉은 머리를 가진 12만 서방 사람들이 죄다 지하에서 가슴이 시원하였으리라고 합니다. 그는 여하간에 이때 당나라의 항구에는 사라센인뿐 아니라 신라인도 많이 가서 있어서 양자의 사이에 교제가 꽤 있었을 것은 물론입니다.

그때 아라비아인의 지리서에 중국의 동방 해외에는 '실라'라는 나라가 있어 황금으로 지붕도 잇고 개 목테도 한다는 말을 적었으니, 이 '실라'가 곧 우리 신라요 이것은 신라 사람이 당나라에서 호사스럽게 생활하고 희떠운 소리 하는 것을 과장하여 전한 이야기일 것입니다.

그때 신라 사람의 해상 진출이 중국의 항만에만 그치지 아니한 것은 물론입니다. 우선 당나라 때 의정(義淨)이라는 중이 해로로 인도까지를 가서 보고 실지로 본 사실을 기록하여 『서역구법고승전』이라는 책을 지었는데, 그것을 보건대 지금 남양 지방으로부터 인도 남방의 각처에 신라의 유학승이 꽤 많이 가서 있음을 전하였습니다.

이 책은 의정이란 이가 중으로서 불법(佛法) 관계의 사실만을 전하려 한 것이니까 신라의 중만이 기록되어 있지마는, 항해에 능하고 무역의 이익을 맛본 신라의 상인으로서 계절풍과 무역풍을 이용하여 용이하게 내왕하는 남서양 각지에 교통한 이가 적지 않았으리라고 누가 말하지 않겠습니까? 자취 없고 이름 없이 깜깜 속으로 사라진 대세 · 구칠 같은 선각자와 장보고 같은 위인이 허다히 있었을 것을 나는 생각합니다.

남해 저쪽이 반도 인민의 이상하게 그리워하는 천지인 것은 후세의 사실에도 많이 징험되는 바입니다. 그 한두 가지를 들추어 볼

진대, 우선 조선 중세 이래로 남방 해도에 이인(異人)이 나온다는 신앙이 일반에 행하여 거기 관련된 사건이 연방 생겼는데, 안정복의 『상촌수필(橡村隨筆)』이란 책에 인조 때의 점잖은 어른 안응창(安應昌)의 『잡록』을 인용하여 이런 사실을 적었습니다.

인조조에 황익(黃瀷)이란 이가 통제사가 되었을 때에 배 한 척이 남해변에 표박하기로 어디서 온 것이냐고 물은즉, 대답하되 남방국이라 하며 남방국이 어디란 말이냐 한즉, 일본의 서남 2,000여 리에 있어서 거기는 조석이 없느니라 하고, 또 하는 말이 그 나라는 본디 신라인이 만든 바인데 신라가 장차 망하려 하매 태자가 왕족 만여 인을 데리고 고려군을 막다가 감당하지 못하고 금강산으로 들어갔으나, 산골이 좁아서 거기서 견디지 못하고 인민 20만여 호로 더불어 각각 배를 타고 바다로 들어가 한 섬에 이르러 땅을 이룩하여 나라를 배포하고 이름을 남방국이라 하였더니, 차차 위엄이 떨쳐서 드디어 25국의 어른이 되었느니라고 하더랍니다.

이 비슷한 이야기는 민간에 많이 돌아다닙니다. 근래에 박연암의 윤색으로 말미암아 더욱 세상에 널리 알려지게 된 『허생전』에도, 허생이란 경륜가가 만금을 가지고 조선 땅을 두서너 번 들먹어려 보고, 이렇게 좁은 바닥에서 무엇을 하랴 하고 나라 안에 있는 도적놈들을 몰아 가지고서 나가사키와 샤먼(厦門)의 사이에 있는 어느 무인도로 들어가서 일종의 이상국을 건설하였다고 함은 또한 남방을 그리워하는 사상의 한 표현입니다. 이러한 사실을 모아 가지고 그 의미를 따져 보면, 조선인의 남방 사상이 어떻게 뿌리 깊은 줄을 알 것입니다.

조선인으로 하여금 남방 해상에 이상 세계를 가지게 한 것은 무슨 까닭인가요? 아까 말씀한 남방을 앞과 미래로 생각하고 이상을 먼 장래에 구하는 관념에서 시작한 것도 있고, 이 밖에도 여러 가지 이유를 들어 말하겠지마는, 다만 반도인이 남방 해상으로부터 얻는 경험이 그네의 남방을 그리워하는 마음을 자아내었을 이유를 약간 생각해 보고 싶습니다.

대저 반도와 남방 해상과의 사이에는 바람과 조류의 관계로 말미암아서 보통으로 생각하는 이상으로 교통이 빈번하였습니다. 이를테면 계절풍이 교체되는 목에 사나운 바람을 만나 해상의 뱃사람이 멀리 남해 각지로 불려 갔다가 몇 달 몇 해 만에 돌아오는 일은 뻔듯하게 있었습니다. 그리하여 해외의 사정은 비교적 자세하게 인민의 사이에 알려졌었을 것입니다.

그 중에는 물론 남방 먼 바다 밖에 기후가 더워 사시장춘 아니 긴 여름이요, 물산이 풍성풍성하고 곡식이 일년에 두 번 세 번 성숙하여 생활이 극히 안락하고, 구름을 찌르는 큰 나무 그늘에는 앵무 · 공작 · 극락조 따위 무늬가 찬란한 새가 기이한 노래를 서로 화답하여 진실로 인간의 낙토더라는 소식은 늘 전하여져서 듣게 된 것입니다.

그런데 이러한 구경을 하고 온 이는 대개 제주와 같은 해상 척토의 백성이요, 또 동서양을 물론하고 해외 탐험자의 이야기는 콩알만한 일을 바윗돌만큼 늘여 하는 것이 통례요, 또 옛날에는 사사로이 해외를 출입하는 것이 나라의 금법인 만큼 이러한 이야기는 숨기숨기 전전하기 때문에 내용이 점점 신괴한 요소를 첨가하게 되었을 것입니다. 이러한 경로를 밟아서 남방 해외에 이상적 국토가 있다는 신념이 성립되지 아니하였는가를 나는 생각합니다.

『지봉유설』이라는 책에 이러한 이야기가 있습니다. 해변에서 어업하는 사람이 바람에 불려 7~8일 만에 한 섬에 이르니, 섬 위에 굉장한 집이 있어 대궐과 같거늘 배를 대고 뭍에 내려 문틈으로 엿본즉, 뜰에 영채가 돌아 백옥을 깐 듯하고 빨간 꽃이 만발하였으되 이름을 모르겠고, 가만히 보매 누각이 비고 사람이 없는 지라 들어가 보매 집안이 한껏 깨끗한데, 마루 앞에 파란 연못이 있고 연못

가에는 탑이 있고 탑 곁에는 바둑판과 바둑이 있고, 그 아래 푸른 짚신 한 켤레가 있으되 크기가 한 자는 넘고 아직도 물에 젖은 채로 있거늘, 놀라서 물러나와 드디어 우리 지경으로 돌아와서 이런 이야기를 널리 퍼뜨렸다 합니다. 우리 해상에서 표류하여 7~8일 만에 도달하는 곳은 남양 어느 섬밖에 없을 것이 아닙니까?

한편으로 콜럼버스가 신세계를 발견하고 바스코 다가마가 희망봉을 돌아 나오고 마젤란이 태평양으로 진출한 이래로, 스페인 · 포루투갈 · 네델란드 · 영국 등이 서로 이어 동양 · 남양의 각지로 덤벼들어서, 땅과 이익이 있는 데까지 골고루 토지를 점령하고 인민을 정복하고 무역을 확장할 때에 반도의 남방 의식은 새로이 큰 자극을 받았습니다.

유럽 사람의 남양 또 동양 방면 침략이 한창 진행하는 때는 조선에서 명종 · 선조 두 임금의 시절에 해당하는데, 선조 때 임진란에 반도 남방의 다수한 사람이 해상으로 흘러나가서 샤먼 · 나가사키 같은 데는 물론이요, 먼 남양 각처 - 필리핀 · 자바 · 수마트라 어느 항구에고 죄다 분포되었습니다.

그중에는 진작부터 기독교에 들어가서 혹 열렬한 전도자로 혹 장렬한 순교자로 빛난 이름을 전도사상에 끼친 이도 많았습니다. 이러한 이 중에도 알게 모르게 몇 군데 중계점을 거쳐 고국으로 돌아온 이가 결코 적지 아니하였을 것입니다. 이 점은 한쪽으로는 기독교 전래, 한쪽으로는 남양 교통상으로 다 요긴한 관절이 되는 사실입니다.

그는 여하간에 예전에는 남양 각지가 토지 · 물산과 같은 자연적 조건으로만 풍성풍성함을 보았더니, 새로이 서양인의 도시가 성립한 남양에서는 서양식의 굉장한 선박과 화려한 건축과 호사한 생활 양식과 기묘한 기계 설비 등을 남양에서 보게 되었습니다. 이러한 새 견문과 새 지식은 남방의 해도로 하여금 더욱 인간의 극락을 만들었을 것입니다.

이것은 조선의 이야기는 아니지마는 중국 남방의 이주민이 남양으로 밀려들어간 후에 문사들이 가서 당시 남양의 실정을 기록한 책이 많은데, 왕대해(王大海)란 이의 『해도일지(海島逸志)』라는 책에는 남양에 있는 네덜란드인 식민지의 부요 호화한 광경을 엮어 섬기고, 끝에 말하기를

> 옛날부터 문자를 보면 다 신선 사는 섬나라를 부러워하여 가로되, "거기에는 사계절 지지 않는 꽃이 있고 유리로 창을 하고 바다거북으로 들보를 한다고 하였는데, 남양에는 어디든지 다 그러하여 신기할 것이 없다."고 하고, 또 가로되 "나는 생각하기를 극락세계란 남양이라고 한다."

고 하였습니다. 조선에도 글 하는 이가 가서 구경한 감상을 솔직하게 기록하였더라면 아마 이 비슷한 말이 많았겠지요.

시세가 점점 진보함을 따라서 서양 사람의 배와 기계와 물품은 조선에 앉아서도 실지를 볼 기회가 많아 갔습니다. 동방 해상의 교통상 요충에 해당하는 제주 앞 바다에는 가끔 서양인의 부서진 배가 있고, 뒤에는 동 · 남 · 서 어느 해안에서도 온전한 배 깨진 배를 연방 보게 되었습니다.

그네는 여기서 근대의 세계를 보고 또 과학의 위력을 보았습니다. 그리고 이 모든 것을 남만, 곧 남방 해상의 물건으로 알았습니다. 그리하여 남방의 세계에 대하여는 빛나는 희망이 있었으며, 생명의 약동이 있었습니다. 지도를 펴 놓고 남으로 한 줄을 똑바로 내리 그으면 거기 동인도의 무수한 도서가 별 같이 깔리고 바둑돌 같이 늘어 놓여 있는데, 이 동안에는 두 땅을 붙잡아매려 하는 적당한 바람이 불고 편리한 물길이 터져 있습니다.

그런데 반도의 남해안에는 여기 응하는 듯이 남방을 껴안으려 하는 팔뚝이 수북히 내밀었으며, 남방으로 달려 나가려 하는 든든한 다리가 꿈치를 가지런히 하여 늘어서 있습니다. 그리하여 남방 해상에 새 세계가 있다 함은 반도의 위치와 지형이 만들어낸 영원한 약속이었습니다.

반도의 남해안을 이야기함에는, 일찌기 삼도수군통제사가 있던 곳이요, 천고에 하루 같이 진해만이 아가리를 벌리고 울두목이 눈거품을 뿜는 곳인 만큼 군사적 방면을 빼지 못할 것이 물론이지마는, 괴까다로운 그런 말씀은 역시 다른 날 다른 사람에게 밀기로 하고 눈을 고쳐 서해로 돌려 보겠습니다.

동해는 물이 맑고 시야가 시원하고 연안에 경치가 절승하지마는, 결국은 시의 나라입니다. 남해는 세계의 바람과 시대의 물결이 밀려와서 줄창 진취와 용략을 우리에게 재촉하지마는 또한 이상의 세계일 따름입니다. 필경은 서해에 와서 우리가 비로소 현실 생활의 분위기로 들어가는 느낌이 있습니다.

우리의 서해는 중국의 동해요, 중국에서는 동해가 봉래산과 삼신산 불사약이 있는 이상향이지마는, 우리에게 있어서는 소금을 구워 쓰고 새우젓 · 조기젓을 담그고 굴비 · 암치를 말려서 반찬을 하고, 또 반도의 부족한 것을 대륙에서 보급해서 받는 생활 루트인 끝끝내 현실적인 것입니다.

또 반도의 지형은 척량 산맥이 동쪽에 치우쳐 만리장성을 쌓고 있는 결과로 큰 들이 서편에 열리고 긴 물이 서편으로 흐르고 있습니다. 따라서 우리의 배를 부르게 하는 곡식과 우리의 등을 따습게 하는 솜과 이 밖에 온갖 생활필수품이 다 서해안에서 생산하게 되었습니다. 이렇게 뭍으로나 바다로나 서쪽은 우리의 현실 생활을 맡아 가지고 있는 곳입니다. 거기 시는 없고 꿈이야 없을망정, 인간의 생활이 한치만큼도 현실을 떨어질 수 없기까지 현실적인 서해야말로 우리에게 가장 소중한 존재일밖에 없습니다.

서해는 지리지상의 명칭으로는 황해라고 이릅니다. 동해를 벽해(碧海)라 함에 대하여 그 특색을 선명하게 나타낸 이름입니다. 널리 세계를 둘러볼진대, 아라비아 반도와 아프리카 대륙의 사이에는 홍해가 있습니다. 소비에트의 남쪽에는 흑해, 북쪽에는 백해(백령해)가 있습니다. 여기 조선 반도 편의 벽해와 서편의 황해를 더하면 오색이 구비하여지는 셈입니다(중국의 서방 몽고 땅에 청해라는 것이 있지마는, 이것은 바다라기보다 호수라 해야 옳은 것이요, 몽고 원어의 '코크노르'도 또한 푸른 늪이라는 말이니까 오색 바다의 청을 여기 맡길 수가 없습니다).

그는 어찌 갔든지 황해 물은 왜 누르냐 할 것 같으면, 이 바다는 원채 옅어서 수심이 깊은 데라야 100m 쯤인데, 세계에서도 유수한 큰 강인 북중국의 황허가 허구장천 대륙 깊은 곳으로부터 황토 푼 누렁물을 내다 쏟아서 하구로부터 200㎞ 먼 데까지를 흐려 놓기 때문입니다.

또 황해는 옅기 때문에 조석의 현상이 현저합니다. 동해안은 조수가 없다는 말을 듣도록 밀고 써는 차가 대단히 적음에 비하여, 서해안에서는 물이 밀 때에는 육지가 파묻힐 듯하다가도 써서 나가면 그 자리에 10리 20리의 개흙 번등이가 편하게 생김이 보통입니다.

인천 바다 같은 데서는 밀고 써는 차가 최고 9m까지 가는데, 이것은 세계에서도 몇째 되지 않는 높은 조수입니다(약 제3위). 이러한 조수는 전에 썰물 나간 자리를 이용하여 소금밭을 만들어 쓰기에 편하다 하고, 장래에는 발전의 원동력으로 쓰게 된다 해서 이용 가치는 있는 모양이지마는, 바닷가가 말끔하지 못한 것과 배질하는 길을 일정할 수 없음으로는 썩 신신한 일 아닙니다.

그런 말씀 그만두고요, 우리 동 · 남 · 서 삼면의 바다 중에 가장 먼저 역사의 무대에 오른 것이 진실로 이 황해입니다. 더 오랜 일은 모르지마는, 중국의 춘추전국 시절로부터 중국에서 병란과 기근을 피해 나오는 유민들이 산둥 반도에서 배를 타고 맞은편 우리 황해도 뿌다구니를 바라고서 이물 고물을 맞물고 건너온 바다가 이 황해입니다.

그리하여 대동강 좌우안에 그네의 기류지가 생겼다가 본국과의 사이에 이해 관계로 가끔 옥신각신하는 중 한나라 무제라는 임금은 해외 기류민의 버릇을 가르칠 양으로 수륙 양방으로 대군을 발동해 가지고 산둥 장정 5만을 누선 – 여러 층으로 방을 만든 큰 배에 실어서 황해를 가로질러 보내니, 이것이 중국뿐 아니라 전 동양에 해군이 있은 시초입니다.

이로부터 황해는 서양 사상의 에게해 · 이오니아해 이상으로 동양 사상의 유일한 해전 무대가 되었습니다. 고구려 · 백제의 요서 지방을 공략하는 군사도 이 바다를 타고 다니고, 위 · 진 · 수 · 당 · 원 · 명 등 중국 역대의 동방으로 작전하는 전함이 죄다 이 바다에 떠서 다녔습니다.

가까이는 일청 전쟁에 있는 제해권 다툼이 유명한 황해 대해전이요, 일러 전쟁이 인천 바깥 바다에서 시작되어 뤼순 함락에서 고비를 넘은 것은 우리의 이목에 새로운 바가 아닙니까? 동양에 있는 커다란 사변 치고 황해의 물결을 뒤집어 보지 아니한 것도 없고, 황해상에 생긴 일이 파동을 반도에 전하지 아니한 적도 물론 없었습니다.

그렇지마는 세계의 바다는 죄다 하나입니다. 태평양의 물도 대서양으로 더불어 통한 것이요, 인도양의 조류도 황해로 흘러오는 것이요, 런던 템즈강의 물이끼도 흘러서 강화도에도 와서 붙고 한양성 밖의 용산 · 삼개에도 떠들어오지 말란 법이 없습니다.

바야흐로 서양 각국의 제국주의 바람이 세계를 휩쓸 때에는 황해도 동양사로부터 나서서 마침내 세계사의 조류를 타게 되었습니다. 19세기 초두에 해당하는 순조 이래로 헌종 · 철종 두 왕조에 걸쳐서 영국 선척의 서해상 출몰이 거의 끊일 새가 없고, 혹은 수로를 측량한다 혹은 통상을 강요한다 하여 성가신 일이 연해 각 지방관으로부터 뻔듯하게 중앙으로 보고되었습니다.

이것이 이른바 '이양선'이란 것으로서 오는 족족 인심이 수런거리지 않을 수 없었습니다. 이 이양선은 영국 것뿐 아니라, 차차 종류가 늘어서 프랑스의 이양선도 오고 미국의 이양선도 오게 되었습니다. 이놈 저놈이 들락날락하던 끝에 이양선은 끝내 제 행티를 하기 시작하였습니다. 병인년에는 프랑스 군함이 강화를 습격하고, 신미년에는 미국 상선이 대동강에서 작변을 하여, 그 전에 경험하지 못한 '양요'란 난리가 일대의 인심을 써늘하게 하였습니다.

조선의 탄발력(彈撥力)이 이번에는 집적거리는 놈들을 차례차례 물리쳐 내기는 하였지마는, 실상으로 말하면 역사의 대세가 조선반도를 세계의 무대상으로 끌어내려 하는 이 힘을 끝끝내 막아내는 수가 없어 인천 제물포를 시초로 하여 굳이 닫고 지내던 해상의 관문을 만국의 앞에 개방하고 만 것은 당연한 약속이라 할 것이겠지요.

'이양선'을 말씀하면 그보다 앞서는 '황당선'을 생각하겠습니다. 황당선이란 것은 어디서 무엇을 하려고 어디로 가는 놈인지 소속과 행선지가 다 분명치 못하대서 부르는 이름인데, 이 황당선은 특히 서해상의 명물이었습니다.

황당선이란 말은 이조 초기로부터 문자에 나타나서 처음에는 다도해 방면에 출몰하는 해적선을 가리키더니, 뒤에는 바뀌어 연평바다 이북, 압록강 입구까지의 우리 서해상에 홀연히 나타났다가 홀연히 가버리는 중국인의 밀어선(密漁船)을 이렇게 불렀습니다. 그렇게 거취가 일정치 아니하다는 의미에서 황당선이라고 부르는 동시에, 배 제작이 우리와 같지 않다는 의미에서 이양선이라는 말도 쳤습니다.

그리하다가 중국의 이양선보다 동뜨게 이양으로 생긴 서양인의 배를 보게 된 뒤에는 황당선과 이양선 두 말을 분간하여서 황해 북부의 밀어선과 및 거기 준하는 괴상한 배는 대개 황당선이라 하고, 남방 해상에 왕래하는 서양인의 배는 대개 이양선이라고 일컬은 모양입니다. 나도 황당선이란 말은 밀어선 내지 해적선이라는 뜻으로 쓰고 싶습니다.

대저 양국이 국경을 맞대가지고 있는 경우에 도적질 무역이 성행하는 것은 어쩔 수 없는 일이라 하거니와, 해상에 있어서는 국경이 명백하지 아니한 만큼 밀어선의 출몰을 방지하기는 더욱 어려울 수밖에 없습니다. 그리하여 평안 · 황해 양도의 해상에는 조기잡이철 · 새우잡이철에 중국의 산둥 · 요동 방면으로부터 밀어선들이 밀집해 오고, 이것은 옛날 국경 관념이 분명치 아니하던 시절로부터 예사로 행하던 것이라 하는 편에서는 도리어 당연히 할 일쯤으로 생각도 한 모양입니다.

근래에는 고기잡이철마다 경비선을 출동시켜 힘써 구축하는 까닭에 그 수가 매우 감소하였지마는, 전으로 말하면 우리 어선과 저희 어선 어느 편이 많을지를 판단하기 어려울 만하였습니다. 평안도에서는 신도 · 가도 · 신미도, 황해도에서는 초도 · 대소청도 · 백령도 · 연평도 등 무릇 섬 기슭의 배를 감출 만한 곳에는 검은 배 그림자와 푸른 옷자락의 번득거리지 않는 곳이 없다 하여도 과언이 아닙니다.

밀어고 원박달 고기잡이고 간에, 연평 바다의 조기잡이 배와 칠산 바다의 민어잡이 배가 떼떼이 밤에 커다란 불을 켜서 고기를 꼬여들게 하는 이른바 어화(漁火)는 이 또한 보기 드문 큰 구경입니다.

내가 일찍 서해의 낙조 구경터로 유명한 부안의 변산에 올라가

백령도 해안
황해 바다의 조기잡이가 성행했던 곳이다.

서 어느 시인의 비유처럼 대성인의 임종 같은 떨어지는 해의 비장한 미를 맛보려 하였을 적입니다. 변산의 명월암에서 하룻밤을 잤습니다. 또 하룻밤을 잤습니다. 이렇게 수일 정성을 드렸건마는 며칠이 하루와 같이 저녁때면 구름이 끼어서 석가모니도 예수 그리스도도 내 앞에서 돌아가시지를 아니하셨습니다.

섭섭은 했습니다마는 그러나 그 때 일이 아주 부질없지는 아니하였습니다. 그것은 줄포의 바깥 바다인 위도니 왕등도니 하는 섬 있는 해상에 한참 제철 고기잡이하는 배들이 열 척 한 줄, 스무 척 한 줄씩 주줄이 고기 지나는 목을 지키고 있는 곳에 밤마다 큰 불 작은 불이 붉으락 누르락하여서 흐린 하늘은 캄캄하기 바다와 같고, 불 반짝거리는 바다는 마치 별이 깜박거리는 하늘과 같은 광경을 보고, 이 구경 아니 낙조의 빰칠 장관이냐 한 것입니다.

고기잡이 배는 그만 집어치우구요, 황당선 중의 황당선이라 할 해적 말씀을 좀 하겠습니다. 도적질이 악한 것은 물론이지마는, 세계의 역사를 펴 놓고 왕조의 건설자라는 이가 몇 사람이나 도적의 괴수가 아닌가를 상고해 보십시오. 더욱 영국 · 네덜란드와 같이 해상에 대제국을 건설한 민족이 누가 해적 비슷한 경험을 가지지 아니하였는가를 생각해 보십시오. 근세에 있는 유럽의 풍요와 번영이 대체 어디서 나온 것임을 살펴볼 때에, 해적의 결과를 가볍게 욕만 하고 말 수 없습니다.

이른바 육지 발견 시대 이후의 제국주의 중심인 세계 역사는 요하건대 범선을 증기선으로 고치고 소총을 대포로 바꿔 가지고 다니면서 세계의 일곱 바다에 기탄없는 해적질을 경쟁한 기록입니다.

대저 해적의 원조는 서양인 모양입니다. 호머의 장편시 『오딧세이』에는 페니키아인의 해적질하는 대문이 가끔 나오는데, 이것은 근 3,000년 이전에 지중해가 이미 해적의 활동 무대임을 말하는 것입니다. 이로부터 지중해 내지 북해에 관한 역사에 해적의 그림자가 얼씬거리지 않는 책장이 없음은 아는 이는 잘 아는 사실입니다.

원래 해적이란 것은 재물 실은 배가 많이 왕래하는 해상의 길목에 맞추어 으슥한 포구나 무더기 섬이 있어서 그저 때는 들어가 숨었기가 좋고 일 있을 때에는 나와 행동하기가 좋은 지세를 가지고 생기고 또 커지는 것입니다. 서양의 에게 · 아드리아 등 다도해가 대표적 해적지인 것처럼, 동양의 다도해인 황해에도 진작부터 해적의 활동을 봄이 결코 우연한 일이 아닙니다.

고구려 · 백제 · 신라 삼국과 중국의 남조 여러 나라, 신라와 당나라 또 고려와 송나라와의 교통 무역은 다 해로로써 하였습니다. 지금도 남아 있는 '배따라기'라는 노래는 옛날에 수로로 중국 가는 사람을 작별하는 잔치에 춤에 맞추어 부르던 것입니다. 이쪽에서는 평안도의 압록강구와 선천 선사포, 황해도 풍천의 초도, 경기도 인천의 덕물도, 전라도 나주의 흑산도 등이 출입하는 문호가 되고, 저쪽에서는 북방은 산둥 반도의 덩저우, 남방은 항저우 만의 밍저우(지금 닝보)가 배의 발착점이었습니다.

우리의 칠산 바다가 세계에 유명한 다도해인 것은 물론이거니와, 중국의 산둥 반도에는 묘도 열도가 있고 항저우 만에는 주산 열도가 깔려 있어서 어느 것이나 해적의 활동지로 온갖 요건이 구비되어 있습니다.

그리하여 신라 중엽으로부터 해상 교통이 성해지자 해적의 활동이 차차 사람의 주목을 끌게 되었습니다. 울 일, 웃을 일, 딱한 일, 시원한 일, 해적 활동사의 아슬아슬한 페이지는 날로 늘어갔지마는, 섭섭할손 시인 바이런도 없고 저술가 고스도 없기 때문에 그 자세한 것을 알 수 없습니다.

그 역사에 오른 약간 사실의 중에는 태종 6년(1406), 약 540년 전에 자바국 사신 진언상(陳彦祥)이란 사람이 앵무 · 공작 · 용뇌 · 침향 · 번포 등 다수한 물화를 싣고 오다가 전라도 군산도에서 해적을 만나서, 물건은 다 빼앗기고 선인 60인은 사로잡혀 가고 21인은 전사하고 남녀 겨우 40인이 상륙한 것을 조정에서 불쌍히 여겨서 선척과 의복 양식을 주니, 고마워서 명년 다시 오겠음을 언약하고 돌아간 사실 같은 것이 있습니다.

이 진언상이란 사람은 태조 때에도 와서 우리 벼슬 이름을 타가기도 한 자요, 또 베트남 · 태국 · 자바 등 해남 여러 나라는 고려 말로부터 혹 혼자 오기도 하고 혹 유구 사람을 앞세우고 와서 방물을 바치고 상급을 타감이 예사이었습니다. 이러한 사건은 물론 수북히 있을 것 아닙니까?

그러나 동중국해의 해적사상에 있는 지위는 유럽인의 동양 진출 이후에 와짝 커집니다. 그리고 해적의 인종 내용은 유럽인 · 남양 토인 · 중국인 기타 등 거의 전 세계를 망라하고, 그 활동 형태는 대담과 대규모를 극하여, 득세하는 때에는 해상의 큰 섬에 제법 한 나라 하나를 배포하고 몇 대씩을 누리고 있는 일도 드물지 아니하였습니다.

이러한 대해적단의 중에는 그 영향이 조선 반도까지 미친 자도 있었습니다. 이를테면 동중국해 남방의 요충을 점하고 있는 타이완 섬은 벌써부터 해적의 근거지로 유명한 곳으로서, 명나라 말년으로부터 포르투갈 · 스페인 · 네덜란드 등 외국인이 겨끔내기로 들어가 웅거하였더니, 1662년에 정성공(鄭成功)이 이것을 쫓아내고 정씨는 명나라의 여세를 끼고 3대 20여 년 동안 해상에 막대한 권력을 부렸습니다. 정씨네가 후에는 명나라 충신으로 행세를 하였지마는, 정성공의 아버지 정지용은 본디 해적 출신이요 정성공의 활동도 대개 해적적이었습니다.

남해에 있는 정씨의 활동은 진작부터 조선의 주의를 끌어서, 혹시나 명나라가 중흥이 되는 때에는 우리가 어떻게 하겠느냐는 점을 꽤 실심으로 연구한 일이 있었습니다. 태평양 · 대서양의 물결도 우리에게 영향을 주려든, 하물며 한 바다 이 언덕 저 언덕 사이의 일이어늘 언제 어떤 물결이 닥쳐올 것을 정신 차리지 않는대서야 그것이 마음 있는 사람의 일이겠습니까?

연대를 훨쩍 내리켜서는 근대적 대해적국의 협위가(검정 손이) 직접으로 반도에 달려든 사실도 있습니다. 저 고종 5년 무진(1868)에 유태인계 독일인 에른스트 오페르트를 수령으로 하고 프랑스인 · 미국인 · 중국인 · 말레시아인과 조선인까지도 약간 명을 단원으로 하여 미국 기선 차이나 호(680톤)를 타고 충청도 해안으로 와서 밤을 타서 덕산군 가야산의 대원군 아버님 남연군의 묘소를 발굴하던 사건은 피해자가 피해자인 만큼 진실로 일세의 이목을 끈 사건입니다.

세상에는 이 사건을 대원군의 기독교도 학살에 대한 보복인가 하는 이도 있지마는 믿기 어려운 말이요, 그때 동양 해상에 흔히 행한 하나의 해적단의 짓이라고 우리는 봅니다.

대저 우리 서해 특히 동중국해라고 부르는 부분은 세계에 있는 해적 활동의 최후 무대로서 근래까지도 항해가의 간을 콩짜개만하

남연군 묘(충남 예산)

홍선대원군 이하응 아버지인 이구의 묘이다. 1866년(고종 3) 독일 상인 오페르트가 남연군의 무덤을 훼손하였는데, 필자는 이 사건을 당시 해상에서 흔히 있던 해적단의 소행이라고 보고 있다.

게 만들던 곳이지마는, 기선과 무선 전신이 발달된 요새 와서는 흉악한 해적단의 출현은 보려 해도 볼 수 없게 되었습니다.

이양선이니 황당선이니 하는 것도 말은 이상스럽지마는 역시 역사적으로 적확한 사실을 가리키는 것 아닙니까. 그런즉 서해는 어디까지고 현실성의 것이요 어느 한 구석을 들추어 볼지라도 죄다 우리 실제 생활로 더불어 서로 떨어지지 못할 교섭을 가지고 있습니다.

다시 내켜서 서해가 운수 · 교통 · 무역 · 생산 모든 방면으로 전 반도 생명력의 근원이 되어 온 고금 사실을 들추어 보면 그 현실성과 다각적 역사적 중요성이 더욱더 명백하여질 줄 압니다마는, 이 이상 번거로운 말씀을 여쭙지 못하겠습니다.

또 바다를 말하면서 섬 이야기를 빼는 것은 마치 용을 그리고 눈알을 찍지 아니하는 혐의도 있습니다마는, 이것도 다른 기회로 미룰 밖에 없습니다. 이상의 말씀으로써 조선의 세 바다가 공연히 큰 물을 담아 가지고 흘쭉할쭉하는 것 아니라, 제각기 깊은 의미와 큰 권위를 가지고서 반도의 가치와 영광을 위하여 제 직분을 다하고 있는 것을 약간 깨달으시게 하였으면 이만 생색이 없겠습니다.

바다는 큰 것입니다. 그러나 그저 큰 것이 아니라 비할 데 없는 힘을 가지고 큽니다. 그 '힘'온 천지의 물을 다 받아 들여도 겨운 줄을 모르는 포용의 힘, 온 세계의 쓰레기를 죄다 맡아서 흔적 없이 빨래해 내는 정화의 힘, 무서운 파괴의 힘, 거룩한 창조의 힘, 이 모든 힘으로 한껏 크신 것이 바다입니다.

주야 없이 울기를 말지 아니하는 조수의 소리, 거기 거룩한 시가 있고, 거룩한 설법이 있고, 거룩한 교향악이 있습니다. 우리의 주위를 둘러싸고 있는 세 바다에는 언제고 소리가 있다, 그 때 족족 새 소식이 온다, 귀 있는 자여 들을지어다 하겠습니다.

부록

미 국무성에 보낸 독도 문서

RG 84 FOREIGN SERVICE POST OF THE DEPARTMENT OF STATE

Offices of the U.S. Political Advisor for Japan- Tokyo.

Classified General Correspondence. 1945-1949

1948: 800-810.8

BOX NO. 34

UNITED STATES POLITICAL ADVISER

FOR JAPAN

No. 612 Tokyo, September 16, 1948.

UNCLASSIFIED

Subject: Korean Petition Concerning Sovereignty of "Doksum.", Ullungo Do, sushima, and "Parang." Islands.

The Acting Political Adviser has the honor to enclose a verbatim copy of a petition dated August 5, 1948 sent to the Supreme Commander for the Allied Powers by the Patriotic Old Men's Association, Seoul, Korea, requesting that favorable consideration be given Korea's claim for the return of "Docksum." (said to be Takeshima or Lianoourt Rooks), Ullungo Do(Utsuryo To), Tsushima, and "Parang." Islands, "Parang." Island cannot be identified by this Mission.

The petition attempts to trace Korea's historical interest in these islands and to illustrate how

Japan has used the islands as stepping stones for aggression upon the continent of Asia. In this connection reference is made to the Mission's despatch no. 1296, September 23, 1947, transmitting Part IV of a study by the Japanese Foreign Office entitled "Minor Islands Adjacent to Japan Proper." ; Part IV of this study discusses Japan's claim to Takeshima and to Utsuryo To.

Although nothing is known concerning the organization and purposes of the Patriotic Old Men's Association, It is believed that the enclosed petition may be indicative of Korean thinking in regard to the disposition of the islands in question.

Enclosure:

Petition dated August 5,

1948 sent to SCAP by the

Patriotic Old Men's Association, Seoul, Korea,

800

RBFnnicgf

Original and ozalid to the Department

UNCLASSIFIED

cc: U.S. Representative, Seoul.

????????????????????????????

September16, 1948 from the Office of

the United States Political Adviser

at Tokyo, on the subject of: "Korean."

Petition Concerning Sovereignty of

"Docksum.", Ullungo Do, Tsushima, and

"Parang." Islands.

HEADQUARTERS

PAROTICOLDHEN'SASSOCIATION

Seoul, Korea

5 August1948

SUBJECT: Request for Arrangement of Lands Between Korea, and Japan

TO: Gen. Douglas MacArthur, Supreme Commander, SCAP

We, Korean people, are ever so interesting for your negotiation for peace to Japan, because Korea stands near by Japan and Korea was under the cruel compression of Japan for years and vast sacrifices were always paid to Japan. We expect you that so sharp and keen plans for establishment of oriental peace and order and are waiting for its announcement. Korea who has no actual voice in the conference should be well considered by your great plans.

Speaking oriental peace, Korean opinions which

will play a great role in it, is absolutely necessary. Before some advices are submitted you in the course of negotiation of peace and establishment or oriental orders, we, Patriotic Oldmen's Association, are to submit a request on arrangement of lands, believing your kind consideration.

Importance of legal arrangement of lands in the international order, was shown in the corridor at the east Europe established in the Versailles construction.

Generally speaking, legal arrangemental standards stand on a passive side, e.g., restoration of lands taken away, and on the other active side, e.g., division of land for supporting development some nation and for the peace of the nation.

On the land matters between Korea and Japan, both active and passive sides are present and we hereby request as follows:

1. Returning back the island "Docksum."

It is not suspected at all but well understood that the island "Ulneungdo.", its attached are belonging to Korea historically and actually. Japan, however, planned to profit by fishing and foresting under the evacuating policy of Korea for internal security prohibiting people to enter the island. Aimed robbery fishers of West Coast of Japan dared to invade into the island and assert that the island was belonging to Japan and undisposed entanglement continued. But in accordance with the resolute negotiation on it, Japan acknowledged their fault and made a word to prohibit to fish there in 1693. Since 1881, seiging on the empty sea defence, Japan began to re-invade into it and difficulties between both countries, Korea and Japan, became to arise, again. Under the negotiation in Tokyo on it by Korean plenipotentiary, Suh Sang Woo and his advisor G. von Mollendorf, Japan surrendered to Korea, and thereafter Korean Government managed in legally and absolutely, and no chance was given then to re-make such difficulties. On the other hand, due to the Russian Pacific Policy, international equality was made and finally Japan closed to invade somewhere.

Japan, however, never dismiss the fishering profit around the island "Ulneungdo.", but planned to occupy a corner of it by some means and became to find out a small island called "Docksung." in Korean name, meaning a small pot-shaped island, near the Ulneungdo, where whales gathered. In 1904, Japanese fisher of TottorIken named Nakai Yosaburo made a cruel programme to seise the Docksum and was practised to submit petitions or requests to the hydrographic department of Navy, Dep't of Home Affairs, Dep't of Foreign Affairs and Dep't of Agriculture and Commerce, etc. to register the island into Japanese territory.

At that time, considering the delicate international relations, Japanese officials hesitated to put into practice. Japan, however, guessed the Russian failure in the Russian-Japanese War, and Provincial Notice No, 40 of Tottoriken was issued officially as follows:

"Islands located 85 miles far from Okishima are hereby called Takeshima and transferred to this province."

Thus, these islands were occupied by Japanese Government. This was of so secrecy that not only Korean Government but also either nations could not know it. Furthermore, even if Korean Government turned his attention to it, no policy might be made for it. As above, Japanese wills were completely successful on it.

The so-called Takeshima is the very "Dockusum(sic) in Korean name,." and this is namely, Liancourt Rocks on the world's chart. This name "Liancourt-Rocks." was established due to the name of the French whaler which found out the island. Thereafter, by the Russian Warship "Palleada." in 1854 and by the English warship "Hornet." in 1855, the said island was re-found and the ship's name was given to it. But It was never suspected that these variously named island was the very island "Ulneungdo."

In the 2nd edition of "the Korean Hydrographies." published by the Japanese Navy Hydrographic Department 1889, the Liancourt-Rocks and Ulneungdo are described as a same island. It is to be considerably said that a Japanese district office carried out such a plan imposing upon the world. As a matter of course, It is well understood that such an island occupied illegally by Japan should be returned to Korea.

II. Transferring the island "Tsushima." to Korea.

The island "Tsushima." located at the boundary between the Sea of Korea and the Sea of Japan is a strategic point on the transportation from Japan to the Continent, Its geographical importance is easily recognised by the defeat of Russia. We have to understand that the Baltic Fleet could not escape from this point and it made Russia defeated in the final stage of the Russian-Japanese War.

Oriental-historically, the Tsushima was the Waiku's headquarters of aggression into the orient for 5 centuries since the 5th century, and Korean-historically, it was the den of the burglars who abused their power in the front of Korea for about 2,000 years.

Thus, Japan always marched out into Korea or

the continent by using the island as a basal point or as a stepping point. In the world-map made by Lapo Homem, 1554 (an old oriental map) the "Ladrois." on the sea between China and Japan was undoubtedly the Tsushima and its character was already known among the Europeans.

Escaping from the attacking of the pirates based at the Tsushima, Korea had to pay them several million suks of rice, several million pieces of cloth and other means of livings annually, for 5 centuries. When we consider that black clouds covering the recent Korean history started from Japan and the ill air current was retained in this island, Korean people cannot pacify their nerves against the Tsushima.

In the local reconstruction after the great world war II, the Tsushima should be transferred to Korea as to

1) remove absolutely a standing menace to the livings of Korean people,
2) prohibit the Japanese aggressive emergence into the continent,

3) prevent the trampling upon the orient of the burglars.

We hereby indicate the appropriate basal conditions as follows:

a. Geographically: The localization of the Tsushima is rather nearer to Korea than to Japan, and it is not unnaturally thought that the Tsushima belongs to Korea if we decide its belonging freely, standing far from the political conditions.

b. Historically. The name "Tsushima." was originated from the Korean name "Toosum." meaning two islands(Tshushima is composed of two islands actually) and the grounding civilization of the Tsushima were almostly due to the Korean old civilization, as many scholars said, and it is well indicated that the recent civilization was made by the hand of the Japanese of Korean origin, according to various references.

First of all, when Korea subjugated the Tsushima 1396 and 1419, due to their bad faith, the Tsushima re-recognized the relation between both nations, namely, master and servant. And as most of the people in the Tsushima received official ranksand salaries from Korean Government, Korea thought the Tsushima a land belonging to Korean Government, and this fact was clearly described in the history and geography of Korea (Lee's Korea). It is explained that Tsushima belonged to Korea and then to Korea and Japan since Japanese pirates occupied the island. Such instances occupied by two nations, are often found in the oriental history. For example, Ryukyu belonged to China and Japan, and Joshin belonged to Korea and China. And it is not denied that for some period, the Tsushima belonged to Korea and Japan doubtlessly,

c. Politically: Though the oriental peace will be completely-made according to the equally developed political self-awakening of all oriental nations and quitely enriched national conditions of them, the Japanese aggression should be by the root removed before to be so. For these purposes, firstly it is necessary not to let Japan have any bridge to the orient and the Tsushima is carefully considered for i.* As long as Japan manages and governs the Tsushima freely and legally, Japan will have the chance and power to aggress into the orient. Of course, this reaggresaion of Japan is a great menace to Korea and the orient.

Considering frankly the uneasiness of the United States when Cuba and Haiti being a basal ground of pirates or aggressing powers, everyone can well understand the sharp mental process against the Tsushima.

d. Economically: The Tsushima has poor soil to agriculture that independent supporting was never obtained. And this resulted from that the island was under the supervision of Japan but satisfied with the mean position to Korea, and, they could not help falling to beggars as soon as they could not pirate ships. And those who were under such stages of beggaring, they used to got fishing profits in the Korean channel to continue their lives. In old ages, the way to submit the Tsushima was to open them three fishing bases on the south coast of Korea, too.

Thereafter, when the Meiji-restoration was established and international relation between

Korea and Japan was interrupted, reopening of diplomatic relation between both countries began with the fishing treaty. This fishing profit obtained in the Korean coast which center is the Korean channel, is necessary for only the island population but also indeed plays a great role in the financial problems of Japan.

It is doubtlessly expected that the fighting on their fishing centers for living between both countries will be severely. And so the reversion of the Tshushima where is the point of commanding sea is of importance meaning, and this economical base may be turned to the starting point to the political activity.

Without objection, the change of living means of Japan for their living and development will be indeed allowed, but it will be never permitted to rehabilitate standing on the base of our fear and sacrifices. We firmly carry our point that transferring the Tsushima to Korea will be the grounding stone for establishment of the new oriental orders. Soma debater may say that Korea which is not a direct victor will not bo able to request the division of land. In the period of Imperialism, many lands were taken away to compensate for one or two lives, and so, it will not much estimated to take back the Tsushima for our great sacrifice or loss for 2,000 years, though all lands of Japan will bo less enough to compensate them. It is better understood that a small island "Tsushima." will be a compensation for loss of people and substances of Korea. Establishment of Polish Corridor in the Versailles construction was for the new European order but for the Polish meritorious service, and the military service of Korea will be considered.

Potsdam announcement of 26th July 1945 said, "the sovereignty of Japan should only be on Honshu, Hokkaido, Kyushu, Shikoku and islands directed........" It is to be interesting that the Ryukyu and the Tsushima were omitted from the item, and this point is the very base to request the problem. Sicily to Italy, Corsica to France and Tsushima to Korea! They are legal.

III. Making clear the belonging of Parang Island.

"Parang." is a series of islands which are on the sea, Long 125° E and 32°30' N, L. "Parang." is a Korean word and means "green island,." and it has been a markpoint of course from Mokpo to Hangju of China. The localization of the islands is measured by 150km, from Cheju of Korea, 450km, from Nagasaki of Japan and 320 km, from Shanghai of China, and their belongings are by these distances well explained.

People say Japan asserted to occupy these islands after surrender to escape from the sea limitation. It will be a foolish plan to occupy islands which historically and geographically are not connected with them, and is an indication of their invasion.

Japan by this means got the Docksum, and Paracel Island on the South China Sea, and the occupying of Parang will be a re-attack of their cruel worn-out measure. If this planning above stated of Japan is true we cannot stand out of the problem. And the chance which will make clear the Parang's belonging comes now.

The above mentioned requests are to arrange lands between Korea and Japan to establish a new oriental orders. And this establishment will be not for temporary benefit but for permanent ground of world's peace. Judging with right and truth, both menacing and being menaced obtain a legal peace and quaranty.

Of course, we expect that the tradition of the United States, your sagacity and your deep plans will execute the mission of the period. You know our welcoming you is much passionate and deeper than welcoming Wilson at the peace conference in Paris. It is because of his being sagacity and sharp decision. We submit you this request to help your plans which might or may contain the policy to support the position of Korea.

We are and were sorry that the unfavorable negotiation for peace between Korea and Japan was made through the United States, but we never be to remember it and it was already gone out, We, now, know the tradition of the United States, and we are full of hopeness that lets us know "Right pursuiting life, freedom and happiness is a universal truth.

You are kindly requested your sagacity be fully given for restoration of lands and establishment of oriental peace.

CHO, SUNG WHAN
Chairmen
Patriotic Oldmen's
Association, Seoul,
Korea.

(修訂第一版)

최남선 지음
〔崔南善著〕

조선역사지도
〔朝鮮歷史地圖〕

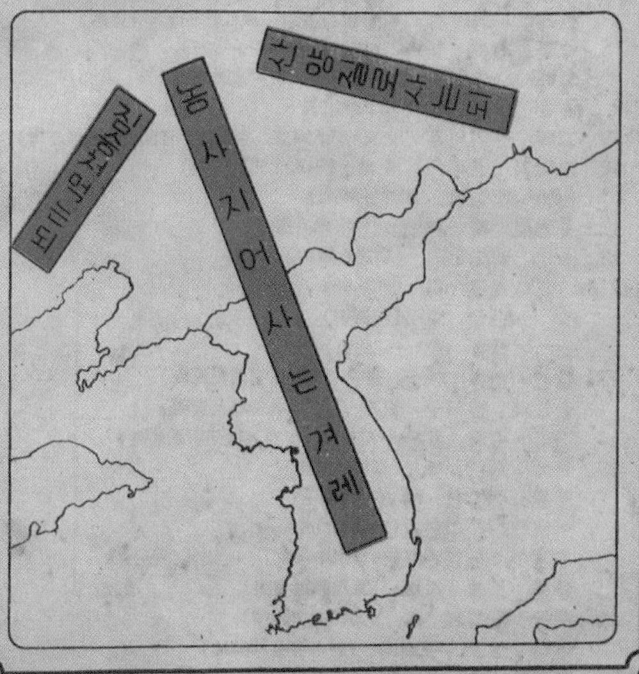

서울동명사발행

목 차

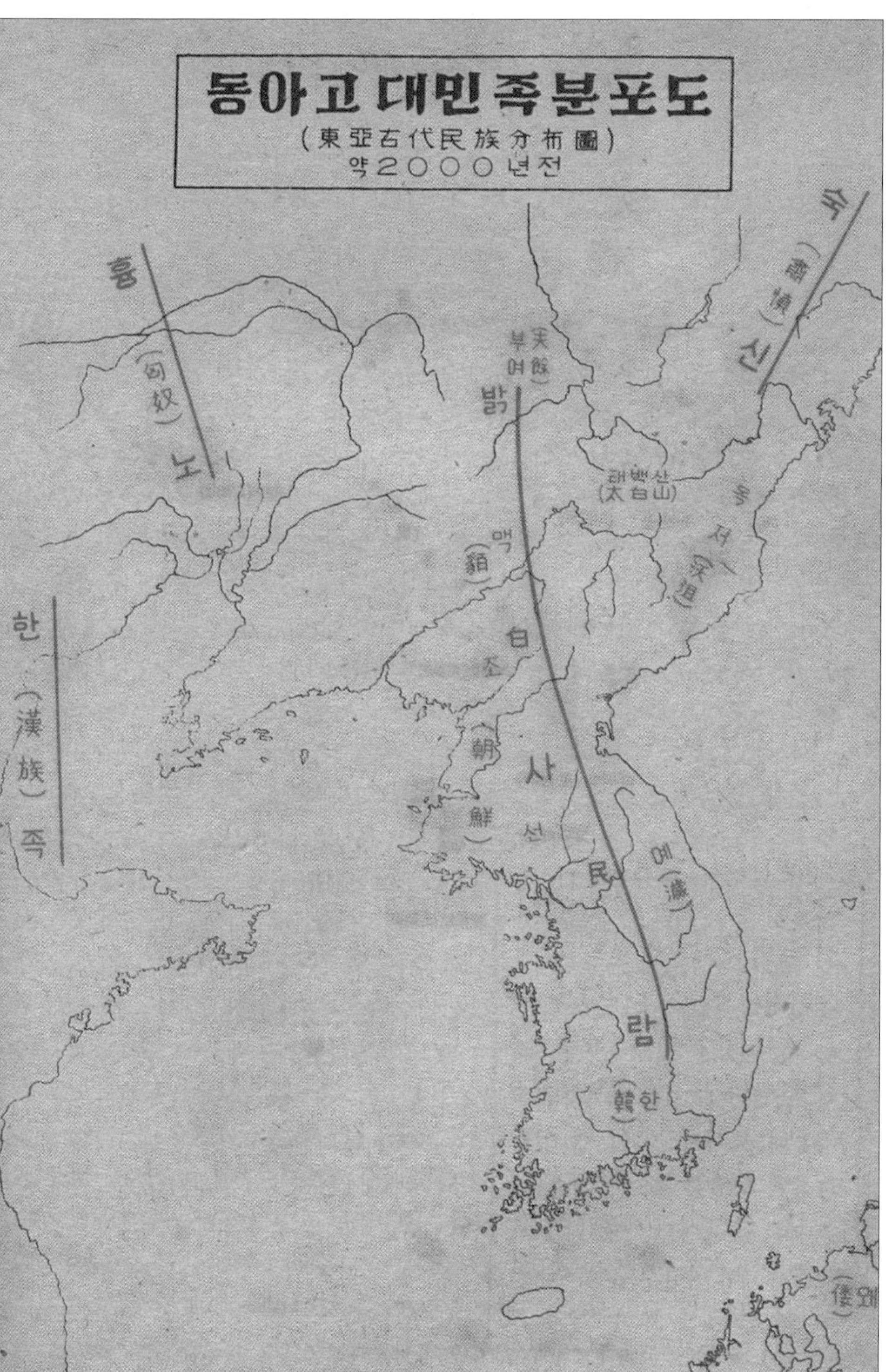
동아고대민족분포도
(東亞古代民族分布圖)
약2000년전
흉(匈奴)노
한(漢族)족
숙(肅愼)신
부여(夫餘)
밝
태백산(太白山)
옥저(沃沮)
맥(貊)
白
조(朝鮮)선
사
民
람
예(濊)
한(韓)
왜(倭)

단군문화범위도

(檀君文化範圍圖)

2000-4000년전 (붉은글씨는옛적이름)

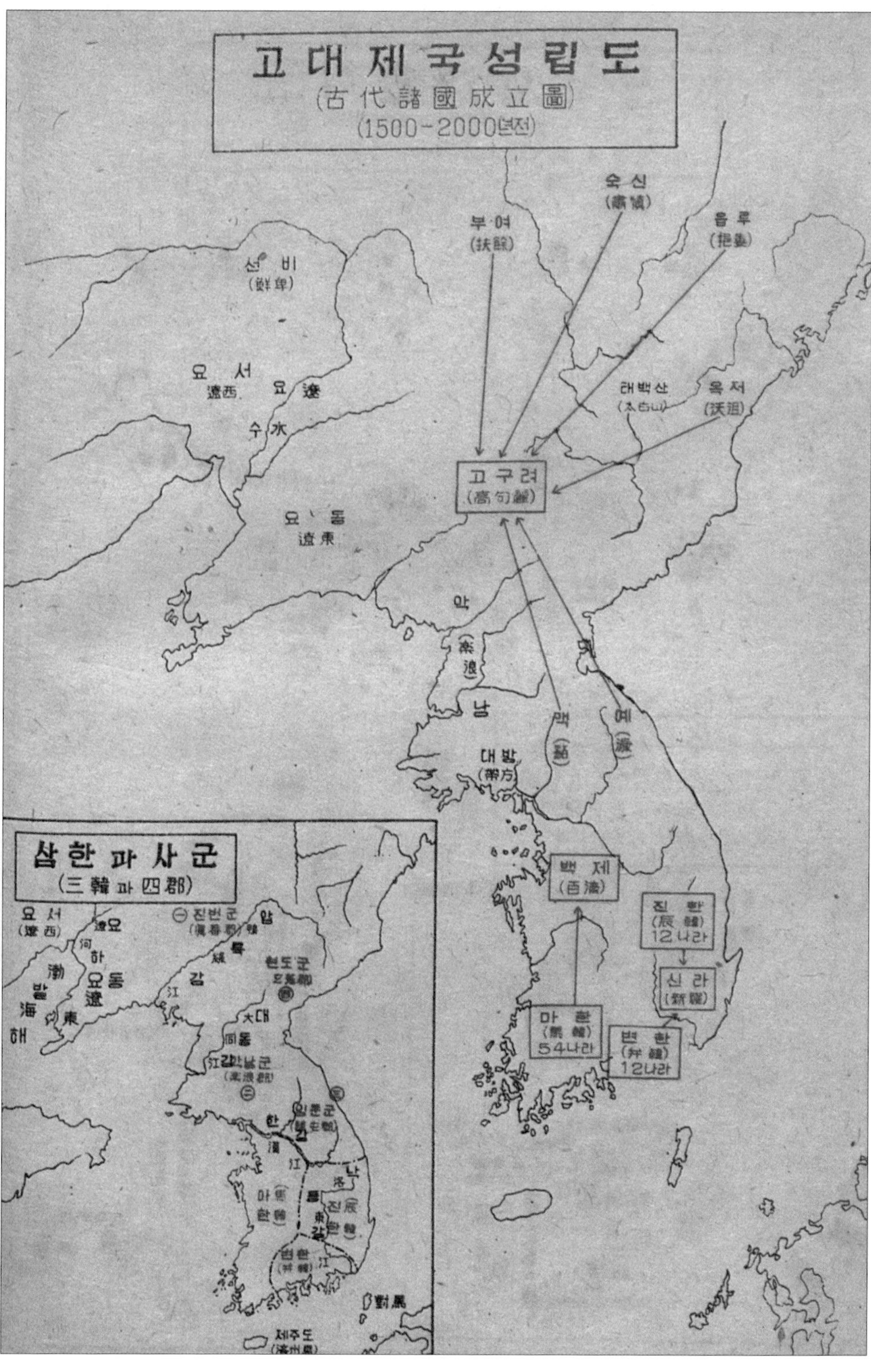
고대제국성립도
(古代諸國成立圖)
(1500~2000년전)
숙신
부여
(扶餘)
읍루
선비
(鮮卑)
요서
遼西
요
수
水
태백산
옥저
(沃沮)
고구려
요동
遼東
낙
(樂浪)
랑
대방
(帶方)
맥
예
백제
(百濟)
진한
(辰韓)
12나라
신라
마한
(馬韓)
54나라
변한
(弁韓)
12나라
삼한과사군
(三韓과四郡)
요서
(遼西)
요동
遼東
압록강
현도군
대동
강
낙랑군
(樂浪郡)
임둔군
한
漢
江
낙동강
마한
진한
변한
對馬
제주도

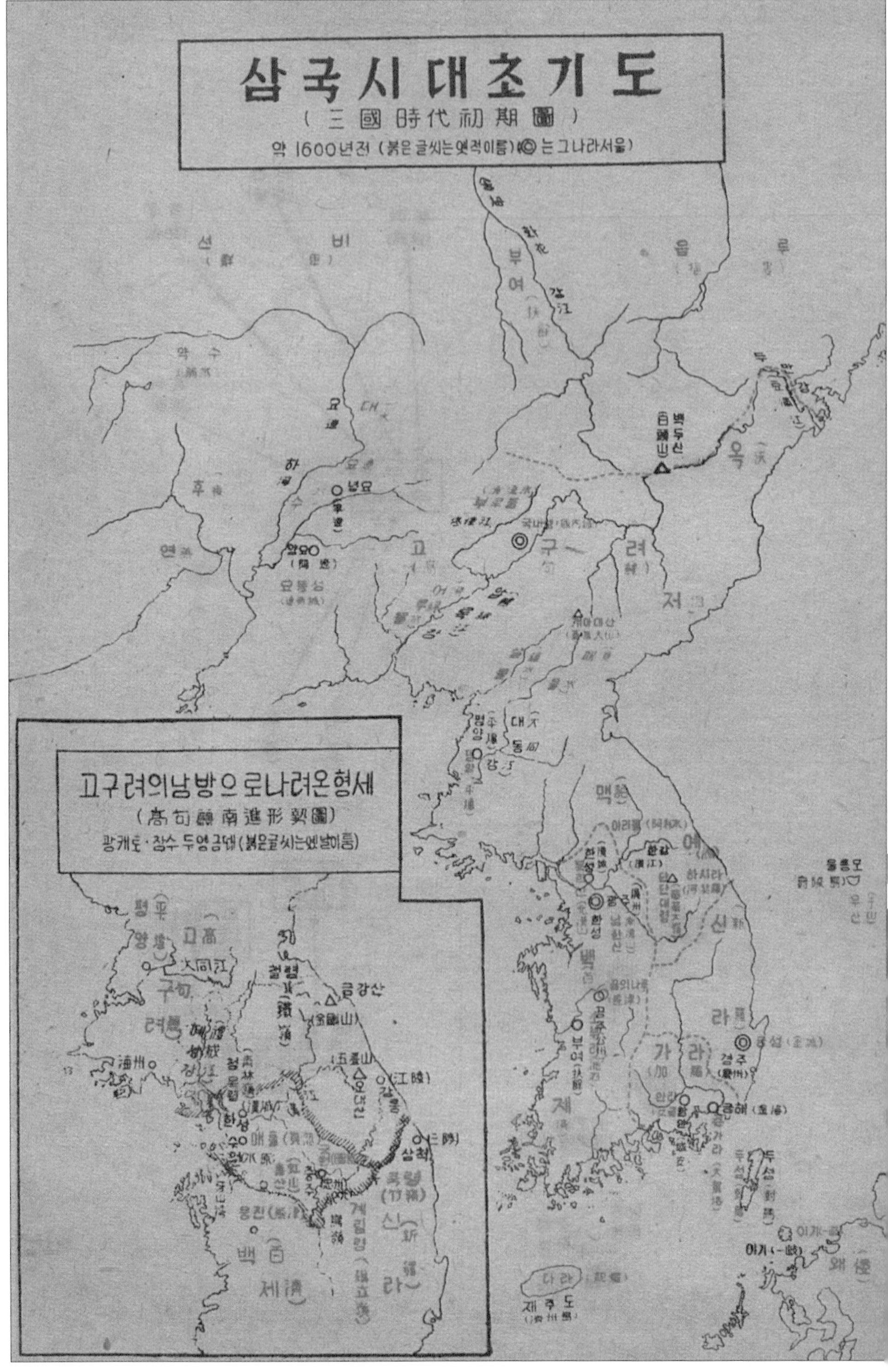
삼국시대초기도
(三國時代初期圖)
약 1600년전 (붉은 글씨는 옛적이름) ◎는 그나라서울
선비
부여
읍루
백두산
옥저
고구려
국내성
평양
대동강
맥
예
한성
백제
공주
부여
신라
경주
가라
김해
가야
대마도
일본
이키
제주도
고구려의남방으로나려온형세
(高句麗南進形勢圖)
광개토·장수 두영금때 (붉은글씨는옛날이름)
금강산
오대산
강릉
삼척
한성
웅진
백제
신라
계립령
죽령

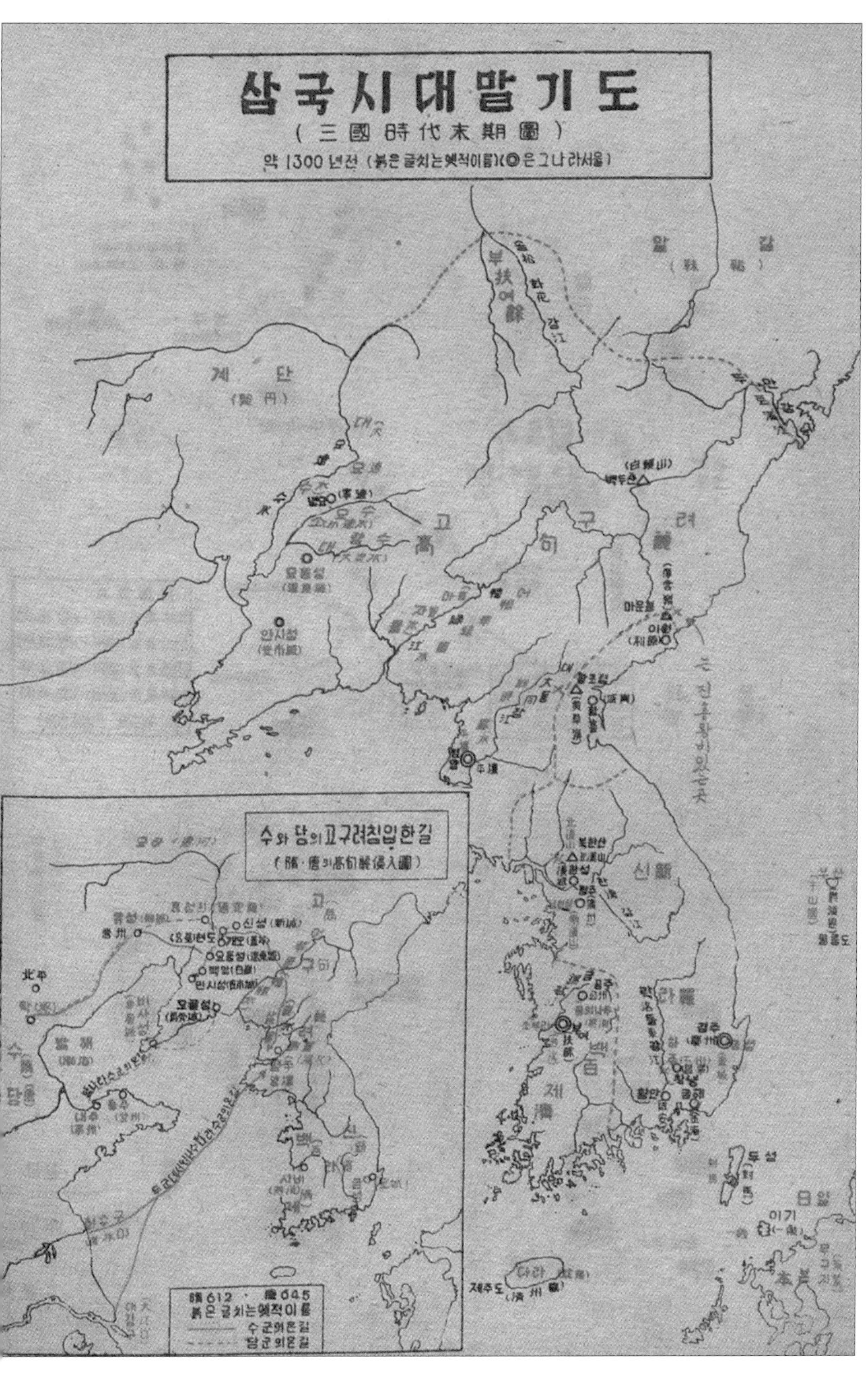

삼국시대말기도
(三國時代末期圖)
약 1300 년전 (붉은 글치는 옛적이름)(◎은 그나라서울)
말갈
(靺鞨)
계단
(契丹)
부여
扶餘
고
高
구
句
려
麗
백두산
신
新
라
羅
백
百
제
濟
경주
부여
다라
제주도
두섬
이기
수와 당의고구려침입한길
(隋·唐의高句麗侵入圖)
안시성
요동성
隋612 · 唐645
붉은 글치는 옛적이름
수군의온길
당군의온길

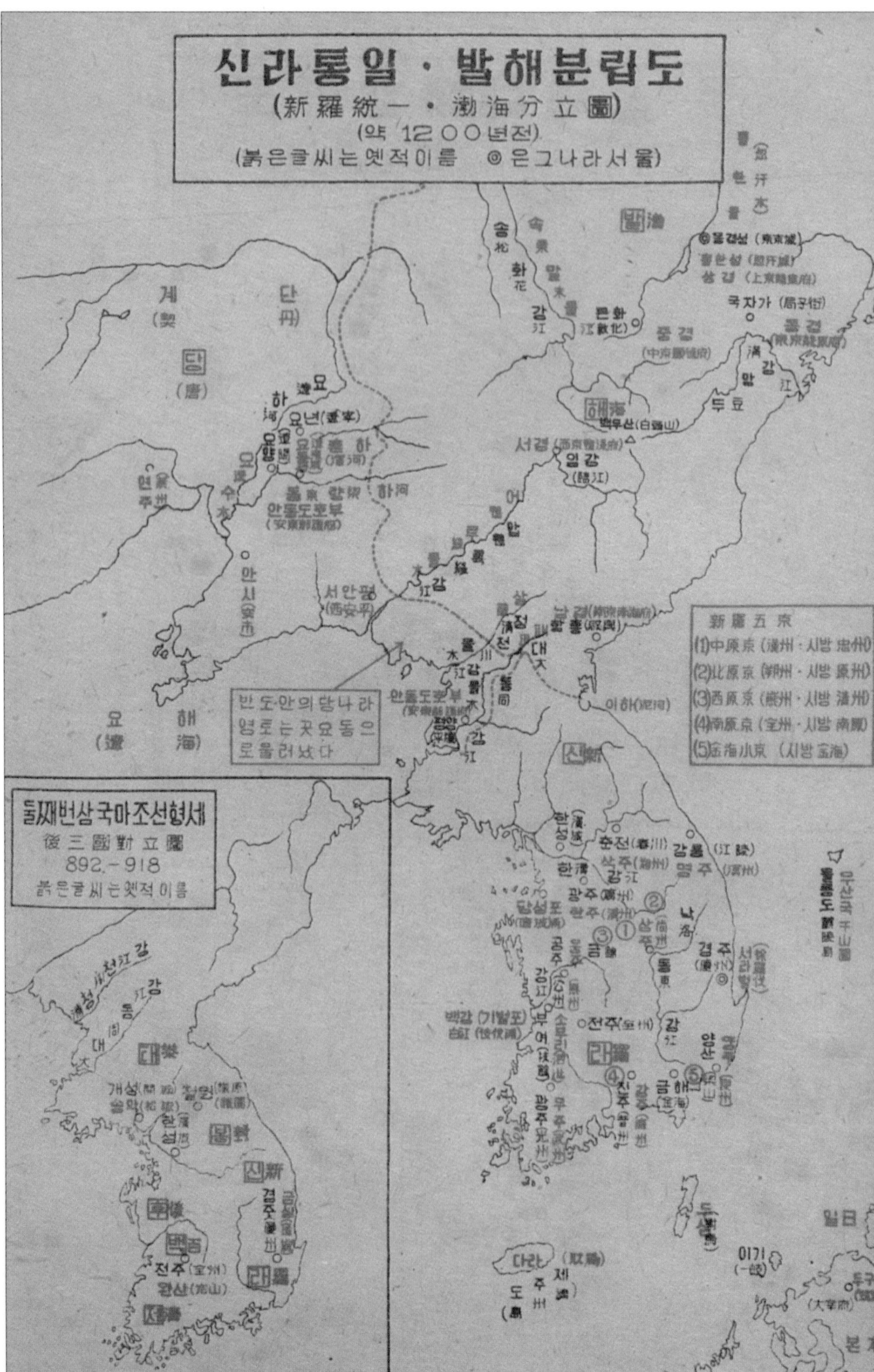

신라통일 · 발해분립도
(新羅統一 · 渤海分立圖)
(약 1200년전)
(붉은글씨는 옛적이름 ◎은 그나라서울)
반도안의 당나라 영토는 곳 요동으로 물러났다
後三國對立圖
892.-918
붉은글씨는 옛적이름
新羅五京
(1)中原京 (漢州 · 시방 忠州)
(2)北原京 (朔州 · 시방 原州)
(3)西原京 (熊州 · 시방 淸州)
(4)南原京 (全州 · 시방 南原)
(5)金海小京 (시방 金海)
계단 (契丹)
당 (唐)
요동도 (遼東)
요하 (遼河)
안동도호부 (安東都護府)
안시 (安市)
서안평 (西安平)
요해 (遼海)
발해 (渤海)
송화강 (松花江)
백두산 (白頭山)
압록강
평양 (平壤)
대동강
한성
한주 (漢州)
춘천 (春川)
강릉 (江陵)
명주 (溟州)
상주 (尙州)
경주
양산
금해 (金海)
전주
광주
강주 (康州)
탐라 (耽羅)
제주도
일본
청천강
대동강
개성
송악 (松嶽)
한성
전주 (全州)
완산 (完山)

혜초의 서역제국을 휘돌아온길
(慧超·西域各國·海往陸歸圖)
往×一歸727. (지명은그때이름)
신라말·고려초·해상교통도
(羅末·麗初海上交通圖)
지명은그때이름
콘스탄치노플
불림(拂菻)
안서(安西)
구자(龜玆)
소륵(疏勒)
석(石)
미(米)
조(曹)
안(安)
사(史)
총령
토카라(吐火羅)
대식(大食)
가슈밀
로번(吐蕃)
장안(長安)
당(唐)
광주(廣州)
신라(新羅)
천축(天竺)
사자(師子)
말라요(末羅瑜)
돈하
이남경
清海鎭은 시방莞島 張保皐海上貿易의 根據地인 곳

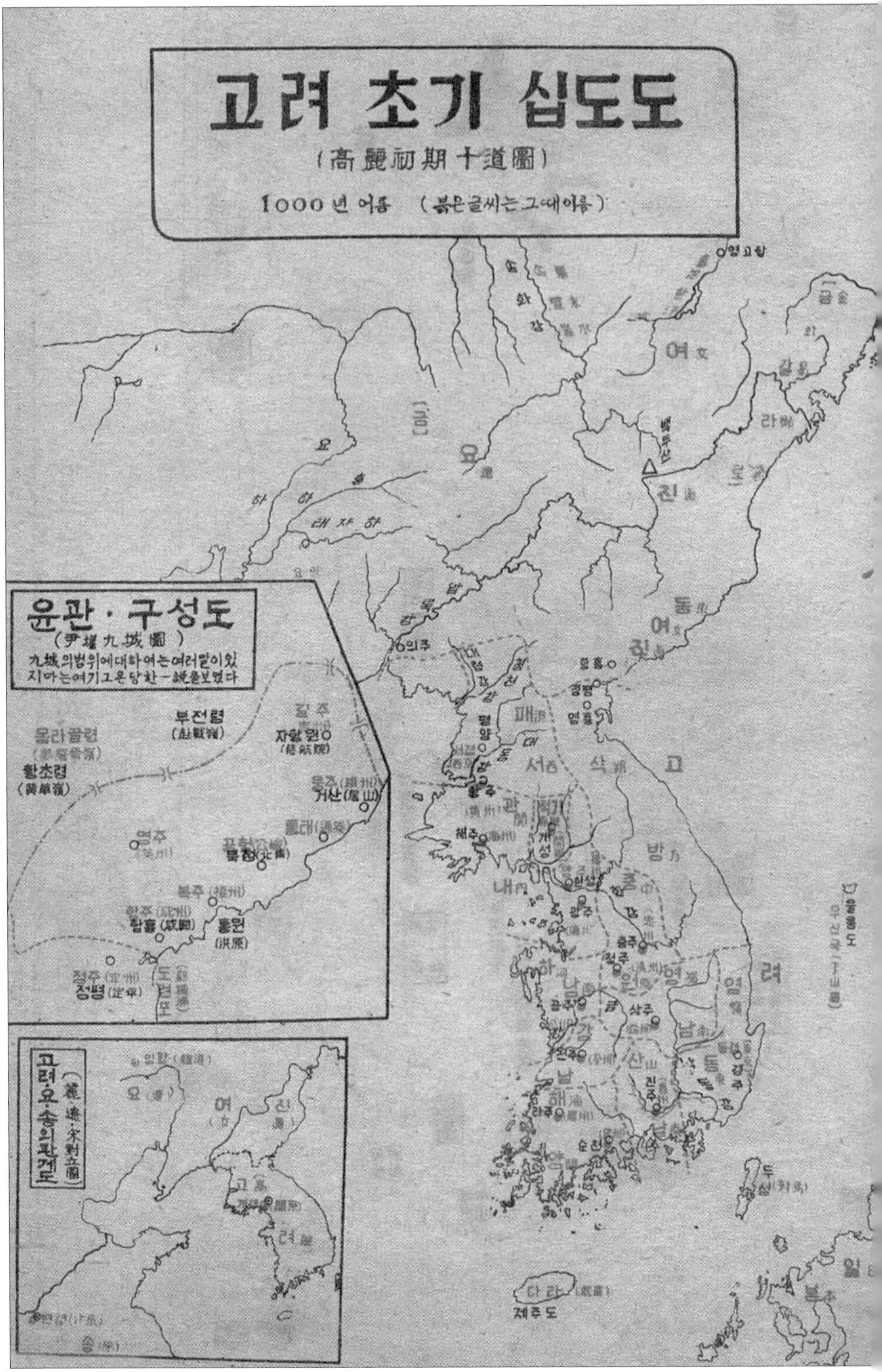

(高麗初期十道圖)

1000년 어름 (붉은글씨는 그대이름)

윤관·구성도
(尹瓘九城圖)

九城의범위에대하여는여러말이있지마는여기그온당한一說을보였다

고려·요·송의판겨도
(麗·遼·宋對立圖)

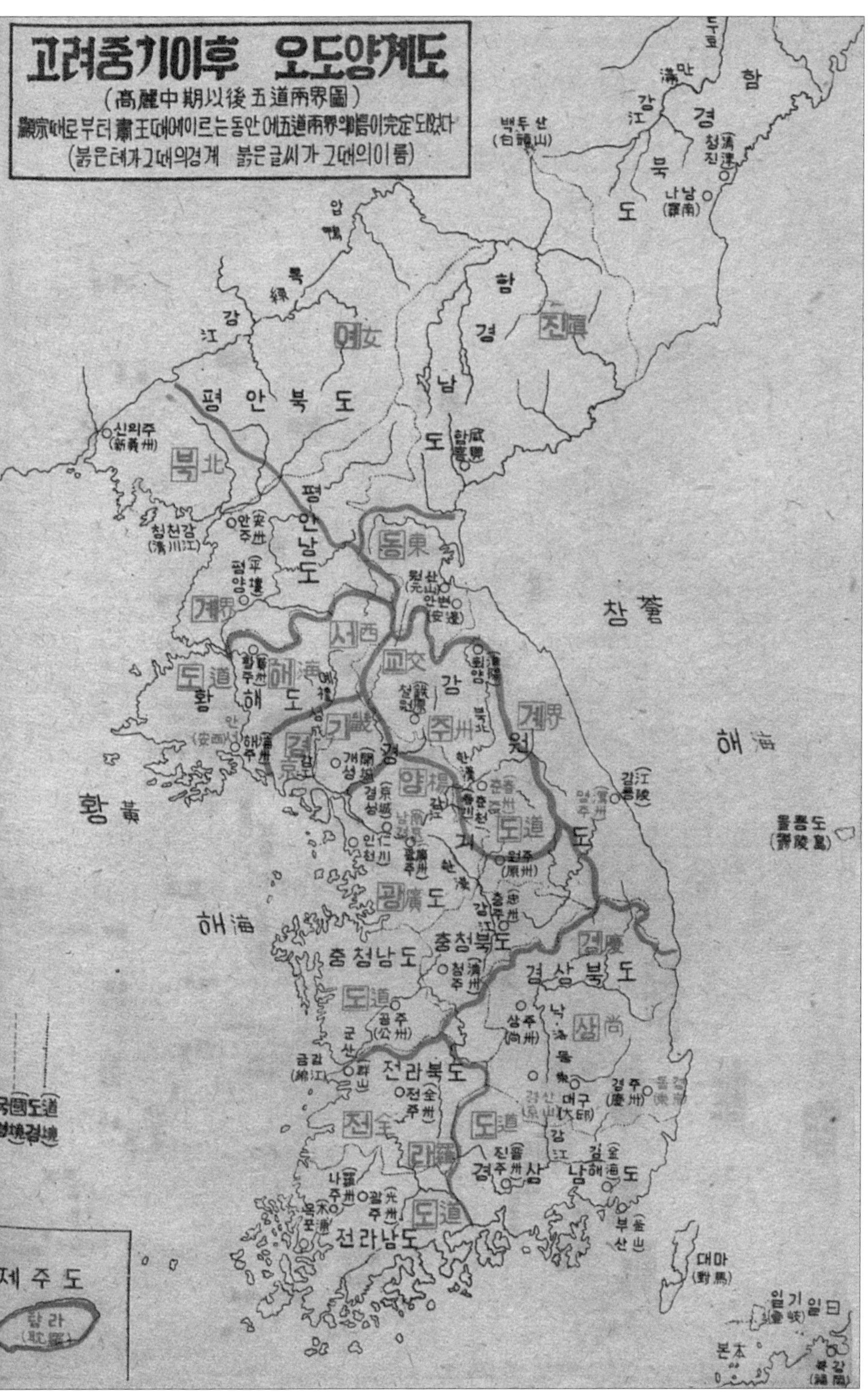

고려중기이후 오도양계도
(高麗中期以後五道兩界圖)
顯宗때로부터 肅王때에이르는동안 에五道兩界의이름이完定되었다
(붉은데가그때의경계 붉은글씨가그때의이름)
백두산
(白頭山)
함경북도
청진
나남
(羅南)
함경남도
함흥
평안북도
신의주
(新義州)
북北
청천강
(淸川江)
평안남도
안주
평양
동東
원산
(元山)
안변
(安邊)
계界
서西
교交
창蒼
해海
도道
황해도
해주
강주州
계界
경
양楊
강
개성
경성
인천
광주
원주
(原州)
광廣도
강릉
울릉도
(鬱陵島)
충주
충청북도
충청남도
청주
도道
공주
(公州)
군산
경상북도
상주
(尙州)
상尙
금강
(錦江)
전라북도
전주
경주
대구
(大邱)
전全
도道
라羅
진주
김해
부산
경상남도
나주
광주
목포
도道
전라남도
대마
(對馬)
일기
제주도
탐라
본
일日

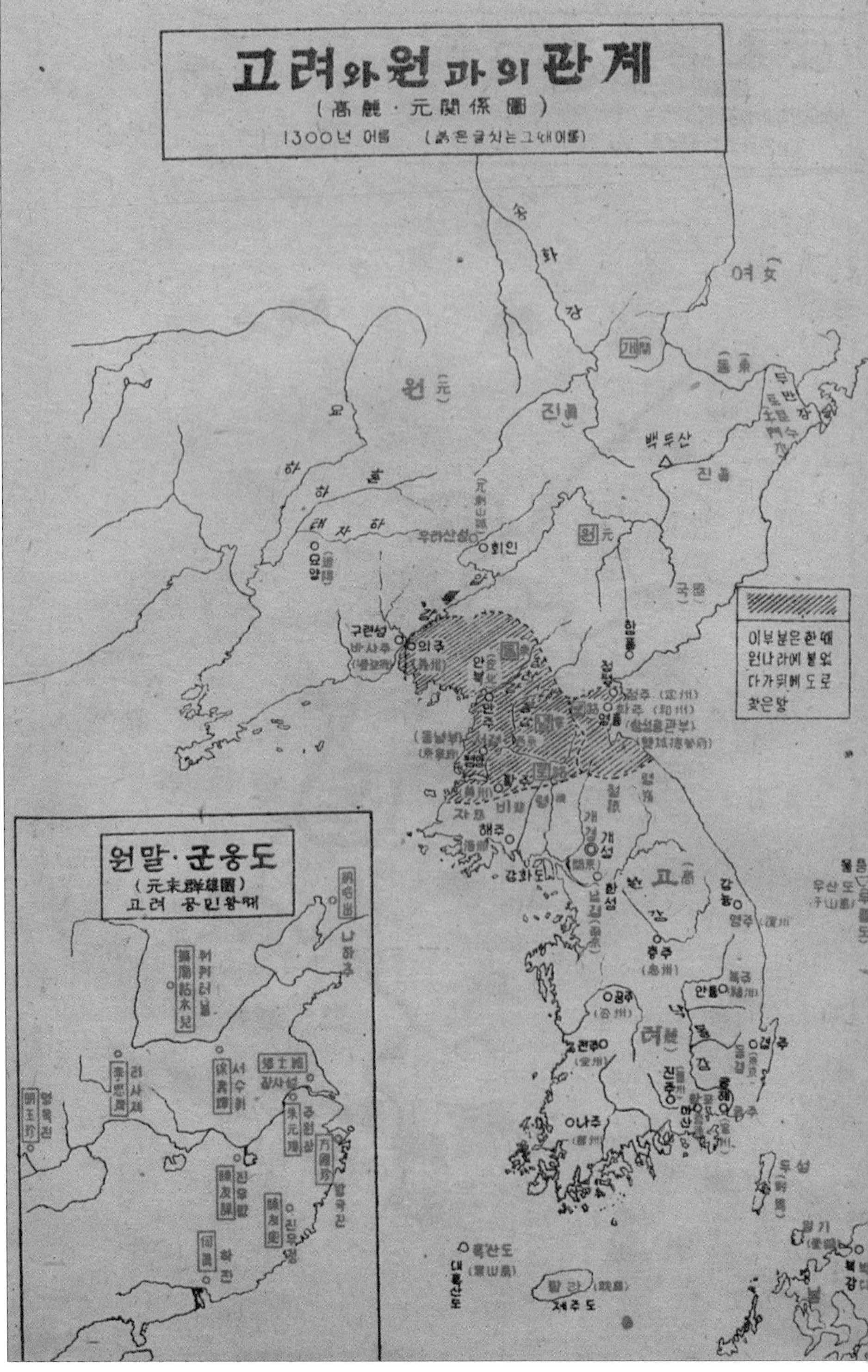

고려와 원과의 관계
(高麗·元關係圖)
1300년 어름
원
요하
대자하
요양
우라산성
회인
진
백두산
두만강
송화강
구련성
의주
안북
안주
서경
황주
해주
강화도
개경
남경
한강
충주
공주
전주
나주
진주
김주
경주
강릉
안동
함흥
정주
화주
흑산도
대흑산도
탐라
제주도
우산도
두섬
이부분은 한때 원나라에 붙었다가 뒤에 도로 찾은 땅
원말·군웅도
(元末群雄圖)
고려 공민왕때
나하추
서수휘
장사성
주원장
방국진
진우량

홍건적과 왜구
(紅巾賊과 倭寇) 고려말년
홍건적들어온길
紅巾賊侵入路線
왜구다니는길
倭寇行走路線
왜구로 피해한지방
倭寇侵略地方
요하
봉천
요양(遼陽)
산해관
천진
대련
망해와(望海堝)
길림성
백두산(白頭山)
청진
압록강
의주(義州)
정주(靜州)
안주
함흥
북청
원산
안변
고성(高城)
서경
해주
개성
파평(坡平)
강릉
삼척
수원
고려
진포
군산
고부
경주
울산
동래
부산
나주
순천
제주도
거제
등주(登州)
영해
성산(成山)
산동성
강소성
용평도
소주(蘇州)
상해
송강
가흥
평호
구주

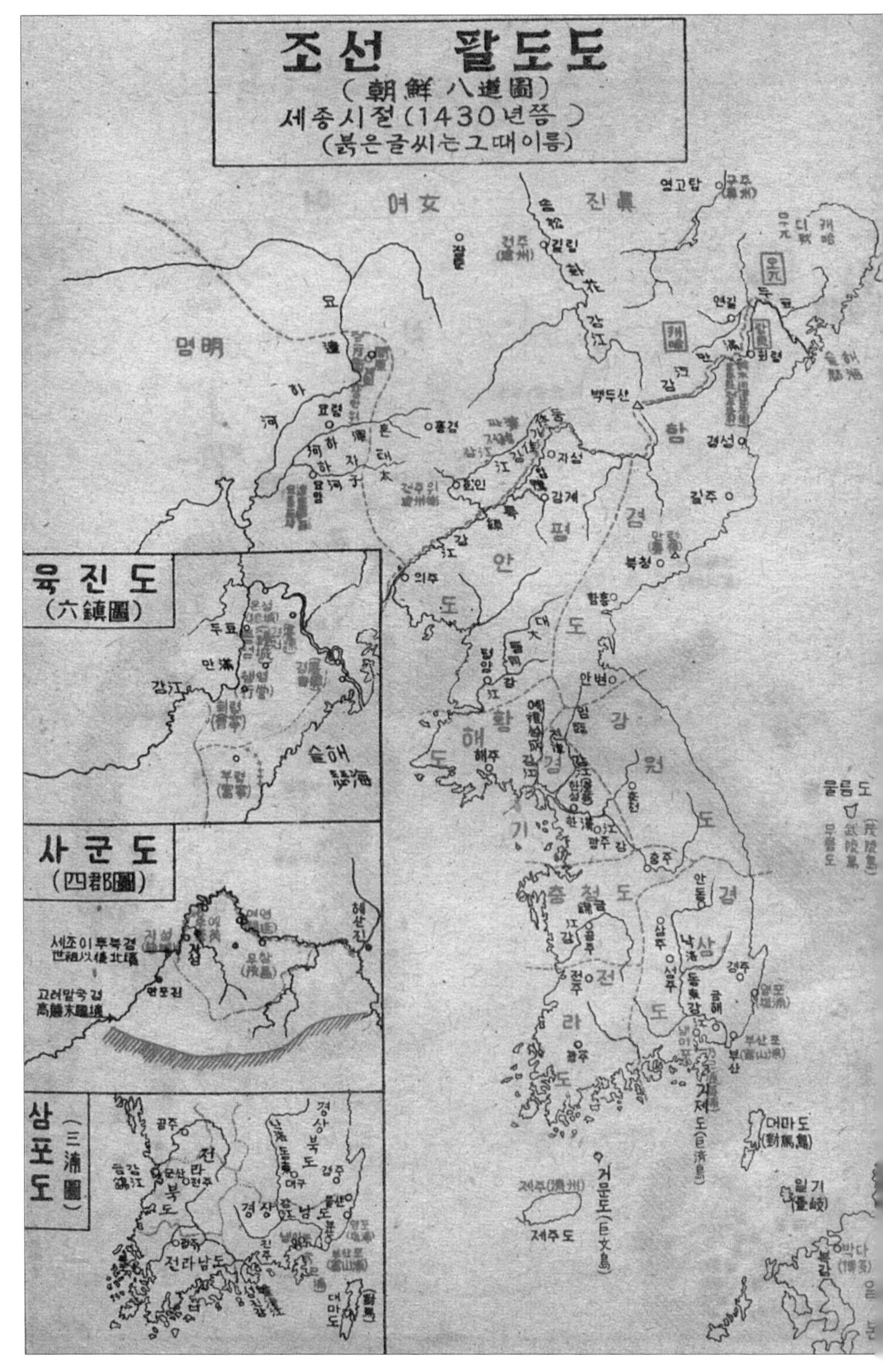
조선 팔도도
(朝鮮八道圖)
세종시절(1430년쯤)
(붉은글씨는그때이름)
여女
진眞
명明
백두산
함
경
도
평
안
도
황
해
도
강
원
도
경
기
충청도
전
라
도
경
상
도
울릉도
대마도
(對馬島)
일기
(壹岐)
제주도
육진도
(六鎭圖)
사군도
(四郡圖)
삼포도
(三浦圖)

임진 정유 왜란도
(壬辰·丁酉·倭亂圖) 1592~1598
길 림 성
영고탑
장춘
길림
송화강
정가둔
개원
요하
봉천성
봉천
흥경
요동
금주
영구
안동
의주
여순
대련
혼춘
회령
경성
함경
길주
함흥
원산
평양
평안
황해
해주
개성
강원
강릉
한성
경기
충청
충주
청주
상주
경상
대구
경주
울산(蔚山)
서생포(西生浦)
기장
동래
부산
김해
진주
노량
남원
전라
전주
순천
해남
명량
진도
거제도
제주도
대마도
동해
황해
중국
하관
규주
붉은글씨는 임진란관계
검은글씨는 정유란관계
는 淸正軍進路
는 行長軍進路
는 長政軍進路
는 水軍進路
울산과 남해상요지
(蔚山과南海上要地)
영동
금산
군위
의흥
영천
성주
경주
대구
현풍
창녕
밀양
도산성
울산
의령
창원
양산
서생포
진주
함안
김해
기장
곤양
사천
동래
노량
고성
당포
가덕도
절영도
거제도
한산도
남해도
南海島
두섬

정묘·병자호란지도
(丁卯·丙子胡亂地圖)
仁祖丁卯1627·丙子1636

++++++++ 은정묘년들온길

---------- 은병자년들온길

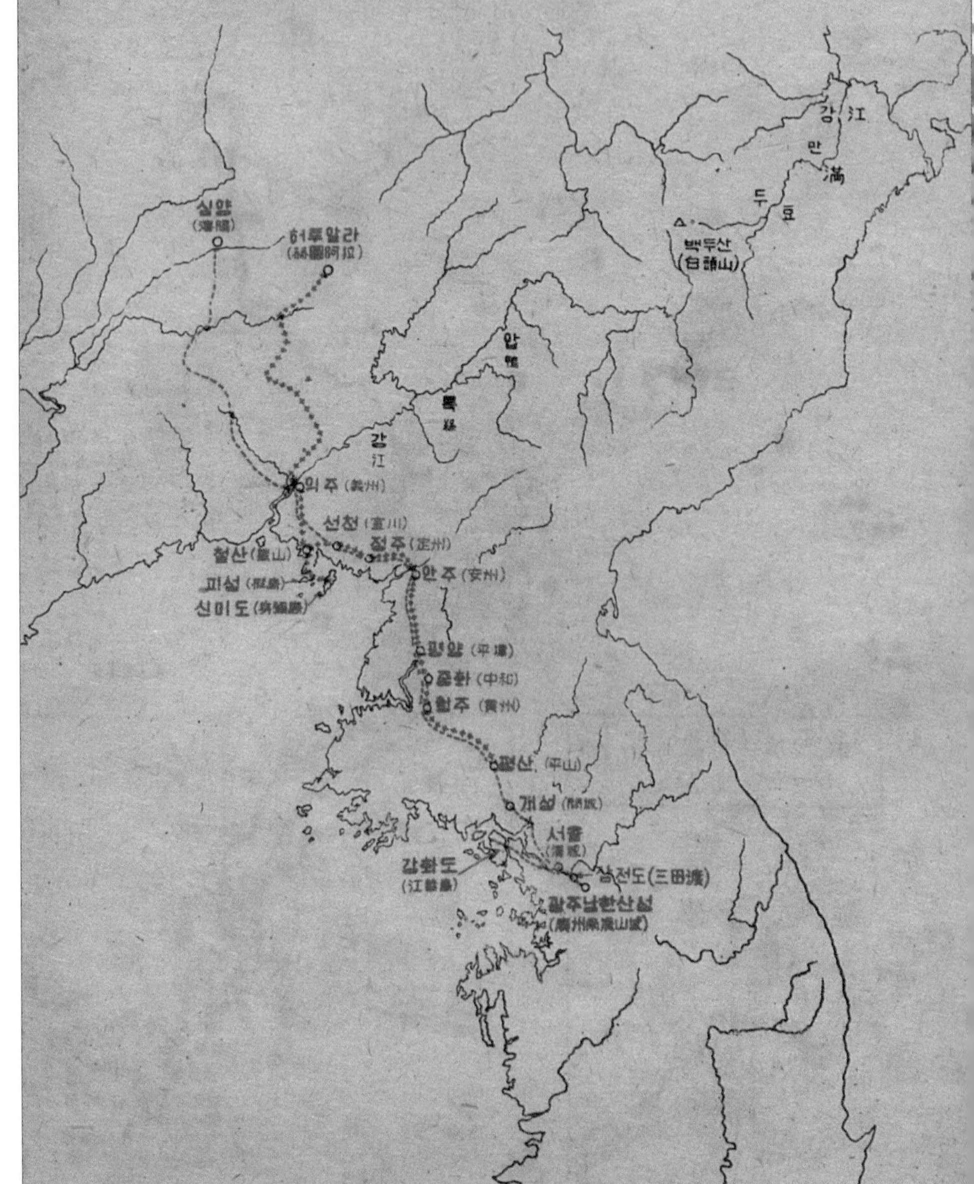

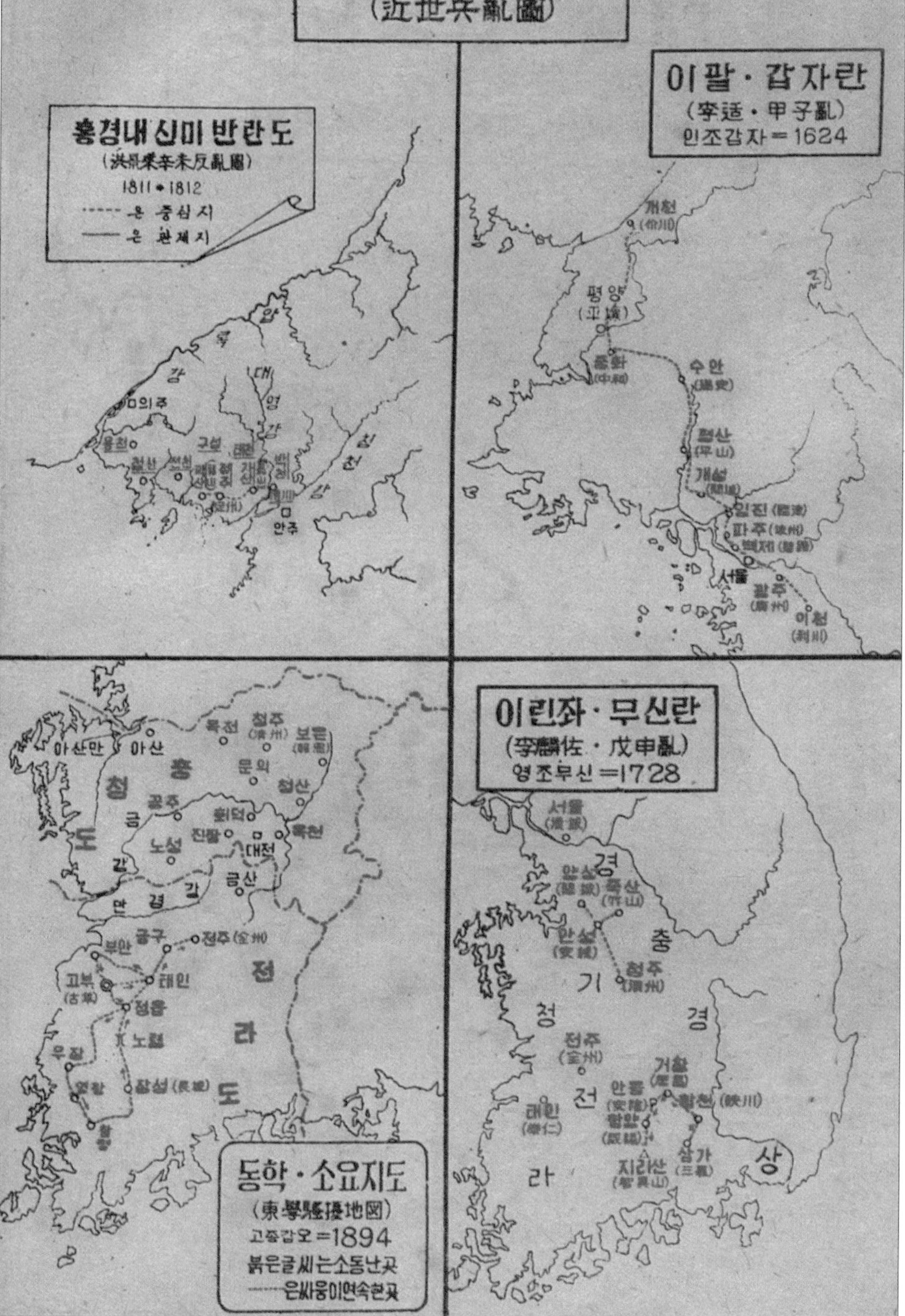
근세 병란도
(近世兵亂圖)
홍경래 신미 반란도
1811~1812
이괄 · 갑자란
(李适 · 甲子亂)
인조갑자 = 1624
개천
평양
중화
수안
평산
개성
임진
파주
서울
광주
이천
안주
이린좌 · 무신란
영조무신 = 1728
서울
안성
죽산
청주
전주
거창
합천
안음
함양
삼가
지리산
태인
동학 · 소요지도
고종갑오 = 1894
아산만
아산
목천
청주
보은
문의
청산
공주
진잠
회덕
옥천
노성
대전
금산
부안
금구
전주
고부
태인
정읍
노령
무장
영광
장성
함평

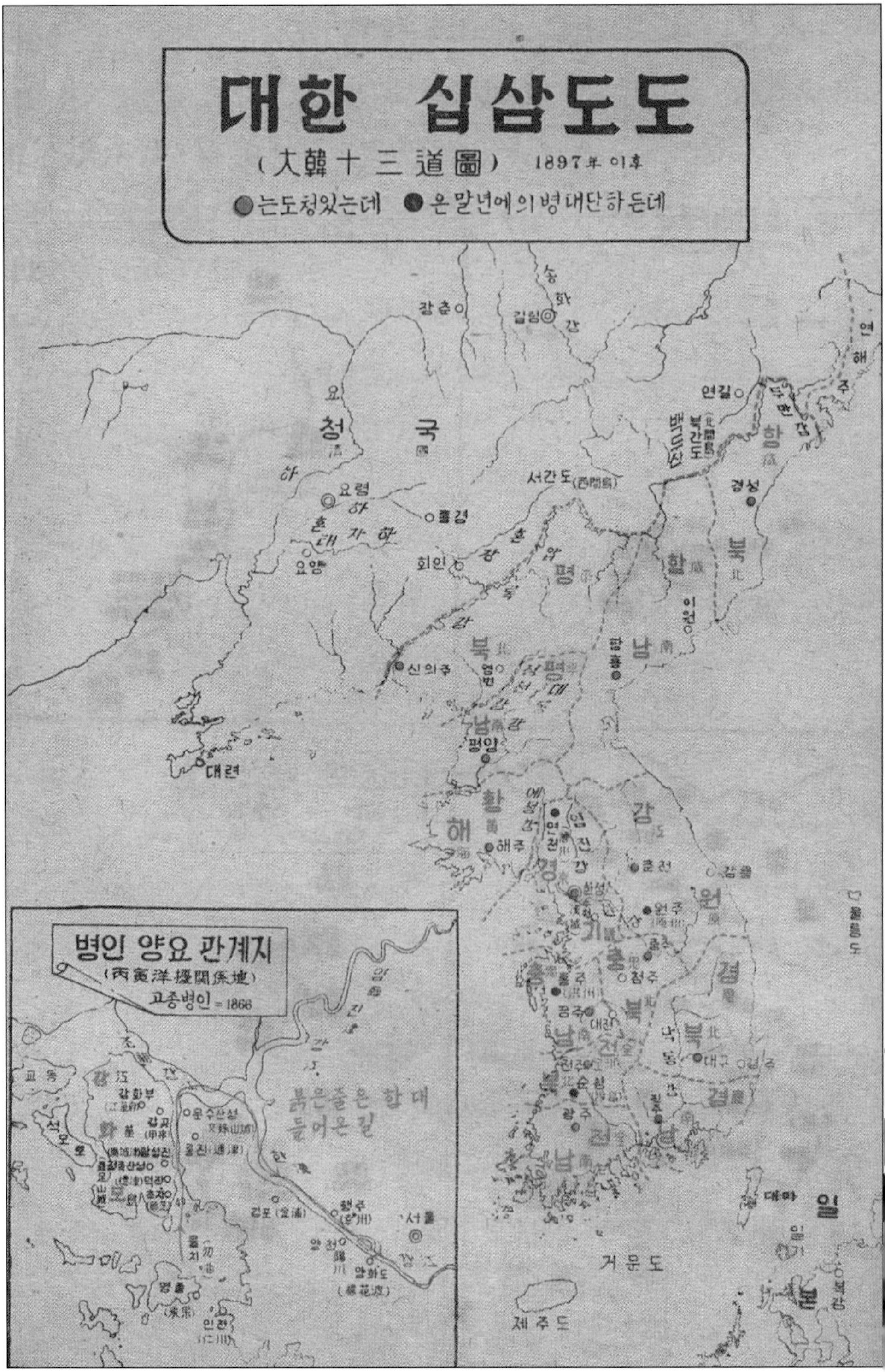

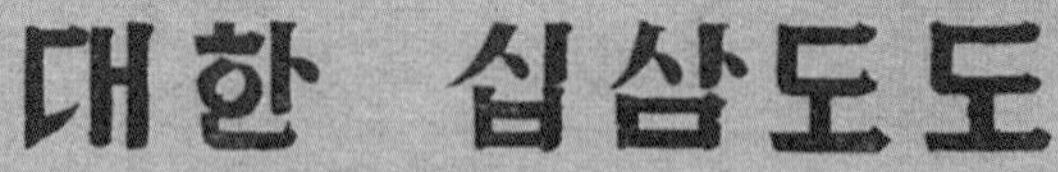

대한 십삼도도
(大韓十三道圖) 1897年 이후
●는도청있는데 ●은말년에의병대단하든데
장춘
길림
송화강
요하
청국
요령
흥경
태자하
요양
회인
혼강
압록강
서간도(西間島)
백두산
북간도(北間島)
연길
두만강
연해주
함경북도
경성
이원
함경남도
함흥
평안북도
신의주
평안남도
평양
대련
황해도
해주
예성강
임진강
강원도
춘천
강릉
원주
한성
경기도
충청북도
충주
청주
충청남도
공주
대전
전라북도
전주
순창
전라남도
광주
경상북도
낙동강
대구
경주
경상남도
진주
울릉도
대마
일기
일본
복강
거문도
제주도
병인 양요 관계지
(丙寅洋擾關係地)
고종병인 = 1866
붉은줄은 함대 들어온길
강화부
갑곶
문수산성
통진
석모도
정족산성
덕진
초지
김포
양천
양화도
서울
영종
인천

간도와 만주접경

(間島와滿洲接境)

단기4280년11월 1 일 발행
단기4280년12월15일 수정 (값50원)

교양군 숭인면 우이동 5
저작겸발행자 최 남 선

서울시 종노구 익선동34
발 행 소 동 명 사

서울시명동2가16번지
서울옾셋트인쇄소

해제

이 책에서는 최남선이 1908년부터 1954년 사이에 발표된 한국 영토에 관한 글들을 모았다. 제1부는 해양편으로 바다의 중요성을 강조한 글들이다. 제2부는 영토 분쟁편으로 독도와 간도 문제를 소상히 밝히고 있다. 제3부는 지리편으로 우리나라의 아름다운 산과 하천, 그리고 바다의 절경을 설명하고 있다. 부록으로는 1948년 독도 문제에 관한 최남선의 글을 대한노인회 이름으로 미국무성에 보낸 영문 편지, 그리고 1947년 동명사에서 발행한 『조선역사지도』를 실었다.

1. 제1부 해양

「해상대한사」는 1908년에 『소년』에 3년간에 걸쳐 게재된 글이다. 이 글은 소년들에게 바다 사랑의 사상을 고취 발전시키기 위하여 서술되었다. 최남선은 바다의 좋은 점과 바다 무역에 처한 우리 반도의 지위를 말하고, 우리 조상들이 어떻게 바다의 큰 파도를 헤치고 거친 파도를 이기면서 남쪽 바다에서 북쪽 바다까지 활동하였는지를 서술하였다. 이 글을 읽고 소년들이 바다 활동에 대한 지식욕을 크게 충족시키고 바다 활동에 대한 모험심을 크게 일으키기를 원했다.

최남선은 우리나라가 반도 국가인데 반도국의 장점이 무엇인지를 강조하고 있다. 그리고 주변국을 설명하였는데 먼저 일본과 미국을 설명하고 있다. 서쪽으로는 중국에 대해서 설명하고 있다. 중국은 우리나라 외국 무역의 10분의 2를 차지하고 있으며, 우리나라의 내륙 상업권도 중국인들이 장악하여 외국 문물의 수입까지도 중국인의 손을 경유하는 것이 많은 기현상이 있으니, 이를 하루 바삐 빼앗겼던 권리를 회복하기를 힘쓰자고 주장하고 있다. 북쪽 이웃으로는 만주 지역을 강조하고 있는데, 이 지역은 우리나라가 국외로 발전할 수 있는 유일한 지역이라고 주장하고 있다.

반도는 바다와 육지 양편의 문물을 이리저리로 한데 받아서 흡수하고 시험하여, 그 장점만 가려 선택하는 자유가 있다. 무역으로 살펴보면 바다와 육지 양쪽의 좋은 점만 취할 수 있다. 물품을 해외로 수출함이 이로울 것은 바다를 이용하여 운반하고, 내륙으로 수입함이 이로운 것은 육로로써 하는 자유가 있다.

문화적으로는 반도는 해륙 문화(海陸文化)의 융화와 집대성자가 될 수 있으며, 반도는 해륙 문화의 전파와 소개자가 되고, 반도는 해륙 문화의 성장처가 된다. 문화의 대부분은 반도에 일어났고, 또 문화의 전도와 조화와 집대성과 개척은 모두 반도의 천직(天職)이어서, 반도는 옛날부터 인류 사회에 등대였다.

「1,100년 전의 동방 해상왕 신라 청해진대사 장보고」는 1929년 5월에 창간된 『괴기(怪奇)』 제1호와 그해 9월에 발행한 제2호에 수록한 글이다. 장보고를 '해상왕'이라고 처음 호칭한 사람이 최남선이다. 장보고의 기록은 매우 소략하다.

『삼국사기』에 의하면 장씨 성을 가진 궁복(弓福; 일명 保皐)이란 사람이 당나라의 쉬저우(徐州)에 가서 군대에서 소장(小將) 노릇을 하다가 뒤에 귀국하여 왕에게 군인 만 명을 얻어 가지고 청해(淸海)에 군사적으로 중요한 행정 구역을 설치하였다. 흥덕왕이 죽고 왕위 쟁탈전이 일어났을 때 장보고는 김우징이 신무왕이 되도록 도왔다. 신무왕이 죽고 그 아들 문성왕 7년에 왕이 청해진 대사 궁복의 딸에 장가들어 왕비를 삼으려 하였다. 신하들이 반대하여 "해도인(海島人)의 딸을 어찌 왕비로 맞아들일 수 있겠느냐."고 하니 왕도 이 의견에 동조하였다. 문성왕 8년에 궁복이 왕의 사위 되지 못함을 분하게 여겨 청해진을 근거지로 하여 반란을 일으켰으나 염장이 장보고를 암살하여 난을 평정한다.

위의 내용이 장보고에 대해서 전해지는 기록의 전부이다. 그런데 최남선은 중국측과 일본측 기록을 면밀히 조사하여 장보고를 해상왕이라고 칭하며 그의 해상 활동을 자세히 전하고 있다. 중국측에서는 두목지(杜牧之)가 장보고를 위하여 그 인물전을 세우고 또 장문의 찬사를 붙였는데, 『신당서』의 편찬자는 이것을 인용하고 다시 부언하되 "누가 외국에 인물이 없다 하느냐."고 하였다.

일본측 기록에는 장보고의 활동상이 자세히 기록되었다. 『속일본후기』란 일본 옛 역사책을 보면, 장보고가 규슈(九州) 북쪽 하카다(博多) 근처인 다자이후마찌(太宰府町)의 다자이후를 상대로 교섭한 기록이 있다. 장보고는 당당히 일본 정부를 상대로 무역하려던 거상(巨商)임과 그 무역품이 심히 풍부하였음을 엿볼 수 있다.

일본에서도 신라와 마찬가지로 견당사를 파견하였는데 이들은 대부분 신라선을 이용하였으며 그 대표적인 견당사가 후지와라노쓰네쓰구(藤原常嗣)이다. 그들의 일행 중에 끼어 갔던 자각대사(慈覺大師) 엔닌(圓仁)은 여행 중의 견문을 기록하여 『입당구법순례행기』 4권을 썼다. 그는 신라인의 인도로 신라를 경유하여 산둥 반도로부터 초주(현재 淮安) · 제거(濟渠) 등 신라인의 교민들이 거주하는 지역을 통과하였다. 그는 이 지역을 지나면서 여러 가지 신라의 숨은 얘기를 모아 기록하는 동시에, 한참 하늘을 찌를 듯한 기세를 보인 장보고의 세력에 대해서 자세히 기록하였다.

장보고의 청해진은 남해의 해상권을 장악하여 일본과 중국 중국과 신라 등을 연결하며 모든 무역을 독점한 해상왕이었고 위대한 개척자였음을 강조하고 있다. 그러나 이 논문은 미완의 작품이었으므로 더욱 아쉬움을 더해 준다.

「한국해양사 서문」은 1954년 육군본부에서 발간한 『한국해양사』에 「서(序)에 대(代)하야」라는 제목으로 실린 글이다. 최남선은 우리나라는 삼면이 바다로 둘러싸인 반도 국가이지만 바다를 적절히 이용할 줄 몰랐다고 한탄하고 있다. 그는 인류 세계의 역사는 바다와 함께 열리고, 또 바다와 함께 전개되고, 바다와 함께 진행되었다고 보았다. 세계적 역사는 그리스, 페르시아, 로마, 카르타고 등 여러 민족이 지중해를 무대로 활동하고 세력을 다투고 패권을 차지하는 것이 곧 세계 역사의 진행이라고 생각했다. 그러나 동양에는 바다의 역사가 없었다.

바다를 잊어버린 조선이 어떻게 변모하였든가? 첫째는 조선 민족에게 웅대한 기상이 없어졌다. 둘째는 조선 나라와 그 인민을 가난하게 하였다. 바다가 한 나라를 부유한 데로 인도하는 큰 길임은 동서고금의 역사가 분명하게 우리에게 가르쳐주는 큰 사실이다. 조선은 삼면이 바다로 둘러싸여 있는 반도국이었지만 그 바다는 오랜 동안 자물쇠로 채여 있었다. 최남선은 18세기의 북학파들의 주장을 소개하면서 「허생전」을 예로 들고 있다. 이 이야기는 여러 방면으로 당시의 시대사조를 살펴보게 하는 귀중한 재료이거니와 그중에 "수레가 국내에 다니지 못하고 배가 외국과 통하지 아니하니 어찌 백성들이 가난하지 않으며 어찌 나라가 곤궁하지 않겠는가?"이라고 한 구절은 그때의 진보적 사상가들이 바다에 눈을 떴음을 보이는 것이고, 또 일본 오사카에서의 미곡 무역과 동중국 해상에서의 무인도 개척이 다 막대한 성공을 가져왔다 하는 점은 곧 해상 활동의 이익을 구체적으로 나타내려 한 의도이다. 셋째는 문약(文弱)에 빠져 버린 것이다. 조선 민족이 본질적으로 용맹스러웠음은 역사가 증명하는 바이지만 바다에서 멀어짐으로 더 문약한 풍이 자랐을 것이다.

우리가 반도 국민, 임해(臨海) 국민으로서 잊어버린 바다를 다시 생각하여, 잃어버렸던 바다를 도로 찾아야 한다고 강조하였고, 한국을 바다에 서는 나라로 고쳐 만들고, 이 정신을 고취하며 이 사업을 실천함이야말로 가장 근본적 또 영원성의 건국 과업임을 최남선은 확신하였다.

2. 제2부 영토 분쟁

「울릉도와 독도」는 1953년에 『서울신문』에 게재한 글이다. 우산국이 본토에 알려지기는 『삼국사기』에 신라 제22대 지증왕 13년(512)의 일이다. 기록에 의하면 이찬 이사부가 하슬라주의 군주가 되어 꾀로써 우산국을 정복한 것이 처음이다.

그후 고려 시대에도 우산국을 계속적으로 관리해 왔지만 조선 초기에는 울릉도민들을 육지로 쇄환하였다. 조선 태종 3년(1403) 8월에 강릉도 감사의 청을 따라 무릉도의 주민을 육지로 쇄출(刷出)하였다. 그 이유는 왜구가 영동의 해상에 발호하고 있어 울릉도 주민들에게 피해를 줄 가능성이 있었고, 한편으로 왜구들의 안내하는 폐단을 없게 하려는 뜻에서 취한 조치이다.

『세종실록』 지리지에는 "두 섬은 서로 멀지 않아 날씨가 맑은 날에는 서로 바라 볼 수 있다. 신라 때에는 우산국이라고 하였다."라고 기록하여 울릉도와 우산도는 우산국이라고 분명히 밝히고 있다.

울릉도와 우산도는 조선 초기 이후 200여 년간 비워둔 상태였는데 이곳에는 해산물이 풍부하여 우리나라 어부와 일본의 어부들이 자주 출어하였다. 그러다가 숙종 19년(1693)에 동래 사람 안용복이 출어하였다가 일본인 어부들과 충돌하고 안용복은 일본으로 붙잡혀 갔지만 당당히 울릉도가 조선 땅임을 주장하여 일본 정부로부터 울릉도가 조선 땅이라는 확약을 받고 돌아온다.

그러나 대마도 정부는 자기들의 경제적 이익이 감소될 것을 우려하여 생트집을 잡게 되고 우리 정부는 적절히 응수하여 대마도의 항복을 받아낸다. 숙종 22년(1696)에 안용복은 울릉도에 다시 들어갔다가 일본 어부들을 보고 그들을 쫓아 일본으로 들어가 이번에는 일본 정부로부터 "울릉도 외 1도는 일본 땅이 아니다."라는 확약을 받고 돌아왔다. 안용복은 신분이 미약한 사람이었지만 울릉도와 독도를 우리의 영토로 확실히 지켜냈다.

숙종 22년(1696)에 여러 해 동안 걸려 있던 문제가 일본의 굴복으로써 타결을 본 뒤에, 조정에서는 울릉도에 주민이 들어가 사는 것을 허락하면, 무뢰민이 몰려가서 사는 것이 염려가 되었고, 그렇다고 공도(空島)로 두자니 다시 왜인들이 몰래 점거하는 일이 다시 초래될지 알 수 없는 일이라서 다만 폐치(廢置)하지 아니한다는 표적으로 강원도의 삼척 영장과 월송 만호로 하여금 3년마다 교대로 울릉도에 들어가서 수토(搜討)를 행하게 하여 훗날의 정해진 제도가 되었다. 수토로 들어갈 때에는 도끼 15자루를 국가에서 지급하여 울릉도의 대나무 혹은 나무를 벌채하고, 또 토산물 약간을 가져다가 조정에 상납하여 다녀온 물표로 삼았다.

1900년에는 황제의 칙령 제41호를 발령하여 울도군을 설치하고 울도군의 행정 영역을 울릉도 전역과 죽서도와 석도라고 규정하여 독도가 분명히 우리 행정 구역임을 선포하였다. 독도는 바위섬이기 때문에 '독섬'이라고 부르고 음역하면 독도이고 의역하면 석도이다.

독도는 조선 시대에는 가지도(可支島)라 하고 근대에는 주민들 사이에서 '독섬'이라고 부른다고 하였다. 근래 '독도'라는 것은 독의 취음일 뿐이요, 독(獨)의 글자 뜻에는 아무 관계가 없는 것이다. 일본인은 특히 그 메이지 연간으로부터 우리 '독섬'에 대하여 문자로는 죽도(竹島; 다케시마)라는 말을 쓰되, 일본 어민의 사이에는 리양코 섬이라는 이름으로 알려져 있다.

이상과 같이 울릉도와 독도 문제를 설명한 후 최남선은 일본이 독도를 훔친 것은 국제 소매치기적 행위라 하고, "다 밝은 세상에 몰래 깃대를 남의 집 담 밖에 꽂아 놓고 그것을 내 땅이라고 떼쓰는 일이 용인되리라고 누가 생각할 것이냐?" 라고 개탄해 마지않았다.

「독도 문제와 나」는 1954년에 『서울신문』에 게재된 글이다. 독도는 바위섬이기 때문에 독섬이라고 불렀다. 독섬은 음역하면 독도(獨島)이고 의역하면 석도(石島)이다. 그러나 일본에서는 독도를 처음에는 송도라고 부르다가 후에는 리양코 섬이라고 불렀고 나중에는 다케시마 즉 죽도라고 불렀다. 이와 같이 명칭하나 제대로 부르지 못하던 일본이 독도를 자기 땅이라고 우기는 것은 말도 안 된다.

또 일본 해군 수로부(水路部)가 발행해 오는 『조선수로지(朝鮮水路誌)』에도 리양코 섬으로 채택되어 삽입되었고, 메이지 이후 여러 차례의 출판에서도 리양코 섬은 울릉도편에 기입하게 되어서 최근까지도 그 전통이 계속하여 나왔다.

1903년에는 나카이 요자부로라는 일본 어부가 독도에서 강치잡이로 많은 이익을 보았다. 그는 강치잡이를 독점하기 위하여 '독도대하원'을 제출하였다. 일본은 러일 전쟁을 수행하면서 독도의 군사적 중요성을 터득하였기 때문에 나카이의 요구를 받아들여 1905년 2월에 독도를 시마네 현 이키 섬에 불법으로 편입하였다. 그러나 이 고시문은 원본이 없으며 중앙 신문에도 전혀 게재되지 않은 불법적인 고시였다. 이는 실로 중앙 정부에서 하기가 어려움을 고려하여 짐짓 지방 관청으로 하여금 은밀한 가운데 몰래 행하게 함이었다. 이것이 숙종 때에 울릉도를 먹으려다가 뜻을 이루지 못한 일본이, 다시 수백 년 후에 울릉도의 일부 독도를 불법적으로 몰래 집어먹은 경과이다.

「간도와 조선인」은 1943년 『반도사화와 낙토만주(半島史話와 樂土滿洲)』에 수록된 글이다. 조선 왕조 이래로 인구의 증가가 갈수록 커져서 그 인구를 수용할 곳을 구해야 하겠는데, 북방의 인접지인 두만강 · 압록강 양 유역은 토지가 평평하고 넓으며 또 비워 있고 소속이 대개 명백하지 않아 조선인에게는 극히 자연스럽게 발전해 나갈 수 있는 지역이었다.

그리하여 여진 민족과의 사이에 다소의 마찰을 거듭하면서 조선인의 만주 진출은 아는 듯 모르는 듯 꾸준히 행하여졌다. 문헌상에 고려촌(高麗村)이라고 기록된 곳이 여러 곳인 것이 이를 증명하며, 우리의 만주 진출에는 역사적 고향으로의 귀환이라는 의미도 있어서, 심리적으로도 머뭇거리거나 아무 거리낌이 없었다. 더욱이 두만강 밖의 땅으로 말하면, 조선 선조의 발상지요, 만주에 청 제국을 건설한 다음에는 주인이 없이 넓게 비워 있는 토지가 우리나라에서 토지가 없이 고생하고 있던 농민들에게는 대단한 유혹이 아닐 수 없었다.

돌아보건대 고종 기사년(1869) 이래 70년간의 우리의 만주 진출사는 정부의 지도와 보호는 막혀 있었고, 궁핍하고 어렵기는 이를 길 없는 심혈과 눈물의 점철이었건마는, 이중에서 오히려 작게는 간도 인구 도합 636,917명 중에 조선인이 474,382명으로(1937년 1월

조사) 곧 약 8할을 점하고, 크게는 백만의 큰 무리가 만주 전체를 내 집처럼 여기는 성과를 거두었으니, 그 활발한 발전력이 과연 놀랍지 아니한가?

제3부 지리

「조선의 산수」는 1942년에 초고 상태였는데 이를 1947년에 그대로 발표한 글이다. 이 글에서는 우리나라의 산과 강 그리고 바다의 명승지를 소개하고 있다. 조선 반도를 지리상으로 구분하면 어떻게 불렀을까? 지세 생긴 대로 학문적으로 구분하는 법에는 두 가지가 있다.

하나는 원산에서 엇비슷하게 인천까지 걸쳐 있는 고랑을 경계로 하여 이북을 북선(北鮮)이라 하고, 이남을 남선(南鮮)이라 한다. 또 하나는 반도의 북으로부터 남으로 향하여 높고 큰 산맥이 세로로 뻗어 내려간 것을 경계로 하여 서쪽의 평안 · 황해 · 경기 · 충청 · 전라 · 경상의 여러 도를 표조선(表朝鮮)이라 이르고, 동쪽의 함경 · 강원 두 도를 이조선(裏朝鮮)이라고 구분한다.

표조선 산에는 백두산이라 하는 거룩한 산왕님이 대륙 동방에 고개를 우뚝 쳐들고 있다. 백두산에서 칠령 · 추지령으로, 금강산 · 설악산 · 오대산으로, 태백산 · 소백산 · 육십치로 지리산으로 하늘을 뚫고, 한라산으로 바다를 눌러서 이른바 금수강산 삼천리를 이룬다.

이 큰 줄기가 벋어나가 관북에서는 칠보산, 관서에서는 묘향산, 해서에서는 구월산, 호서에서는 속리산, 영남에서는 가야산, 호남에서는 월출산이다. 이 산들이 견줄 명산 승지들이다. 이미 세계의 자랑이 된 금강산, 금강산 턱밑에 있기 때문에 억울하게 제 값을 찾지 못하게 된 설악산, 금강산과 설악산에 비하여 독특한 경관을 구성해 가진 오대산 등은 그 중에도 특출한 것들이다.

백두산 다음으로 반도 안에서 가장 먼저 역사에 나타나고 또 가장 깊이 인심에 뿌리를 박은 산은 평안도의 묘향산이다. 보통으로는 영변의 묘향산이라고 하지만, 묘향산은 실로 백두산의 서쪽 지파 중 가장 큰 자손으로서 한 편의 가문 어른쯤 되시는 어른이니까, 영변이라는 작은 골에 붙어 있는 것은 물론 아니다. 휴정 대사는 금강산은 빼어났지만 웅장하지를 못하고, 지리산은 웅장하지만 빼어나지를 못하며, 구월산은 빼어나지도 못하고 웅장하지도 못한데, 묘향산은 빼나기도 하고 웅장하기도 하다고 묘향산을 평하였다. 그 다음이 구월산이다. 구월산은 황해도의 서녘에 마치 황해의 바람과 물결을 막으려는 듯이 해변 가까이 장성을 쌓은 이른바 구월산맥의 주산이다. 그 외에도 황해도에는 장수산과 수양산이 있다.

사람의 일이 하루를 멀다고 변환하는 것을 모르는 체하고 억천만 년에 줄곧 푸르고 그냥 우뚝한 것이 산이다. 이렇게 우리에게 미더움과 든든함을 주는 산은 동시에 우리의 절대 영원한 생활 기록이다.

조선의 산을 말함에 백두산을 먼저 쳐들어야 하는 것처럼, 물 이야기를 한다 해도 역시 백두산의 천지에서부터 더듬어 나와야 한다. 백두산 천지가 바로 흘러 나가는 것은 아니지마는 천지를 둘러싼 동편 쪽 산의 밖에서 나오는 물이 모여서는 두만강이 되고, 서편 쪽 산의 밖에서 나오는 물은 모여서 압록강이 되어서, 본디는 조선의 허리띠 쯤 되는 것이 지금은 머리 동여맨 수건이 된 셈입니다.

압록강의 웅장함과 대동강의 화려한 두 틈에 끼어 안색이 없을 번한 청천강이 그래도 강산 풍광에 한몫을 보기는 오로지 이 풍광 덕이다. 조선에서 엄지손가락을 꽂는 강은 대동강이다. 반만년 조선의 그림자를 잠가 가지고 있는 것이 대동강이라 하면, 5백 년 한양의 꿈을 담가 가지고 있는 것은 한강이다.

금강은 덕유산맥의 장수에서 발원하여 공주에 이르고, 공주에서 남으로 틀어서 부여에 이르고, 부여에서는 약간 동으로 우겨서 논산 · 강경에 이르고, 강경에서 다시 서쪽으로 꺾여서 충청 · 전라 양도의 경계를 지으면서 군산에 이르러 황해로 들어간다. 이외에도 경상도의 낙동강, 전라도의 섬진강이 있다.

우리나라 바다는 동해는 물이 맑고 시야가 시원하고 연안 경치가 절승이지마는, 결국은 시의 나라이고, 남해는 세계의 바람과 시대의 물결이 밀려와서 줄창 진취와 용략을 우리에게 재촉하지마는 또한 이상의 세계일 따름이며, 필경은 서해에 와서 우리가 비로소 현실 생활의 분위기로 들어가는 느낌이 있다.

바다는 큰 것이고 큰 힘을 가지고 있다. 그 '힘'은 천지의 물을 다 받아들여도 겨운 줄을 모르는 포용의 힘, 온 세계의 쓰레기를 죄다 맡아서 흔적 없이 빨래해 내는 정화의 힘, 무서운 파괴의 힘, 거룩한 창조의 힘, 이 모든 힘으로 한껏 크신 것이 바다이다.

최남선 한국학 총서를 내기까지

현대 한국학의 기틀을 마련한 육당 최남선의 방대한 저술은 우리의 소중한 자산이다. 그러나 세월이 상당히 흐른 지금은 최남선의 글을 찾아보는 것도 읽어내는 것도 어려워졌다. 난해한 국한문 혼용체로 쓰여진 그의 글을 현대문으로 다듬어 널리 읽히게 한다면 묻혀 있던 근대 한국학의 콘텐츠를 되살려 현대 한국학의 발전에 기여할 것이었다.

이러한 취지에 공감하는 연구자들이 2011년 5월부터 총서 출간을 기획했고, 7월에는 출간 자료 선별을 위한 기초 작업을 하고 해당 분야 전공자들로 폭넓게 작업자를 구성했다. 본 총서에 실린 저작물은 최남선 학문과 사상에서의 의의와 그 영향을 기준으로 선별되었고 그의 전체 저작물 중 5분의 1 정도로 추산된다.

2011년 9월부터 윤문 작업을 시작했고, 각 작업자의 윤문 샘플을 모아 여러 차례 회의를 통해 윤문 수위를 조율했다. 본격적인 작업이 시작된 지 1년 후인 2012년 9월부터 윤문 초고들이 들어오기 시작했고 이를 모아 다시 조율 과정을 거쳤다. 2013년 9월에 2년여에 걸친 총 23책의 윤문을 마무리했다.

처음부터 쉽지 않은 작업이리라 예상했지만 실제로 많은 고충을 겪어야 했다. 무엇보다 동서고금을 넘나드는 그의 박학함을 따라가는 것이 쉽지 않았다. 현대 학문 분과에 익숙한 우리는 모든 인문학을 망라한 그 지식의 방대함과 깊이, 특히 수도 없이 쏟아지는 인용 사료들에 숨이 턱턱 막히곤 했다.

최남선의 글을 현대문으로 바꾸는 것도 쉽지 않았다. 국한문 혼용체 특유의 만연체는 단문에 익숙한 오늘날 독자들에게는 익숙하지 않았다. 그렇다고 문장을 인위적으로 끊게 되면 저자 본래의 논지를 흐릴 가능성이 있었다. 원문을 충분히 숙지하고 기술상 난해한 부분에 대해서는 수차의 토의를 거쳐 저자의 논지를 쉽게 풀어내기 위해 고심했다.

많은 난관에 부딪쳤고 한계도 절감했지만, 그래도 몇 가지 점에서는 이 총서의 의의를 자신할 수 있다. 무엇보다 전문 연구자의 손을 거쳐 전문성을 확보했다는 것이다. 특히 최남선의 논설들을 현대 학문의 주제로 분류 구성한 것은 그의 학문을 재조명하는 데 도움이 될 것으로 본다. 또한 이 총서는 개별 단행본으로 구성되었다는 것이다. 총서 형태의 시리즈물이어도 단행본으로서의 독립성을 유지하여 보급이 용이하도록 했다. 우리들의 노력이 결실을 맺어 이 총서가 널리 읽히고 새로운 독자층을 형성하게 된다면 더 바랄 나위가 없겠다.

2013년 10월

옮긴이 일동

이상태

연세대학교 문과대학 사학과 졸업
동국대학교 대학원 역사학과 졸업(문학박사)
국사편찬위원회 사료조사실장
문화재관리국 문화재전문위원
현 국제문화대학원대학 석좌교수

• 주요 논저
『한국 고지도 발달사』(1999)
『조선역사 바로잡기』(2000)
『사료가 증명하는 독도는 한국땅』(2006)
『민란의 시대』(2000)
『조선시대의 청백리』(2003)

최남선 한국학 총서 20

한국영토사론

초판 인쇄 : 2013년 10월 25일
초판 발행 : 2013년 10월 30일

지은이 : 최남선
옮긴이 : 이상태
펴낸이 : 한정희
펴낸곳 : 경인문화사
주　소 : 서울특별시 마포구 마포동 324-3
전　화 : 02-718-4831~2
팩　스 : 02-703-9711
이메일 : kyunginp@chol.com
홈페이지 : http://kyungin.mkstudy.com

값 20,000원
ISBN 978-89-499-0987-5 93910